私立大学はなぜ危ういのか　目次

## 第2部　私立大学経営が抱える問題――私大の入学市場需給と経営状況　101

## 第3部 「私大問題」への文科省の対応と今後の展望 273

# 私立大学はなぜ危ういのか

# プロローグ

## 首都圏近郊中堅私大Xの終焉――二〇二九年四月

首都圏近郊の中堅私大Xのキャンパスには、降り注ぐ陽光の中、桜吹雪が舞っていた。しかし、昨日来、大会議室で開かれている臨時理事会には、重苦しい空気が漂っていた。議題がX大の存続に係わるもの、すなわち、「次年度からの学生募集停止と今後の経営について」というものだったからだ。

X大は昭和初期に専門学校として設立され、以来百年近い歴史を誇る伝統校の一つであった。しかし、一八歳人口の減少や競合校の攻勢等から経営は厳しさを増していた。二〇一〇年代半ば以降、入学者数減少の速度が加速し、決算も赤字方向に傾いていた。

こうした傾向に大きく拍車をかけたのが二〇二〇年の東京五輪終了後の景気後退だった。元々この五輪には無理があった。バブル崩壊後の国内経済の長期低迷が続く中、当時の政府が公共事業の拡大等で景気刺激を図り、国民や企業に漂う沈滞ムードを何とか払拭したいという切羽詰まった事情からスタートさせたものだった。このため当初から専門家の間では成長率の底上げ効果は限定的と見られ、むしろ五輪閉幕後の景気落ち込みが懸念されていた。事実、五輪開幕前、景気は若干上向いたが閉幕後はそうした予想を遥かに上回る大きな落ち込みを見せていた。

こうした中、二〇二三年末に中国で大規模な景気後退が発生した。「チャイナ・ショック」が勃発したのだ。中国政府と人民銀行（中央銀行）は二〇〇八年の「リーマン・ショック」後、大規模な景気刺激・金融緩和を実施した。が、それによって設備投資や不動産投資・株式投資等が過度に誘発され中国経済は「バブル」経済と化した。その後これがピークに達した頃、一部の国有化銀行や地方公社で巨額の不良債権問題が表面化。これらの多くが事実上の破綻に追い込まれ、更にこれが他の金融機関や大企業に波及した。こうして中国の「バブル」は一気に崩壊した。これによって、世界の金融市場はパニック状態に陥るとともに、世界の貿易市場も急速に縮小した。この結果、世界経済は「リーマン・ショック」を上回る深刻な不況に陥った。

中でも中国を最重要貿易相手国とし、更に二〇一〇年頃からは同国からの訪日客による「爆買い」で潤っていた我が国経済は、先進国中最悪ともいうべき打撃を被った。多くの企業は大規模なリストラを再び開始。街には失業者が急増し、新卒採用市場は急速に冷え込んだ。また家計収入も大きく減少した。これらによって国内大学の入学者確保市場は極寒の時代を迎えた。

「チャイナ・ショック」による国内景気の急激な冷え込みは、X大の定員割れと赤字を極めて深刻なものにした。赤字拡大を招いたもう一つの原因は資産運用の失敗にあった。X大では日銀による超低金利・マイナス金利政策が続く中、より高いリターンを求めて株式や投信、更にはデリバティブ関連商品にも積極的に運用をしていた。このため「チャイナ・ショック」による金融市場の大きな混乱はA大の運用資産に巨額の含み損や実損を発生させた。当時の理事長・担当理事は引責辞任に追い込まれたが、この損失は定員割れによる赤字をさらに深刻なものにしていた。

昨日からの理事会では、四月初から新しく理事に就任した教員系の理事からは、これまで抜本的な経営改革を先送りしてきた理事長や学長等執行部の経営責任を厳しく追及する意見が相次いだ。しかし、X大に限らず、「大学」という組織は、理事長や学長等役員や教職員の大半が、経営には殆ど経験や知識を持たない「素人集団」だった。大学のこうした特性上、現執行部を糾弾してもあまり意味がないことは、多くの出席者が理解していた。またそうした中でも、彼ら現執行部が何とかひねり出した改革案を、教授会等で悉く反対し廃案に追い込んだのは他ならぬ彼ら新任の理事であった。このため彼らの主張が理事会で共感を得るということにはならなかった。議論の中心は次第に、経営責任の追及よりも、「どうしたら本学の存続が図れるか」という点に移っていった。

事実、同大学の資金繰りは窮迫していた。既に一〇年近く前から教職員や役員の給与は減額されていたが、最近ではその支払いにも苦慮する状況であった。

X大はこれまでは校地等を担保とした、地元銀行からの運転資金借入で何とか急場を凌いでいた。しかし、更なる追い貸しについては、銀行側は難色を示していた。X大が既に借入金の元利返済の延滞を続け、「債務者区分」も「要注意先」となっており、貸出のかなりの部分が「不良債権」化していること、そして銀行自身も「チャイナ・ショック」で体力が大きく疲弊していたからである。

こうした状況について同大学は、所轄庁である文部科学省にも内々相談をしていた。しかし、既にその数年前から地方の小規模私大を中心に募集停止や破綻に陥るケースが急増しつつあり、陣容の比較的手薄な同省としては個別大学への支援には中々手が回らないという状況だった。しかも同省は、こうした経営難の大学に対しては何らの救済手段を持っていなかった。文科省は僅かに他大学への合併を斡旋しようと試みたが、他大学からは前向きな反応が全く得られなかった。他の大学も、X大と同様入学者確保に苦慮する状況であり、とても他の大学への支援などを考える余裕はなかったのである。

報道機関も既にX大のこうした状況は察知していた。特にX大の場合は首都圏近郊の、しかも中堅の伝統校であるだけに、一部マスコミを中心にこの問題を大きく取り上げていた。このため、X大学の受験生・在校生やその保護者は大きく動揺、本部には連日問い合わせの電話が殺到していた。

X大理事会は、前日からの延べ十数時間に及ぶ激論の結果、この日の深夜、ついに翌年度からの学生募集の停止と在学生が卒業する四年後の閉学を決定した。同時にそれまでの間の資金繰りについては、役員・教職員給与の一層のカットを行うほか、校地を売却し、買手との間で賃借契約を締結することで対応することとした。この結果、百年近い伝統を誇るX大は事実上、この日を以て幕を下ろすこととなった。同大教職員は数年以内には全員が職を失い、卒業生は「母校」を失うこととなったのである。

同時にこれは、この業界でこれまで幾度となく話題となりながらも実際にはさほどの事態には至っていなかった私立大学の大量整理が、中堅大学も含めていよいよ本格化してきたことを象徴する事件となった……。

＊

## 社会の構造変化から取り残された大学業界

戦後七〇年余りが経過した。

これまで我が国の社会や経済を支えてきた様々な条件やシステムが大きな曲がり角を迎えている。例えば、若年労働力の急増や低賃金に支えられてきた高度経済成長は、賃金水準の上昇に伴う、国際市場における価格競争力の喪失と、これと表裏する中国・韓国等近隣諸国の急速な台頭等によって完全に過去のものとなった。これによって我が国の経済・社会構造は大きく変化している。中でも「世界に冠たる」我が国の終身雇用制は事実上崩壊し、巷には「非正規労働者」という、非人間的ともいうべき名称の労働者が溢れ、社会を大きく不安定化させている。

また低成長経済への移行やそれに追い打ちをかける少子高齢化は、地方の経済や社会を見る影もなく衰退させた。更にこれは我が国の財政を、税収減・社会保障支出増という形で危機的状況に追い込んでいる。将来の年金財政の破綻あるいは大規模な増税は殆ど不可避のものとなりつつあり、国民の多くは将来について強い不安を抱いている。そしてこれが消費低迷を通じて景気の回復を大きく遅らせている。

こうした経済や社会の大規模な構造変化は、「大学」という業界にも否応なしに抜本的な変革を迫っている。これまで社会とは隔絶した一種「ユートピア」的な存在であった多くの大学は、その存在意義を厳しく問われつつある。このため大幅な定員割れや赤字に追い込まれた一部の大学では、自学の存続に向けて厳しい努力を開始している。しかし、そうした大学は極めて少数に止まっており、多くの大学では問題を先送りしている。このため少子化の更なる進行により、それほど遠くない時期には、大学の大量破綻の到来は殆ど不可避であろう。しかし、残念ながら多くの大学の役員・教職員、そして大学という「業界」を監督すべき政府にもまた、今一つ危機感は感じられない。

このままの状態が今後も続いた場合、将来の我が国の大学、特に私立大学はどうなるのか。また我が国の高等教育や人材育成は大丈夫なのか。本書の問題意識はこうした点にある。

# 第1部　戦後の高等教育政策の変遷と私立大学の軌跡

これから起こりうる大学、特に私立大学の危機を考えるためには、まず、我が国の大学が戦後どういう形で拡大・変化し現在に至っているのか、そしてこうした点に強い影響力を与えてきた政府の高等教育政策はどう変遷してきたのか、これらの点を見て行くことが重要であろう。

図表1－1－1は一九五〇年以降現在までの約六五年間の、大学・短期大学数や進学率、そしてこれらと密接に関係する十八歳人口を見たものである。

この図表を基に戦後の我が国の高等教育政策と大学の変遷を、次の五つの期間に分けて見て行こう。なおこれら五つの区分は、大学数や進学率のほか、文部省（二〇〇一〈平一三〉年からは文科省）の高等教育政策等を総合的に勘案して分けたものであり凡その目途である。

①戦後高等教育体制の基盤整備期（終戦～一九五九〈昭三四〉年）
②第一次拡大期（一九六〇〈昭三五〉～七五〈昭五〇〉年）
③抑制期（一九七六〈昭五一〉～八五〈昭六〇〉年）
④第二次拡大期・規制緩和期（一九八六〈昭六一〉～二〇一〇〈平二二〉年）
⑤減速期（二〇一一〈平二三〉年～現在）

図表 1-1-1　大学・短大数、進学率等の推移

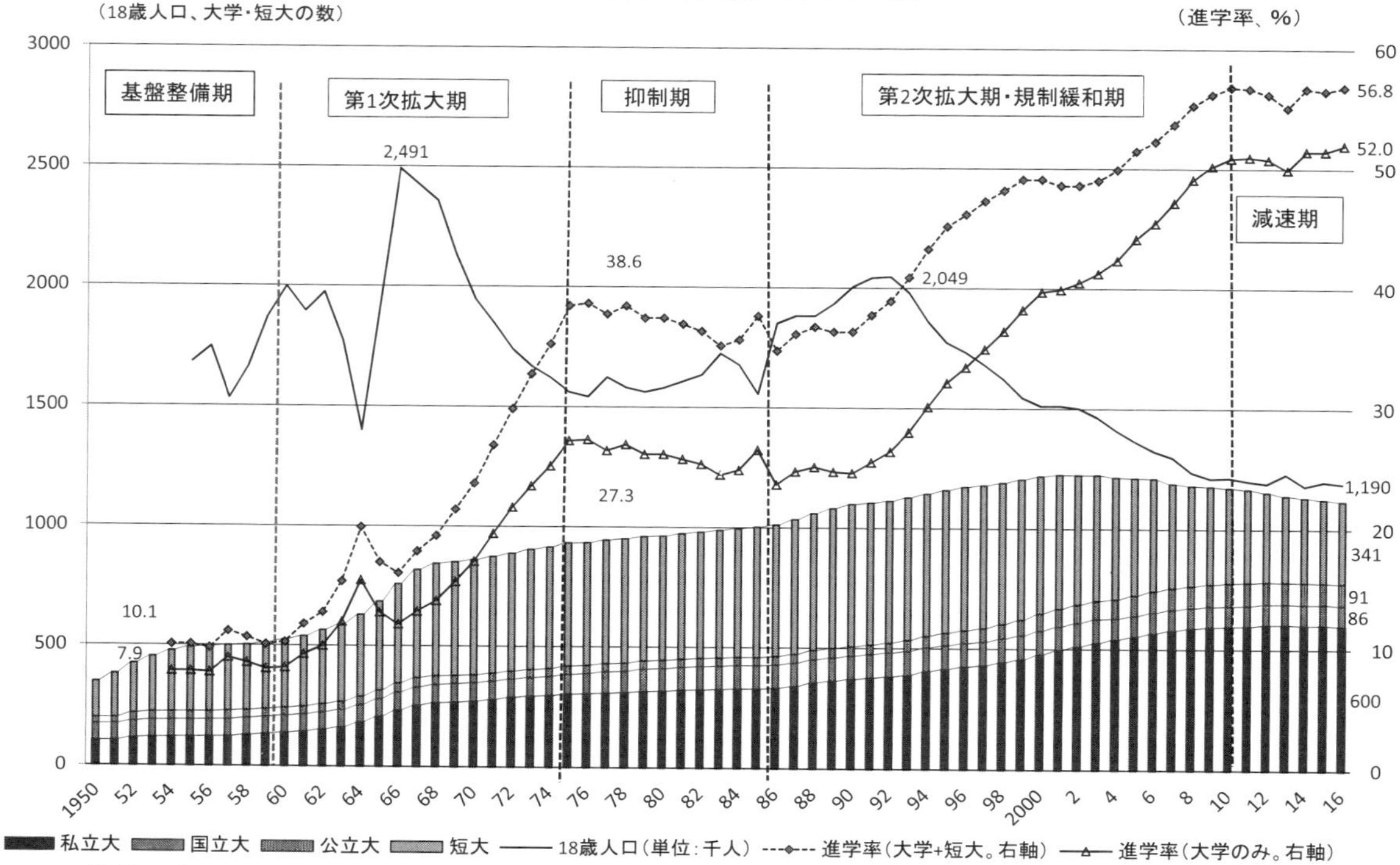


(資料)文部科学省「学校基本調査」等から筆者作成。

# 第1章　戦後高等教育体制の基盤整備期（終戦～一九五九〈昭三四〉年）

## 1　「新制大学」の認可基準制定

終戦後一年半が経過した一九四七（昭二二）年三月、米国の教育理念の影響を強く受けた「教育基本法」と「学校教育法」が制定された。高等教育については六・三・三制の初等中等教育の後の最終的教育段階として大学（「新制大学」）が規定された（なお戦後の高等教育政策等に関する主な動きについては図表1-1-2を参照）。

学校教育法では第三条で学校は監督庁の定める設備、編制、その他に関する設置基準に従い設置されるべきこと、第四条で設置認可等は監督庁が行うこと、そして第六〇条で大学の設置認可については「大学設置委員会[1]」（一九四九〈昭二四〉年五月からは「大学設置審議会」に名称変更）に諮問しなければならないこと等、新制大学の法的枠組みが定められた。

問題はこの枠組みの中で、旧制の高等教育機関を具体的にどのようにして「新制」に移行させるかという点であった。このため文部省は、GHQ（連合国軍総司令部）で我が国の戦後の教育制度改革について同省や私学団体との交渉にあたっていたCIE（Civil Information and Education Section　民間

1　当時の学校教育法第六〇条で規定した組織。同条は、「大学の設置の認可に関しては監督庁は大学設置委員会に諮問しなければならない」と規定。

図表 1-1-2　戦後の主な高等教育政策等年表

| | 年 | （元号） | 事　　項 |
|---|---|---|---|
| 基盤整備期 | 1947 | （昭22） | 教育基本法及び学校教育法制定 |
| | 48 | （23） | 新制大学発足 |
| | 49 | （24） | 私立学校法制定 |
| | 56 | （31） | 大学設置基準制定 |
| | 59 | （34） | 工業（場）等制限法制定 |
| 第一次拡大期 | 60 | （35） | 池田勇人首相「国民所得倍増計画」発表 |
| | 61 | （36） | 「池正勧告」発出 |
| | | | 文部省、同勧告を受けて大学設置基準を大幅に緩和 |
| | 62 | （37） | 高等専門学校制度発足 |
| | 63 | （38） | 中教審「三八答申」 |
| | 68 | （43） | 大学紛争激化 |
| | 71 | （46） | 中教審「四六答申」、学校法人会計基準施行 |
| | 72 | （47） | 文部省、「高等教育懇談会」設置 |
| | 73 | （48） | 第一次石油危機勃発 |
| | 74 | （49） | 自民党政務調査会文教部会報告（大学増設抑制方針） |
| | 75 | （50） | 私立学校振興助成法制定 |
| | | | 私学法改正（私大の量的抑制方針打出し） |
| 抑制期 | 76 | （51） | 高等教育懇談会報告「高等教育の計画的整備について」 |
| | 84 | （59） | 「新高等教育計画」（大学設置審） |
| 第2次拡大期・規制緩和期 | 87 | （62） | 大学審議会発足 |
| | 91 | （平3） | 「平成5年度以降の高等教育の計画的整備について」（大学審） |
| | | | 大学設置基準の大綱化 |
| | 97 | （9） | 「平成12年度以降の高等教育の将来構想について」（大学審） |
| | 2001 | （13） | 総合規制改革会議第一次答申 |
| | 2 | （14） | 中教審答申（質保証に係る新システムの構築） |
| | | | 学校教育法改正（変更命令権等） |
| | 4 | （16） | 国立大学法人制度発足、私学法改正（ガバナンス関係） |
| | | | 認証評価制度発足 |
| | 5 | （17） | 「我が国高等教育の将来像」（中教審）、 |
| | | | 文科省高等教育局プロジェクトチーム報告 |
| | 7 | （19） | 事業団「再生研」最終報告書 |
| 減速期 | 14 | （26） | 私学法改正（措置命令等） |
| | | | 学校教育法改正（教授会の役割明確化等） |

（資料）筆者作成

情報教育局）の指導の下、学校教育法制定に先立つ一九四六（昭二二）年一〇月、大学に適用される基準を調査するための「大学設立基準設定協議会」を設置した。

当時この基準作りについては、当初は米国流に「大学の設立を認可する際の基準」（Chartering チャータリング）と、「設立後の大学が一定レベル以上の教育・研究水準を具備しているか否かを審査する基準」（Accreditation　アクレディテーション）とを別々に策定する方向で検討が進められた。両者の違いについてCIEの担当者の一人であるウォルター・イールズは「大学の認可＝チャータリングとは、認可を受けたものが自らを大学と呼ぶ権利を得ることである。一方、アクレディテーションとは、良い大学で構成されている協会が作った会員資格基準に、ある大学が適合していると判定されることで、この基準に適合していると判定された大学のみがアクレディットされた良い大学として取り扱われ、その協会の会員になる」と説明している（大崎〔一九九九〕）。

しかしその後、種々の検討が加えられた結果、大学設置委員会は、一九四八（昭二三）年二月、政府と何ら公的な関係を持たない「大学基準協会」（一九四七〈昭二二〉年七月発足）が同協会への加盟条件として既に協会設立時に定めていた「大学基準」を大学設置認可の際の基準である「大学設置基準」として使用することとした。同基準はその後、一九五二（昭二七）年四月、サンフランシスコ講和条約発効による我が国の独立を経て一九五六（昭三一）年一〇月に文部省令として「大学設置基準」が制定されるまで、大学設立認可及び基準維持のための実質的な法令基準としての役割を果たした。

同基準の制定に伴い、旧制の大学、高等学校、専門学校などは一斉に新制大学昇格の運動を本格化させた。一九四七（昭二二）年末までに一二校の審査が行われ、翌一九四八（昭二三）年、一二の公私立大学が認可され、更に一九四九（昭二四）年には認可校は一六八校に急増した。もっともその後は、こうした申請ラッシュが一服したことや大学設置審査が比較的厳格に行われたこともあって、大学数は一九六〇（昭三五）年頃までは約二〇〇～二五〇校（うち私立大学は約一〇〇～一四〇校）で推移した（短大数は一九五〇年代半ばから一九六〇〈昭三五〉年頃までは二六〇～二八〇校で推移）。

## 2 「私立学校法」案作成を巡る文部省と「日本私学団体総連合会」との相克

この時期はそうした大学数の推移よりもむしろ、終戦後の新しい高等教育体制を整備するために様々の動きがあった点において極めて重要な位置づけがされるべき時期である。

一九四七（昭二二）年の「教育基本法」及び「学校教育法」制定については既に触れたが、ここではこの後述べる大学、特に私立大学の急速な拡大に大きな影響を与えた「私立学校法」について、その制定に至る経緯を見ておきたい。

一九四六（昭二一）年、GHQは我が国に対し覚書を発出した。GHQはその中で、米国政府に対し、日本の教育システムについて研究しその結果をGHQと日本政府に助言するための使節団の日本への派遣を要請したことを明らかにした。この要請に基づき米国政府は同年三月、米国教育関係者等からなる使節団を我が国に派遣した。同月、同使節団は報告書をGHQに提出、GHQはマッカーサー最高司令官の声明を付してこれを発表した。これがその後の占領下の我が国の教育政策に大きな影響を与えた「米国教育使節団報告書」である。

我が国政府は同報告書を受けて、「教育に関する重要事項を調査審議するため」総理大臣所轄の組織として、「教育刷新委員会」を設置した。刷新委員会は第四特別委員会を設け、学校の設置経営に適した特別の法人として、それまでの民法による財団法人形式を改め、新たに「学校法人制度」を創設する方向で検討を進めた。

この間、私学関係者は、学校種別ごとに組織されていた私学団体を結集し、一九四六（昭二一）年九月、「日本私学団体総連合会」（以下「私学総連」）を設立し、GHQ、政府、刷新委員会等に強力な働きかけを行った。

「学校法人制度」の基本法（後の「私立学校法」）を策定する際の最大の問題は憲法第八九条と私学助成との関係の問題であった。即ち、同条後段の「公金その他の公の財産は、（中略）公の支配に属しない慈善、教育若しくは博愛の事業に対し、これを支出し、又はその利用に供してはならない。」（傍線部筆者）という規定と、私学助成との整合性を、私立学校法上どう確保していくかという点であった。

この憲法八九条と私学助成の問題については後に詳しく見るが、当時、文部省側で法案作成の担当であった福田繁・安嶋彌両氏によれば、「法案の作成及び審議の過程においては関係官庁並びに関係方面（筆者注：GHQの意の模様）との折衝は文部省及び私学総連との密接な連携の下に協力して行われ（中略）、幾多の交渉の末に両者の妥協によってようやく本法五九条に規定するような妥協案に到達した。」（福田・安嶋〔一九五〇〕）。そして一九四九年（昭二四）年一〇月一四日、同法案は閣議決定され、そのまま国会で可決される運びとなった。

### 3 「私立学校法」制定―外圧（GHQ）を利用した私学総連

ところが、ここで事態は思わぬ方向に展開した。

この閣議決定後、私学総連の全国大会が開催され、閣議決定された法案について改めて賛否が諮られた。しかし、会議の席上では、「中央における折衝状況等について詳細な情報が欠けていたためか、憲法の解釈に関する誤解からか次第に反対的空気が高まり」（福田・安嶋前掲書）、ついに多数決で同法案に反対の態度を決定、更に「私立学校法案はどう修正されなければならないか」という一〇項目に亘る修正意見を発表した。このうち、主なものは以下の五点である。

①「監督庁」の名称を「所轄庁」に改めること。
②認可事項は法定のものに限り、監督庁（所轄庁）による追加は認めない。
③法令等に違反した場合等における設備・授業等の変更命令の規定は適用しない。
④収支予算決算の届出義務は課さない。
⑤会計・業務についての立入り検査権は絶対削除すること。

この間の経緯について福田・安嶋は次のように記している（福田・安嶋同）。

「この修正意見のうちで全く新しい点は僅かに二項目で、その他の点はそれまでに一応解決済みのもののみであった。したがって、こと新しく反対する重大な理由は見当たらなかったが、私学総連が形式上最終的結論に達しないにもかかわらず政府の一方的な決定によって閣議決定をしたというような手続等の問題について不満があったと考えられる。」

「（私学総連側が）その反対理由として述べるところは、『（閣議決定法案は）いたずらに私立学校に対する官僚の監督権の拡大強化を狙ったものであり……私立学校に対する助成に名を借りて監督規定を増加するとともに且つこれを深化する方針を取ったうえで、突如として国等から補助金を受けるための必要条件として極めて詳細且つ厳重な監督規定を挿入した』、として非難した。」

「これまであらゆる点で緊密な関係が保たれていたにもかかわらず、最後の段階に至って不可解な対立的関係に立ち至ったことは唯一の恨事であった。」

私学総連側は法案修正に向けて猛烈な反対運動を展開した。このため同法案は廃案の危機に立たされたが、文部省は「私学関係議員や関係方面（前記注参照）から円満な解決を図るようにとの勧告があった」ことから、「私学総連の修正意見を全面的に容れる」（福田・安嶋同）形で急きょ修正案を作成した。

この間の事情について、大崎〔一九九九〕は、「私学総連側の修正要求が全面的に通ったのは、総司令部の力によるものだった。私学団体との直接の窓口だったGHQのCIEがGHQ内の他部局（筆者注：GS Government Section 民政局）に働きかけて修正勧告を出させたものである。CIEを動かしたのは勿論私学関係者である」としている。こうした見方を裏付けるように、当時、私学総連で私学法修正の責任者の一人であった大浜信泉氏（元早大総長、当時は同大法学部長）は後年、「今から考えると好ましい方法ではなかったが、吾々が最後に頼るのは進駐軍であった」と回顧している（大崎〔一九九九〕）。

こうした諸々の経緯を経て私立学校法案は、次節で見るように、既述の私学総連による修正要求の主要五項目を全て受け容れる形で、同年一一月一四日、GHQの最終的承認が得られたため漸く国会に上程、その年の暮れも押し迫った一二月一五日、法律第二七〇号として公布された。

### 4 「私立学校法」で弛緩した文部省の規制

この私立学校法が制定される二年前（一九四七〈昭二二〉年）に制定された「学校教育法」は、国等による国公私立学校への監督権について以下の四つを規定していた。

①学校（大学の学部・大学院を含む）の設置・廃止、設置者の変更その他監督庁の定める事項について認可すること（第四条）
②法令や監督庁の命令に違反した場合等において学校の閉鎖を命ずること（第一三条）
③設備、授業その他の事項について法令等に違反した場合において変更を命ずること（第一四条）
④毎会計年度における収支予算書及び決算書を監督庁に届出ること（第一五条―なお同条は後の私学法制定時に削除された）

こうした学校教育法の規定を念頭に、政府による私学法の当初案（一九四九年〈昭二四〉年一〇月一四日閣議決定）のうち、政府の権限に関する事項（第五条）は、概要次のようになっていた。

第五条　監督庁が学校教育法の規定に基き私立学校について有する権限は、左の各号に掲げるものとする。

一　私立学校の設置廃止（中略）及び設置者の変更の認可を行うこと。
二　私立学校が、法令の規定に違反したとき、法令の規定に基く監督庁の命令に違反したとき、又は六月以上授業を行わなかったとき、その閉鎖を命ずること。
三　私立学校が、設備、授業その他の事項について、法令の規定に違反したとき、その変更を命ずること。

政府の当初案については既述のように私学総連から修正要求が出されたが、特に右の第五条第三号の「変更命令権」については強い反対があった。反対の理由は以下の通りである。

「設備、授業その他の事項についての変更命令は、その性質上閉鎖命令の前階程（筆者注：原文のまま）の監督作用として当然閉鎖命令の権限中に含まれると解すべきであり、監督事項を数多く列挙することは、却って監督権の濫用を招く危険がある」（「私立学校法案はどう修正されなければならないか」、一九四九〈昭二四〉年一〇月、私学総連）

既述のように、こうした主張はＧＨＱにも支持され修正要求が容れられた結果、私学法第五条は、原案の第三号（変更命令権）を削除するとともに第二項で改めて「（変更命令を規定した）学校教育法第一四条は私立学校に適用しない」旨規定する形で最終的には、次のように定められた。

第五条　所轄庁は、私立学校について学校教育法第四条及び第一三条の規定にかかわらず、左の各号に掲げる権限を有する。

一（認可権限、原案通り）
二（閉鎖命令、「監督庁」を「所轄庁」に修正、その他は原案通り）
三（削除）
　2　学校教育法第一四条は、私立学校に適用しない。

なお、「毎会計年度における収支予算書等の監督庁への届出」（学校教育法第一五条、右記④）については、この私学法制定時に学校教育法からも削除された。

この結果、私立学校法では当時の学校教育法上の監督庁の四つの権限のうち、③及び④は削除され、①と②にのみ限定されることとなった（第五条第一項及び第二項に規定。なお後述のように、二〇〇二〈平一四〉年の学校教育法の改正で、第一五条で公私立大学の設備・授業等の法令等違反に対する文科省の是正勧告権、変更命令権が規定された）。

この結果、国等による私立学校への監督権限は右の二つのほかは、以下の事項となり、大きく制限された。

・学校法人の設立の認可（私学法第三一条）
・寄附行為の変更の認可（2）（同四五条）
・解散議決の認可（同五〇条）
・合併の認可（同五二条）

・収益事業停止命令（同六一条）
・法令・処分違反の場合の解散命令（同六二条）

同時に、旧制度では大学を設立する際、多額の基本財産を供託することが義務付けられていたが（大学令第七条）、その制度も廃止された。[3]

この結果大学は、ひとたび大学・学部・大学院の設置認可を受ければ、校長の届出（校長には大学の学長を含む）、調査統計等に関する報告書の提出（私学法第六条）以外は、閉鎖命令（前記学校教育法第一三条）や解散命令（同私学法第六二条）の対象となるような重大な不祥事を起こさない限り、その運営については事実上文部省からの干渉は受けないことが法的に保障されることとなった。

これらは、学校教育法に定める「変更命令権」等が適用される国公立学校に比べて大幅な自由度を私学に与えるものであるほか、戦前の「私立学校令」（明治三二年制定、その後数次に亘り改正）が、

---

2 「寄附行為」とは財団法人等が設立時に定める当該法人の組織や運営の方法等を定めた基本規則。一般企業や社団法人の「定款」に相当。なお、第三部第二章1（1）参照。

3 なお、設置認可に関しては「私学法では大学・学部の設置までが認可事項であり、学科の設置改廃や学生定員の変更などは、認可の対象から外されていた。それを文部省は新制大学認可の際に共通条件を付して、実際上認可と等しい文部大臣への協議を義務付けていた」（大崎〔一九九九〕）。その後、大学設置基準に関し、文部省は一九五六（昭三一）年一〇月、省内に設けていた「大学設置基準研究協議会」の「大学設置基準要項」の答申と従来の審査内規を基礎として省令で「大学設置基準」を制定、以後大学の設置認可はこの基準に基づいて行われることとなった。

①学校の設立廃止・設立者の変更の認可のほか、②校長の認可、校長・教員の解職命令、③教育上有害な設備・授業等の変更命令、④法令違反等の場合の学校の閉鎖命令、⑤収支予算・決算の届出要求、収支予算の変更命令、などを規定していたことに比べても私学の自由度を大幅に拡張するものとなった。

なお一方で、文部省は助成を受ける法人については、私学法第五九条第三項（現在は私学振興助成法第一二条）に定める、①業務・会計の状況の報告要求、②予算が助成の目的に不適当の場合の予算変更勧告、③役員が法令等に違反した場合の解職勧告、の権限を持っているが、勧告が出せる場合はこれらに限られており、また仮にそれに従わない場合でも助成が停止されるだけのこととなった（同条第四項、現在は私学振興助成法第六条）。しかもこれらの幾つかについては、私学関係者が三分の二（その後、四分の三に変更[4]）以上を占める「私立大学審議会」（現在は「大学設置・学校法人審議会」）の意見を聴くことが義務付けられている等私学に配慮したものとなっている。

### 5 「私立学校法」制定をどう評価するか

右に見たような私立学校法の内容は、私立学校の法的位置づけの明確化や自主性・自律性確保の点では、革新的なものといえるかもしれない。しかし他方で文部省の監督権限縮小については、次のように厳しめの評価を下す専門家も少なくない（傍線部はいずれも筆者）。

「このように私学には大幅な自由が認められ、特色を生かした経営が可能になった。しかし、反面経営に好ましくない事態が生じても、所轄庁の規制によってこれを未然に防ぐ方法は殆どなくなり、ひとえに経営者の良識によってのみ秩序が維持される他はなくなった」

（黒羽〔一九九三〕）

「私立学校による私学の強固な自主性の保障は、戦後の私立大学の自由な発展の制度的基盤となったが、同時に、私立学校振興助成法（昭和五〇年七月一一日法律第六一号）の制定までのレッセフェール的政策につながったことも否定できない。」

（大崎〔一九九九〕）

また実は、文科省自身も私学法の制定についてほぼ同様の評価をしている（傍線部同）。

「以上のとおり、私立学校法は、わが国の私立学校制度に画期的な改革を行ったものであり、その後における私立学校の発展を制度的に保障したものであった。しかし、反面、従前と異なり、私立学校の公共性の維持・向上は、ほとんど理事等関係者の良識と自覚に委ねられたため、一部には私学経営に好ましくない事例が生じても所轄庁の規制によりこれを未然に防ぐ方途を

4 「私立大学審議会」は一九八七（昭六二）年の学校教育法及び私立学校法の改正により「大学設置・学校法人審議会」に改組。その際、同審議会の「学校法人分科会」（私立学校振興助成法関係の調査審議を行い実質的に従来の「私立大学審議会」の機能を継承）については「私立大学等関係委員」の比率は全体の四分の三以上となるよう改められた。

失うに至った。」〈同省「学制百年史」〉

これらの指摘にもあるように、私学法制定によって私立学校〈特に私立大学〉に対する文部省の規制権限はかなり抑制されたものとなった。この結果、文部省はこの後、大学・学部等の設置や入学・収容定員変更等に関する大学からの申請については殆どノーチェックで通さざるを得なくなった。これが後に見る大学数の急増や教育条件・環境の劣化を招いた一因となったとみられる。

同時にこの私学法制定のイニシアティブを事実上、私学側が握ったという点も重要である。即ち、私学法法制定のプロセスはＧＨＱという超法規的な権力の力を借りたとはいえ、達観すれば「私学の自主性・自律性」を旗印に私学側が、政府が一度策定した法案を事実上「骨抜き」にしたということに他ならない。これは私学側がその後の高等教育政策決定過程に〈良い意味でも悪い意味でも〉強い影響力を及ぼす素地を作ったと言えよう。

# 第2章　第一次拡大期（一九六〇〈昭三五〉～七五〈昭五〇〉年）

## 1　大学数・進学率の急伸とその背景

この期間中、大学数や大学進学率は急激に増加・上昇した。

まず大学数は前期末の一九五九（昭三四）年の二三九校から一九七五（昭五〇）年には四二〇校と一八一校（七五％）増加した。うち私大は一三五校から約二・三倍の三〇五校に急増した（この間、短大は二七二校から五一三校へ二四一校、八九％増加）。

また大学進学率は、一九五九（昭三四）年は僅かに八・一％と一桁に過ぎなかったが、一九七五（昭五〇）年には二七・二％と大きく上昇した（短大を含めると一〇・一％から三八・四％に上昇）。

その背景・要因としては以下の四点を挙げることが出来よう。

①経済が高度成長期を迎え、優れた人材に対する社会的需要が強まったこと。また家計所得もかなりの伸びを示していたこと。

②「第一次ベビーブーム」等で急増した一八歳年齢層が進学熱を高め、従来の大学数・定員では不足感が強まったこと。

③大学（特に私大）側も拡大意欲を強めていたこと。

④政界・行政側が大学設置認可規制を大幅に緩和したこと。

このうちまず①については、終戦後の我が国は朝鮮戦争勃発（一九五〇〈昭二五〉年）に伴う「朝鮮特需」等外的要因にも助けられ景気は拡大傾向を強めていた。「神武景気」（一九五四～五七年）に続く「岩戸景気」（五八～六一年）、「五輪景気」（六二～六四年）、「いざなぎ景気」（六五～七〇年）等の時期を中心に実質経済成長率は年率で一〇％前後の高い水準を示すなど、我が国は高度経済成長を謳歌した。これによって経済界・産業界では優秀な人材に対する需要が強まった。また家計の経済力も高まった。

②についてはこの時期、特に一九六六（昭四一）年から一九六九（昭四四）年までの四年間は、一九四七（昭二二）～一九四九（昭二四）年生まれの「第一次ベビーブーム」を中心に一八歳人口は二〇〇万人を超えた。この間、家計所得はかなりの伸びを示しており、わが子を大学に行かせようとする家庭が増加しつつあった。

③については①及び②の状況を眺め大学側も一部大手私立大学を中心に規模拡大意欲を強めていた。

## 2 高等教育行政を緩和に転換させた「池正勧告」

次に④に関しては既に、一九五六（昭三一）年、日経連（日本経営者団体連盟、一九四八〈昭二三〉年設立）が、「新時代の要請に対応する技術教育に関する意見」を発表、技術教育振興の必要性を主張した。こうした経済界からの要請を受けた文部省は翌一九五七（昭三二）年一一月、新長期経済計画の一環として、一九五八（昭三三）年度からの三か年について国公私大（短大を含む）理工系学生八千人の増加養成計画を発表した。更に、これが達成された一九六〇（昭三五）年、当時の池田勇人内閣が「国民所得倍増計画」を発表し、その中で理工系学生のさらなる増加養成を求めた。これを受けて、文部省は一九六一（昭三六）年を初年度とする七か年で一万六千人の理工系学生の増加養成を図る計画を発表した。

こうした中、一九六一（昭三六）年三月、一部有力私大の強い要請を受けた池田正之輔科学技術庁長官は、荒木万寿夫文部大臣に対し科学技術庁設置法第一一条の各省庁への勧告権に基づいて勧告を発出した（いわゆる「池正勧告」）。その中で同長官は、「文部省の一万六千人の増加養成計画では国民所得倍増計画で推計した科学技術者の不足を補うには不十分」として更なる増員を求めた。そしてそのための方策として、教員資格・施設設備・校地面積等を定めた文部省の「大学設置基準」及び「大学設置審査内規」の改正を勧告した。

池田長官がこうした勧告を発出したのは、右に見たような当時の産業界からの要請や、政府の「所得倍増計画」達成の必要性ということもあった。しかし、より直接的には一部有力私大からの強力な働きかけがあったためと言われている。

即ち、橋本（一九九六）によれば、当時私大側は私大振興に向けて私学出身者の国会議員を中心に「私学振興議員懇話会」を結成、国による私学支援拡大に向けて自民党等へのロビー活動を展開していた。その中心人物が日大会頭の古田重二良氏であった。同氏は一九七〇（昭四五）年に死去するまでその幅広い人脈を生かして私大拡充の強力な牽引車の役割を果たした。同氏は、予てより文部省の「大学設置基準」（注３参照）について、「私大に定員はない」と主張し定員を大幅に上回る入学者を受け入れていた（前掲橋本によれば日大の一九六一〈昭三六〉年の入学者は一万八五八人であり、これは定員〈五八二〇人〉の約一・九倍に達する水準であった）。古田氏と日大出身である池田長官とは古くからの盟友であり、古田氏はこの人脈を生かして私大拡充を強力に推進していたと言われている(5)。

この勧告を受けて文部省は、一九六一（昭三六）年七月、閣議了解を経て、「私立大学の良識と誠意ある措置を期待し」、「大学設置基準」の運用方法の変更を決定した。即ち、既述のように同省は従来、「大学設置基準」の適用に関し、学科の設置改廃や学生定員の変更については、文部大臣への事前の「協議」を義務付け事実上「認可」事項と同様の扱いとしてきた（注3参照）。この扱いを廃止し、これらについては医・歯学部など特定の場合を除き事前協議なしで「届出」だけでできるように変更する旨決定し、併せて大学や学部新増設の際の学生定員基準や校舎校地面積基準、教員採用基準の弾力化を発表した。

これによって大学（特に私大）に対する文部省の姿勢は、後に多くの識者が「全くの自由放任・無計画」と酷評する状態に陥った。大学の新増設や収容定員の変更等について同省は、一定の基準を満たせばほぼ自動的に認可を与えた。その結果、第一次ベビーブーム世代が大学進学期を迎えたこともあって冒頭見たような大学数の急増をもたらした。これが次節で述べるように高等教育に様々な「歪み」を生じさせる大きな誘因となったのである。

既にみたように、文部省は私立学校法の制定過程で当事者能力を大きく低下させたが、ここでもその主体性を発揮することはできなかった。「大学設置基準」の運用は、一部有力私大や政治家等による容喙によって、これ以降、「緩和」へ大きく方向転換した。定員割れや赤字大学の増加、「教育の質」確保への懸念等最近の私学が抱える問題の遠因も、実はこうした当時の文部省の主体性の乏しい無計画な行政にルーツが求められると言えよう。

5　もっとも私立大学団体の中では、旺盛な拡大意欲を持ち、「勧告」を前向きに受け止める「日本私立大学協会」（「私大協」）。一九四六〈昭二一〉年一二月「全国私立大学連合」として発足。一九四八〈昭二三〉年三月、現名称に変更。その後の学制改革で加盟校が急増。二〇一六年一二月現在三八五学校法人、四〇七大学が加盟）、と「量より質」を重視しようとし「勧告」にも一定の距離を置く「日本私立大学連盟」（「私大連」）。私大協内の意思統一困難化から早稲田・慶應等有力大学二三校が脱退して一九五一〈昭二六〉年七月、私大二四校で設立。二〇一七年一月現在一〇八学校法人、一二二大学が加盟）とでは、同勧告の受け止め方は微妙に異なっていた。なお、この混乱の中で両者の仲介役を果たそうとして、学習院・武蔵・成蹊等七大学が私大協から離脱、「私立大学懇話会」を設立させたが、その後、八一年に「私大連」に合流した（橋本〔同〕）。なお加盟法人数等は各団体のHPによる。

# 第3章　抑制期（一九七六〈昭五一〉～八五〈昭六〇〉年）

## 1　大学急増に伴う歪みの拡大と是正への努力

この期間においては、大学数や定員の増加が抑制された。

即ち、大学数は前期末の一九七五（昭五〇）年は四二〇校であったが、一九八五（昭六〇）年でも四六〇校と増加数は四〇校、増加率は九・五％に止まっている。私立大学についても増加数は比較的少ない（三〇五校から三三一校へと二六校〈八・五％〉の増加。なお短大は五一三校が五四三校へ三〇校、五・八％増）。この一〇年間の大学数の年平均増加数は四・〇校であるが、「第一次拡大期」では同一一・三校であることと比較すると、その鈍化ぶりが理解されよう。またこの間、大学進学率は二七・二％から二六・五％（短大を含めると三八・四％から三七・六％）へと逆に低下している。この期間に先立つ「第一次拡大期」の急増・急伸ぶりと比べると正に「様変わり」の状況となった。

このように、大学数や進学率が頭打ち（あるいは若干低下）に転じたのは、「第一次拡大期」における大学急増等によって様々な「歪み」が発生・拡大し、それらの是正のため高等教育行政が従来の「緩和」から一転「抑制」に転換したことが大きく影響している（「抑制政策」と大学進学率との因果関係については後述）。

その「歪み」とは主に以下の四点に整理される。

①「水増し入学」等による教育条件・環境の著しい低下
②大都市への大学の過度の集中
③私大授業料値上げ加速と家計の教育費負担増
④私学の経営危機

まず、①「水増し入学」等による教育条件・環境の著しい低下については、一九六〇年代においては私大を中心に大学や学部・学科の新増設が相次いだが、それによって更に多くの志願者が大学に殺到する形となり、多くの大学が定員を大幅に上回る学生を入学させた（いわゆる「水増し入学」）。小林（一九九六）等によれば、「水増し率」（入学定員に対する実際の入学者数の比率）は、一九六〇（昭三五）年時点では既に一・五で、更に一九七五（昭五〇）年には一・七九まで上昇した。

多くの大学は自校の施設や教職員数に比べて遥かに過大な学生を抱え込み、学生や教職員の不満が募ることとなった。いわゆる「マスプロ大学」と批判される、教育条件・環境の劣化問題である。そしてこれは後に述べる「授業料値上げ」問題と関連して学生運動を先鋭化させる大きな要因となった。

次に、②大都市への大学の過度の集中については、特に私大においては、元々人口（特に青少年人口）が多く先行き更なる人口増が期待できる大都市部は経営戦略的には非常に魅力のある市場であった[6]。このため私大は積極的に大都市での規模拡大に注力した。

この結果、大都市と地方との間で、「教育の機会」について大きな不平等が生じた。これはまた大都市の過密化と地方の過疎化を加速させるとともに、上京学生を抱える家計の負担増大も招いた。

また、③私大授業料値上げ加速と家計の教育費負担増については、元々、国公立と私立大学とでは授業料や入学金（いわゆる「学生納付金」）の面で大きな格差があった。国公立については国や地方自治体からの財政支援がこれら「学生納付金」の上昇を比較的抑制していた。一方、私大については一九七〇（昭四五）年における「私学振興財団」発足（後述）によって「明治以降初めて」と言われる私大への経常費助成開始までは公的支援は殆ど皆無であった。またこの助成も僅かな規模に止まっていた。このため私学においては収入の大半を授業料等学生からの納付金に依存していた。

更に私大については、既に見たような大量の水増し入学者を抱える中、校舎等の施設・設備拡張を積極的に行っていたが、これが授業料値上げを一層加速させた。(7) この結果、特に私大生を抱える家計では教育費負担感が著しく高まり、国による私学への大規模な財政支援を求める声が家計や私学団体から強まった。

6　天野（一九八〇）によれば、一九七〇（昭四五）年時点では東京都は大学在学者の四五％、短大在学者の二八％を、そして東京都以外の七大道府県はそれぞれ三六％、三九％を占めていた。

7　大崎（一九九九）によれば、一九六〇（昭三五）年度時点の私大初年度納付金（授業料、入学金、施設拡充費等）は平均約七万円だったが、これが一九六八（昭四三）年度には平均約二一万円とこの八年間で約三倍に跳ね上がっている（なおこの間の消費者物価上昇率は、一・六倍に止まる）。

最後に、④私学の経営危機については、右に述べたように、私学財政は授業料等の納付金に大きく依存しており、当初は、学生数増加に伴う施設・設備拡充経費増大を授業料等の値上げで賄っていた。しかし、その値上げがかなり急ピッチであった一方、学生の学習環境については施設設備の拡充が追い付かず、学生数の一層の増加でむしろ悪化していた。このため、六〇年代半ば頃からは多くの大学で「授業料値上げ反対」をきっかけとする学生運動が始まった。そしてそれは一九六九（昭四四）年の、学生等による東大「安田講堂占拠事件」等に見られるように極めて先鋭化していった。この結果、大学の授業料値上げは殆ど不可能となり、私大の財政は危機的状況を迎えていた。

## 2　自民党文教部会報告――その後の高等教育計画を方向づけ

こうした様々な「歪み」については多くの関係者が重大な懸念を抱いており、「大学や学部学科の数等を抑制すべし」との論調が強まっていった。それが最終的には後に述べる一九七六（昭和五二）年の文部省「高等教育懇談会」報告（「高等教育の計画的整備について」）で明確化されることとなるが、同報告に強い影響を与えたのが一九七四（昭四九）年五月の、自民党政務調査会文教部会で報告された「高等教育の刷新と大学入試制度の改善及び私学の振興について」と題する改革案であった。

同報告は、「高等教育費についての家計負担の増大（特に国公私立間の負担の不平等）と、それに伴って急速に高まっている国の財政負担に対する要請を考える時、資源の効率的な活用の視点からも、無原則、無計画な『大学の量的拡大』は放置すべきではない」とし、更に「当面、高等教育機関の多様化を進めながら、無原則な量的拡大を抑制して、質的充実と国公私立間の格差是正のための諸施策を推進する」とした。

そのうえで同報告は、「高等教育一〇年計画」を策定することを提案した。具体的には一九七五（昭五〇）年度から一九八四（昭五九）年度までの一〇年間を対象とし、これを前期と後期に分け、「前期においては、政策の重点を質的充実と国公私立間の格差是正に置き、この間、大学の新設、学部学科の増設、入学定員の増加は特別の部門（国公立の医大、教員養成大学院大学等）以外は国公私立を通じて認可しないものとする」など、認可制度を通じた抑制を明確に打ち出した。(8) これはそれ以前の文部省の大学行政が殆ど何らの展望や計画を持たず、申請があり一定の基準さえ満たせば自動的に大学の新増設や定員増を認めてきた「無計画・放任」的な（文部省から見れば殆ど許認可権限を持たない）ものであったことへの強い反省に立ったものと言えよう。

### 3　文部省「高等教育懇談会」報告（「五〇年代前期計画」）──戦後初めての「高等教育計画」

こうした自民党の動きと相前後して、文部省でも先行きの大学行政について検討を活発化させていた。即ち、右に見たような様々な「歪み」について文部省内では既にこれに先立つ一九六〇年代の半ば頃から問題意識が持たれつつあった。こうした中、一九六三（昭和三八年）、中央教育

8　自民党文教部会報告については小林〔一九九六〕による。

審議会（以下、「中教審」）は、「大学教育の改善について」（いわゆる「三八答申」）と題する答申を提出した。その中で「従来、高等教育の規模と高等教育機関の配置については計画性に欠けるところがあった。今後は一層精密に実体を調査・研究しこれに基づいて高等教育の規模、学生数・高等教育機関の配置の適正を図る必要があり、その計画的配置を審議するための専門機関設置を検討すべき」とした。

更に中教審は一九七一年（昭和四六年）、「今後における学校教育の総合的な拡充整備のための基本的施策について」（いわゆる「四六答申」）の中で、「高等教育機関の自発性の尊重と国全体としての計画的な援助・調和の必要性」を謳っている。

これらの答申を受けた文部省は、一九七二（昭四七）年六月、産官学の有識者で構成される「高等教育懇談会」を設置。同懇談会は、当初は「四六答申」が「拡充」に重心を置いたものであったこともあり、「高等教育の拡充整備」等「拡充」にウエイトを置いた「取り纏め」を行っていた。しかし、右に見たような自民党文教部会の動きや、一九七三（昭四八）年秋の「第一次石油危機」勃発による我が国の景気の急激な落ち込みもあって、一九七六（昭五一）年三月、高等教育について拡大よりも「質的充実」に重点を置いた「高等教育の計画的整備について――昭和五〇年代計画――」（主として五〇年代前半に力点を置いたものであるため「（五〇年代）前期計画」と称される）を答申した。

同答申では、「拡充」という文言は消え、既に触れた幾つかの「歪み」の是正を主眼としたものとなった。具体的には、一九八〇（昭和五五）年までは、高等教育の将来の発展のための基盤整備を図る観点から、量的拡充よりも質的充実を重視し、大学等の拡充は地域間格差や専門分野の不均衡是正と人材の計画的養成に必要なものにとどめるべきとした（「前期計画」及び「後期計画」の概要等については後述）。

これによって戦後の新制大学発足後、初めて「高等教育計画」がスタートすることとなった。同時に文部省の高等教育政策は「抑制」を基調とするものに大きく転換した。これ以降、文部省はこの「前期計画」を含め、二〇〇四（平一六）年度まで四次（五〇年代計画を前・後期の二期とすると五次）にわたる「高等教育計画」を策定実施した（これらの概要は図表1－3－1参照）。

## 4 「私立学校振興助成法」の制定と抑制方針強化のための私学法改正

一方、こうした文部省の「抑制方針」への政策転換は、私大経営にとっては入学者抑制によって収入減を招くため、政府による財政的支援の必要性が生じた。この問題を政策的に担保したのが一九七五（昭五〇）年七月に議員立法で成立、翌七六（昭五一）年四月から施行された「私立学校振興助成法」（以下、「助成法」）とその成立に伴う私立学校法の改正である。

この助成法の成立と私学法の改正は密接に関連しているが、助成法の具体的内容については後の「補論」でやや詳しく見ることとし、ここではこれらの制定・改正の経緯を概観し、併せて「抑制方針」を本格化させた私学法改正の骨格についてみておこう。

まず助成法については、終戦後から私学の経営基盤の脆弱性を改善するための国庫補助の拡充が求められていた。特に「第一次ベビーブーム」が大学受験期を迎える一九六六（昭四一）年以降三年間の、文部省の大学志願者急増対策は、その大半を私学に依存していた。[9] このため私学団体からは、「この対策は責任を私学に転嫁するもの。私学に大きく依存するならば国からの私学助成強化は当然」との要求が強まった。この間、一九六五（昭四〇）年一月、慶應義塾大学の学生達による学費値上げ反対運動は、翌年早稲田大学にも波及した。こうした学生運動の激化によって

| 成5年度以降の高等教育の計画的整備にいて<br>991(平3)年5月大学審議会答申〕 | 平成12年度以降の高等教育の将来構想について<br>〔1997(平9)年1月大学審議会答申〕 |
|---|---|
| 93（平5）～2000（平12）年度 | 2000（平12）～04（平16）年度 |
| 歳人口が急減し（198→151万人へ）規模縮小が見込まれる時期においては従来のうな計画的目標の設定は適当でないことら、全体規模の想定を行い、これに基づて施策を実施。<br>学等の新増設及び定員増は原則抑制。そ例外として、社会的要請等に配慮。「臨的定員増」は定められた期限の到来によ解消が原則。 | 18歳人口が減少し（151→141万人）規模の縮小が見込まれる時期においては計画的な整備目標を設定することは不適切。全体規模の試算に基づいて施策を実施。大学等の全体的規模及び新増設については抑制的に対応。抑制の例外として扱われてきた事項については、ある程度弾力化。臨時的定員は5割まで恒常定員化を認め2004（平16）年度位迄に解消。 |
| 00（平12）年度について、ケースI 40.0%）、同II（41.2%）、同III 42.2%）を想定。当面、ケースIを念。 | 〔大学・短大の進学率〕<br>（1999（平11）年度の臨時的定員の5割程度を恒常定員化する場合）同年度の進学率（48.4%）は、2004（平16）年度にも下回らないと試算。 |
| 大学、短大、高専)<br>入学者数)<br>想定：649,000人<br>実績：752,010人<br>入学定員)<br>想定：590,000人<br>実績：698,436人<br>進学率)<br>想定：40.0%<br>実績：49.8% | (大学、短大、高専)<br>(入学者数)<br>2000（平12）年度：752,010人<br>2004（平16）年度試算：711,000人<br>(入学定員)<br>2000（平12）年度：698,436人<br>2004（平16）年度試算：657,000人<br>(進学率)<br>2000（平12）年度：49.8%<br>2004（平16）年度試算：50.4%<br>(大学、短大)<br>2000（平12）～01（平13）年度の増減<br>恒常：6,836人、臨時：△13,504人<br>計：△6,668人 |
| 都市への大学等の新増設の抑制を継続。し三大都市圏（首都圏、近畿圏、中部）以外の政令指定都市は地域制限を廃。 | 大都市への大学等の新増設の抑制を継続。但し、大都市部の大学等の自由な発展等を阻害しないよう弾力化。 |

図表 1-3-1　これまでの高等教育計画の概要

| | | |
|---|---|---|
| 計画名等 | 高等教育の計画的整備について(昭和50年代計画)<br>(前期:1976(昭51)年3月)<br>〔1976(昭51)3月高等教育懇談会報告〕<br>(後期:1979(昭54)年12月)<br>〔1979(昭54)年3月大学設置審分科会報告〕 | 昭和61年度以降の高等教育の計画的整備について(新高等教育計画)<br>-昭和60年代計画-<br>〔1984〈昭59)年6月大学設置審議会大学設置計画分科会報告〕 |
| 対象時期 | 前期：1976（昭51）～80（昭55）年度<br>後期：1981（昭56）～86（昭61）年度 | 1986（昭61）～92（平4）年度 |
| 基本方針 | 1975（昭50）年、私学振興助成法施行とともに私学法改正。私大の量的拡大に対する一定の規制と質的改善が図られた。<br>〔前期〕18歳人口は昭和40年代の減少が下げ止まり、概ね150万人台で推移。<br>〔後期〕18歳人口は161万人から185万人に増加（途中1984〈昭59〉～85〈昭60〉年度に落ち込む。進学率が停滞傾向にあることを踏まえ、量的充実より質的充実を推進。 | 18歳人口は162万人から平成4年にピーク（205万人）に達することを踏まえ、質的充実と併せ恒常的定員と期間を限った定員（臨時的定員）増による量的充実を推進。 |
| 進学率 | 〔前期〕大学・短大・高専の進学率<br>1975年度38.3%→80年度40.3%を想定。<br>〔後期〕大学・短大の進学率<br>1979年度37.9%→86年度37%を想定 | 〔大学・短大・高専の進学率〕<br>1983（昭58）年度の35.6%の水準を18歳人口ピークの92（平4）年度でも維持。 |
| 規模の目途等 | 定員増（大学、短大）<br>前期：1976（昭51）～80（昭55）年度<br>目途；29,000人（進学者数は3.2万人増）<br>実績：23,292人<br>後期：1981（昭56）～86（昭61）年度<br>目途；34,000人（実員では4万人程度増）<br>実績：39,767人 | （大学、短大、高専）<br>恒常的定員増（①）<br>目途：42,000人、実績：78,173人<br>（大学、短大）<br>臨時的定員増（②）<br>目途：44,000人、実績：112,443人<br>（大学、短大、高専）（①+②）<br>目途：86,000人、実績：190,616人 |
| 地域配置 | 収容力等の面での地域間格差を是正するため、大都市（工業（場）等制限区域及びその他の政令指定都市）の新増設を抑制し、地方整備を中心に実施。地域配置の不均衡の是正を図るため全国を8ブロックに分けて、1980（昭55）年度における一定の目途を示す。 | 大都市（前計画対象区域及び仙台市、広島市）への大学等への新増設の抑制を継続し、地方における整備を中心に実施。 |

（出典）文部科学省「これまでの高等教育政策について」及び「高等教育計画について」「高等教育計画における規模の考え方」（いずれも『大学の量的規模等に関する資料』（2009年1月中央教育審議会大学分科会資料）、「これまでに策定された高等教育計画等の概要」（1993年5月中央教育審議会大学分科会資料）、「我が国の高等教育の将来像」（2005〈平17〉年中央教育審議会報告等を基に筆者が作成。

その後の授業料値上げは事実上不可能となっていた。

こうした状況下、政府は一九七〇（昭四五）年、「私学振興財団」を発足させ、私学経常費に対する国庫補助を開始した。が、その額は経常費支出の一割にも達せず、私学関係者からはその増額を求める声が強かった。その結果、一九七五（昭五〇）年、議員立法によって「私立学校振興助成法」が成立した（同法と憲法八九条との関係については後述）。

同法の成立によって私立大学等の経常費について国はその二分の一以内を補助することが出来るとされ、従来の「予算補助」から「法律補助」へと補助形式[10]の変更が行われた。これは同時に文部省が私学の規模拡大について個別大学への補助金配分の匙加減を行う形で、「抑制」をより実効あるものにすることを可能にするものであった。なお、助成法成立時、国会では、「次の事項について特段の配慮をすべき」として「私立大学に対する国の補助金は二分の一以内となっているが、できるだけ速やかに二分の一とするように努めること」を議決している。

一方、助成法制定と同時に行われた私学法改正（助成法附則第三条で私学法第五条第一項第一号を改正）では、私学の量的抑制が強く打ち出された。

まず、従来から認可が必要だった「学部」の設置等に加えて学科の設置廃止と収容定員の変更を従来の「届出事項」から文部大臣による「認可事項」に変更した。これらは第2章2で見た「池正勧告」によって一九六一（昭三六）年に「届出事項」に緩和されていたものである。この変更によって文部大臣の認可権限は大幅に強化された。

同時にこの私学法改正は同法附則第一三項で、「文部大臣は昭和五六年三月三一日までの間は、大学設置審議会及び私立大学審議会の意見を聴いて特に必要があると認める場合を除き、私立大学の設置及び学部学科の設置、収容定員増に係る学則の変更については認可しない」こととされた。これによって五年間の期限つきながら、「規模の抑制」が明確に法制化された。これらの点は既にみた一九七四（昭四九）年五月の自民党政務調査会文教部会報告を踏襲するものであることは明らかであろう。

また、「水増し入学」の是正に関しても、定員超過は補助金の減額（助成法第五条）や不交付（同第六条）の事由となった。更に、その他の教育条件や管理運営の適正化についても問題がある大学についても同様に補助金の減額あるいは不交付の対象とした。

助成法や私学法で定められたこれらの権限を通じて、文部省は初めて収容定員の総枠を規制する権限を与えられた。

「設置認可」（定員変更を含む）と「補助金」（助成）は、この後、文部省（文科省）の高等教育政策

9　大崎（一九九九）によれば、当時、文部省は従前通りの「入学志願者合格率六〇％前後」の確保を目標として大学の拡充整備計画を立案。一九六六（昭四一）年度から六八年度までの三年間で、定員で約八・三万人、実員で約一二・四万人増加させるとし、うち私学の占めるウエイトは定員で八〇％（六・六万人）、実員で八六％（一〇・七万人）と私学に大きく依存する形を見込んでいた（なお「定員」と「実員」の二本立てとなっているのは私学のみであり、当時の私学の「水増し入学」を文部省自体が是認していたことが窺える）。

10　補助金交付の根拠による分類上、交付の根拠が法律に基づくものを「法律補助」といい、法律に基づかないで予算のみによるものを「予算補助」という。

の（そして私学管理の）中核的遂行手段として位置付けられ、現在に至っている。

## 補論　憲法第八九条と私学助成

### 補1　憲法第八九条と私学助成（その一）――私学法第五九条第三項

なお私学助成については、憲法第八九条との関係について触れておく必要がある。この問題は「私学助成」の合憲性に係るものとして、古くから大きな論争を呼んでおり、最近の政府や与野党間の憲法改正論議にもある程度関係するものであるからである。

少し時代は遡るが、一九四六（昭二一）年一一月に公布（翌四七年五月から施行）された日本国憲法はその第八九条で、「公の財産の支出利用の制限」に関して次のように規定する。

「公金その他の公の財産は、宗教上の組織若しくは団体の使用、便益若しくは維持のため、又は公の支配に属しない慈善、教育若しくは博愛の事業に対し、これを支出し、又はその利用に供してはならない。」（傍線部筆者）

もし私学教育がこの規定の「公の支配に属しない教育」に該当するならば、私学助成は「違憲」となり、出来ないこととなる。一方、助成を受けようとするならば「公の支配」に属さなければならなくなる。が、その場合、私学の生命線である「自主・自律」が危うくなる。このジレンマをどう解決するか。これが戦後の「私立学校法」制定の際に非常に大きな問題となった。

一九四九（昭二四）年二月、私学法案の起草について関係者間の議論が進む中、政府は「法務庁法務調査意見長官」名で、概要以下のような見解を示した（なお、私学助成制度の発足・改正等に関するこれまでの歩みについては、図表1-補-1参照）。

①憲法第八九条の立法趣旨[11]

慈善教育等の事業はこれを個人が行う場合、つとめて公の機関からの干渉等を排して、事業者自身の創意と責任及び費用で行われるべきものである。これらの事業に対し公の機関が財政的援助を与えることは、公金がこれらの事業への援助という美名で浪費される恐れがあること、また公の機関が、これらの事業に対する不当な干渉を行う動機を与える恐れがあること等から、憲法はこうした事態を回避する必要から、これらの事業への公金の支出等を禁止している。

11　憲法第八九条後段の立法趣旨については、①「自主性確保説」（私的な慈善・教育事業の自主性を阻害しないように、公権力を排除しようとする趣旨）、②「公費濫用防止説」（教育等への事業の援助という美名の下、公費の不当な支出が行われることを防止する趣旨）、③「中立性確保説」（国家が特定の宗教や思想信条に基づく教育等の事業に財政的援助で加担することは本条前段の政教分離原則を含む国家の中立性の点から問題を生じるため本条後段でそれを防止する趣旨）、の三つに大別されるが、本稿ではこれらについては深くは立ち入らない。詳しくは、前田徹生〔二〇〇六〕を参照。なお右の「法務庁」見解は政府のそれまでの見解（主として②）に、新たに①の観点を追加したものとされている（荒井〔二〇〇七〕）。

図表 1- 補 -1　私学助成制度の歩み

| 年 | （元号） | 事　　項 |
|---|---|---|
| 1947 | （昭22） | 教育基本法及び学校教育法制定 |
| | | 新制大学発足 |
| 49 | （24） | 「法務庁法務調査意見長官」名の政府見解 |
| | | 私立学校法制定 |
| 52 | （27） | 「私立学校振興会」発足 |
| 65 | （40） | 文部省、「臨時私立学校振興方策調査会」（「臨私調」）設置 |
| 67 | （42） | 臨私調「私立学校の振興方策の改善について」答申 |
| 68 | （43） | 政府、「私立大学教育研究費補助金」を予算計上（人件費含まず） |
| 69 | （44） | 大学紛争激化 |
| 70 | （45） | 政府、「私立大学等経常費等補助金」予算計上（人件費を含む） |
| | | 「日本私学振興財団」発足 |
| 71 | （46） | 中教審「四六答申」 |
| 72 | （47） | 文部省、「高等教育懇談会」設置 |
| 73 | （48） | 第一次石油危機勃発 |
| 74 | （49） | 自民党政務調査会文教部会報告 |
| 75 | （50） | 私立学校振興助成法制定 |
| | | 私学法改正（私大の量的抑制方針打出し） |
| 76 | （51） | 高等教育懇談会報告「高等教育の計画的整備について」 |
| 91 | （平3） | 大学設置基準の大綱化 |
| 2008 | （10） | 「日本私立学校振興・共済事業団」発足 |

（資料）筆者作成

②『公の支配』に属しない事業」の意味

「国または地方公共団体の機関がその事業に対して決定的な支配力を持たない事業」を意味。換言すれば、その構成、人事、内容及び財政等について公の機関から具体的に発言、指導または干渉されることなく事業者自らこれを行うものをいう。

こうした政府の見解は、私学助成を行う場合、国や地方公共団体が私学の人事、事業、予算等にその都度介入することを求めるものであり、従来の政府見解よりも私学助成についての「公の支配」の要件を極めて厳格に解釈したものである。こうした厳しい政府見解は、当時我が国を占領下においていたGHQが、私学に対する国家の干渉や介入を嫌い「No Control, No Support」を私学政策の基本とする米国流の大学行政方式を志向していたことを忖度したものと言われている（大崎〔一九九九〕他）。

その後この問題については、既に第1章4で見たように一九四九（昭二四）年に制定された私学法第五九条第三項で、「所轄庁は助成を受ける学校法人に対し助成に関し必要があると認める場合」は、①業務・会計状況について報告を徴すること、②予算が助成の目的に照らして不適当である場合の変更の勧告、③役員が法令等に違反した場合の解職の勧告の権限を有することを規定した。これによって、憲法の精神と私立学校の性格及び現実の要請との調和点が漸く見出された（私学助成に関する所轄庁の法的権限の推移は図表1－補－2参照）。

以後、「私立学校振興会法」（一九五二〈昭二七〉年）制定）によって、国が振興会に出資するという形で、私学の施設費・経営費・災害復旧費・高利債務弁済費等に対する政府出資金の低利貸付が実現、戦後の私学振興は「融資事業」を中心に行われていった。同時に、私立学校法の制定により、「私学助成の合憲性」に関する疑義は（この時点では）解決されたとの解釈がされるようになった。

補2　憲法第八九条と私学助成（その二）——凍結された私学法第五九条再改正

しかし、その後、事態は大きく変わって行った。

即ち、既にみたように、一九六〇年代も半ば近くなると、学生数の急増による経費拡大、インフレ高進による人件費・物件費の高騰等大学の経常経費増大は、私学財政を著しく圧迫した。更にこれを緩和するための「水増し入学」や授業料値上げが学園紛争を激化させるという形で、私学経営は危機的状況に陥りつつあった。私学団体からは、それまでの融資中心の私学振興策では全く不十分として、政府に対し人件費等経常費を含む私学助成の抜本的拡充の要請が強まった。しかし、人件費を含む経常費まで私学助成の範囲を広げるという議論は、再び「私学助成の合憲性」の議論を惹起することとなった。

こうした状況を受けて、政府は一九六五（昭四〇）年、文部省設置法を改正。文部大臣の諮問機関として、「臨時私立学校振興方策調査会」（「臨私調」）を二年三か月の時限立法として設置した。「臨私調」は一九六七（昭四二）年、「私立学校の振興方策の改善について」と題する答申を行った。その中で、「臨私調」は、「私学助成の問題は私立学校法等による規制監督の存在によって既に『公の支配』を受けていると解される」としたうえで、「このため、この問題は、合憲・違憲の問題ではなく、憲法がどの程度まで『公の支配を求めているか』という『程度』の問題」とした。一方、「人件費を含む経常費をも助成の対象とする場合」は、「単に政策論としてではなく憲法論としても問題となりうる」との慎重な意見を併記した。

このため、同答申では、経常費補助のうち「経常的教育研究経費」についてはその設置を勧告したが、「人件費補助」については、「これに伴い必要とされる規制措置についても、他の経常費に比して特に問題が多いこともあり、今直ちに私立大学に対する恒久的な対策として全面的に人件費に対し国が直接補助することの可否を決することは困難であり、今後引き続き高等教育の基本問題の検討が行われる際に、改めて検討されることを期待せざるを得ない」として、結論を保留した。

調査会答申を受けて、政府は一九六八（昭四三）年度から人件費を含まない形での「私立大学教

図表 1-補-2　私学助成に関する所轄庁の法的権限の推移

| **私立学校法施行時以降**<br>(1950年3月15日～70年6月30日) | **日本私学振興財団法施行時以降**<br>(1970年7月1日～76年3月31日) | **私立学校振興助成法の施行時以降**<br>(1976年4月1日～現在) |
|---|---|---|
| 1.私立学校法第59条第3項<br>助成を受ける学校法人に対し次の権限を有する。<br>①業務、または会計の状況について報告を徴する。<br>②予算が助成の目的に照らし不適当である場合の変更勧告(☆)<br>③役員が法令等に違反した場合の解職勧告(☆) | 1.私立学校法第59条第4項(注1)<br>助成を受ける学校法人に対し次の権限を有する。<br>①業務、会計の状況について報告を徴する。<br>②予算が助成の目的に照らし不適当である場合の変更勧告(☆)<br>③役員が法令等に違反した場合の解職勧告(☆)<br>⇩ | 1.私立学校振興助成法第12条<br>助成を受ける学校法人に対し次の権限を有する。<br>①業務、会計の状況について報告を徴し、又は関係者に対する質問、帳簿・書類等の検査<br>②収容定員超過の是正命令(☆)<br>③予算が助成の目的に照らし不適当である場合の変更勧告(☆)<br>④役員が法令等に違反した場合の解職勧告(☆) |
| | 私立学校法第59条第10項<br>①関係者に対する質問、帳簿・書類等の検査<br>②学科等増、収容定員増等の計画が法令等に反する場合の計画変更または中止の勧告<br>③設備・授業等が法令等に違反した場合の変更命令<br>(注)第10項については、衆議院の修正議決により、財団法附則第14条第4項で「政令で定める日までの間は適用しない」こととされ、結局、本項は未適用のまま次の「助成法」制定時に、上記③「設備・授業等の変更命令」を削除する等の形で規定された。 | |
| 2.同第59条第4項<br>助成不適当の認定(☆)及び第3項による所轄庁の措置に従わなかった場合の助成停止 | 2.同第59条第5項<br>助成不適当の認定(☆)及び助成停止 | 2.同第5条　補助金の減額(①法令等の違反、②収容定員超過、③収容定員未充足、④借入金未償還等財政不健全、⑤その他教育条件・管理運営不適正)<br>同第6条　補助金の不交付(前条の状況が著しいとき) |
| 3.同第59条第6項<br>私立大学審議会等の意見聴取 | 3.同第59条第7項、第11項<br>私立大学審議会等の意見聴取 | 3.同第12条の2、第13条<br>大学設置・学校法人審議会等の意見聴取(注2) |
| (4.なし) | 4.同第59条第8項/同9項<br>学校法人会計基準による会計処理及び財務計算書類作成義務<br>収支予算書及び財務計算書類の届出並びに公認会計士等の監査報告書添付義務 | 4.同第14条第1～第3項<br>①学校法人会計基準による会計処理及び財務計算書類作成義務<br>②収支予算書及び財務計算書類の届出、③公認会計士等の監査報告書添付義務 |

(注1)「日本私学振興財団法」附則第13条(「私立学校法の一部を次のように改正する」)による私立学校法の改正。
(注2)1976年4月1日～87年9月19日までは私立大学審議会等の意見聴取
(資料)小野元之『私立学校法講座』(平成10年改訂版)及び官報等を基に筆者作成。

育研究費補助金」の予算計上を行った。しかし私学団体はこれでは不十分として、人件費を含む経常費の二分の一の国庫負担を求めて政府への働きかけを強めた。この結果、一九七〇（昭四五）年度には人件費を含む形での「私立大学等経常費等補助金制度」が発足した。併せて政府は同年、これまで私学への融資業務等を中心に業務を行っていた「私立学校振興会」を改編し、「日本私学振興財団法」（「財団法」）によって私大等への経常費補助、私学経営についての調査相談事業を追加した「日本私学振興財団」を発足させた。

なお、国による補助金交付（配分等を含む）については通常は所管官庁自体が行う。しかし、右の通り文部省関係ではこれを「財団」に担当させることとした。これは、「経常費補助に伴う個別私学に対する文部省の影響を最小限にとどめるためのもの」（大崎〔一九九九〕）と解されており、換言すれば、国と私学との間に「財団」という形の組織をワンクッション置くことにより、「私学の自主性・自律性」確保と、「公権力行使」との調和を図ろうという趣旨とみられる。[12]

なお、この「財団法」制定時には私学助成に関する文部省の権限強化に関して重要な動きがあった。即ち、同法制定過程では、立法政策上の問題として、私学助成に伴う規制措置として学校法人に対する監督強化に関する事項が追加する案が検討された。

具体的には、同法の附則第一三条で私学法第五九条を改正しその第一〇項で、国または地方公共団体から経常費助成を受ける学校法人に対して、①助成に関する関係者への質問、帳簿・書類等の検査、②学科・研究科の増設、収容定員増加計画が法令等に違反している場合の計画変更または中止勧告、③設備・授業等が法令等に違反している場合の変更命令等を新たに規定することとしていた。

しかし、このうち、②は私学側にとっては、既にみた「池正勧告」等に伴い文部省からの私学管理が大幅に緩和された際に文部省との協議制撤廃を勝ち取ったものであり、また③の設備・授業の変更命令も私学法制定の際、GHQのバックアップにより私学には適用除外とした学校教育法第一四条の変更命令規定と同様のものであるなど、容認し難いものであった。このため、私学団体等は法案の修正運動を強力に展開。結局、これらの規定については、衆議院の付帯決議で、同法附則第一四条第四項に、「政令で定める日までの間は適用しない」こととされ、未適用のまま助成法制定時に削除された。

### 補3　憲法第八九条と私学助成（その三）-「私立学校振興助成法」の成立

結局この問題は、既述の一九七五（昭五〇）年の「私立学校振興助成法」成立の際に決着した。即ち助成法では、「財団法」で規定を予定していた設備・授業等の「変更命令権」（前述の③）を削除するとともに従来の私学法第五九条の監督規定を整理して移し替える等の形で、その一二条で①業務、会計の報告徴集、質問、帳簿書類等の検査、②収容定員を著しく超過して入学等をさせた場合の是正命令、③予算が不適当な場合の変更勧告、④学校法人役員が法令・寄付行為等に違

12　なお、「日本私学振興財団」は、その後二〇〇八（平二〇）年に「私立学校教職員共済組合」（私立学校職員の相互扶助事業として共済制度を運営）を統合、新たに「日本私立学校振興・共済事業団」が設立され現在に至っている。

反した場合の解職勧告、の四つを規定した。

併せて、助成法第五条では、①法令・寄付行為等の違反、②収容定員超過、③収容定員未充足、④借入金未償還等財政不健全、⑤その他教育条件・管理運営不適正、については補助金減額の対象事由とした。更に同法第六条では、「国は、その状況（筆者注：第五条の五つの項目）が著しく、補助の目的を有効に達成することが出来ないと認める場合等においては補助金を交付しないことが出来る」旨規定した（なお、同法第一四条では、「財団法」第五九条第八・第九項と同じく、学校法人会計基準による会計処理及び財務計算書類作成義務、収支予算書及び財務計算書類の届出義務、監査法人等による監査報告書の添付義務を課した）。

なお、右のように、私学助成に関する国等の規制権限が助成法に詳述されることとなったことに伴い、私学法第五九条は、国等による私学助成の基本方針を述べるものに簡略化された。

以上の諸点については私立大学側としては、私学助成を受けるためとはいえ、国の監督規制があまりにも強くなり過ぎるとして、強い反発を示す動きもあった。しかしこの機を逃すと助成法制定自体が大きく先送りされる恐れがあるとして、私学団体は最終的にはこうした条項を容認するに至った。

いずれにしても本法制定によって、従来の学校教育法（学校の設置・廃止等の認可〈第四条〉、閉鎖命令〈一三条〉、文部（科学）大臣の勧告権〈一五条〉等）や私立学校法の監督規定に加え、「私立学校振興助成法」の監督規定が加わる形となった。この結果、これら三つの法律それぞれの規定が相まって、私立学校は「公の支配」に属しているものと解されるようになり政府見解もこれ

図表1-補-3 「公の支配」と「私学の自主性・自律性」

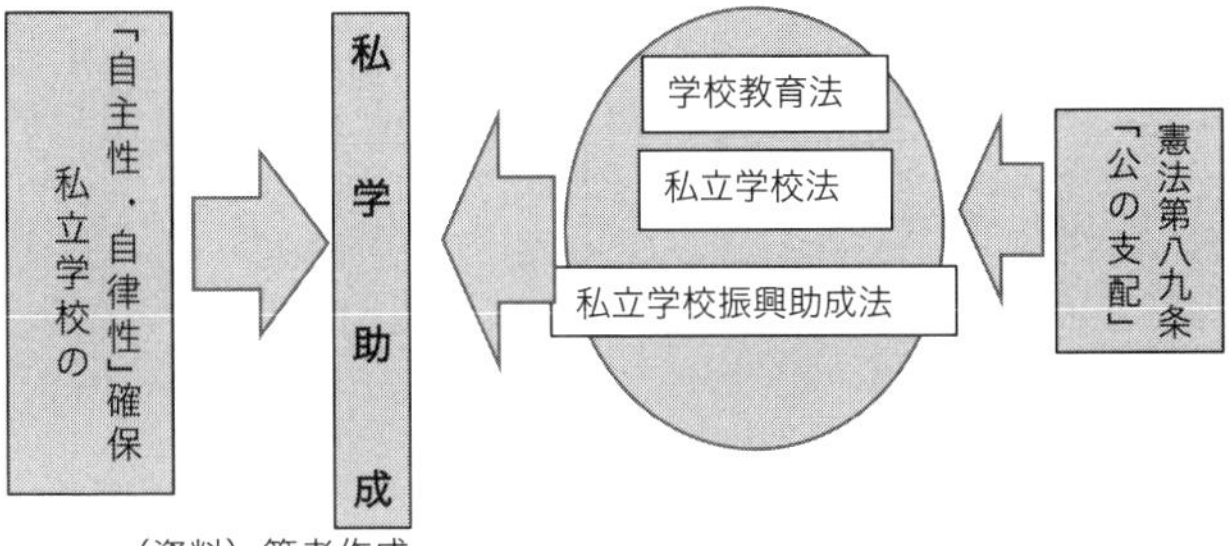


（資料）筆者作成

を踏襲した（憲法第八九条の「公の支配」と、私立学校の「自主性・自律性」、私学助成との関係の概念図は図表1-補-3参照[13]）。

もっとも、現在においても、例えば自由民主党の憲法改正草案では改正の論点の一つとして取り上げられるなど、「私学助成」と「公の支配」等を巡る議論は続いている。

## 5 昭和五〇年代「前期計画」と「後期計画」――「質的充実」が最大の狙い

さて、私学助成の話はこれ位にしておき、「高等教育計画」の話に戻ろう。

昭和五〇年代「前期計画」・「後期計画」の二つの計画に先立つ「第一次拡大期」（一九六〇〜七五年）においては大学数・学生数等の急増によって様々な「歪み」が生じたことについては第3章1で

13 例えば、二〇〇三（平一五）年五月二九日の参議院内閣委員会における山本庸幸内閣法制局第二部長答弁。なお、同年九月の「総合規制改革会議第二回構造改革特区提案および規制改革全国要望に関する意見交換会」では、株式会社やNPOによる学校経営への参入問題に関連して、この「法制局見解」の解釈について活発に議論されている（荒井〔二〇〇七〕）。

述べたとおりである。こうした「歪み」の是正に向けてこれら二つの計画が重点を置いたのは次の二つの点である。

第一は、私立大学の「質的充実」である。具体的には私大の量的拡大を厳しく抑制する一方で、「実員」（実際に在籍している学生数）の「定員化」を進めた。即ち、既にみたように私大の多くは定員を遥かに上回る学生（実員）を受け入れていた（「水増し入学」）。「前期計画」ではこの状態を是正するため、施設・設備拡充、教員増員等によって定員を拡充し、これによって実員と定員との差を縮小する方針を取った。これが「定員の実員化」と言われるものである（これにより、「水増し率」は一九七五〈昭五〇〉年の一・七九倍から目標年次である一九八〇〈昭五五〉年には一・五倍程度まで低下することが見込まれた）。これらの「質的充実」は既述の私学助成の強化によって実効あるものとなったことは想像に難くない。

第二は、高等教育の地域的偏在の是正である。この点については、「工業（場）等制限法」と密接に関連している。

即ち、政府は首都圏への産業及び人口の過度の集中を防止することを目的に一九五九（昭三四）年に、「首都圏の既成市街地における工業等の制限に関する法律」（「工業等制限法」）を制定し、その後、一九六四（昭三九）年には近畿圏にも同様の法律（「工場等制限法」）を制定した。「工業（場）等制限法」はこれら二つの法律の総称である。

同法では首都圏等の既成市街地、特に人口増の著しい東京都区部、武蔵野市及び三鷹市（一九六四〈昭三九〉年からは横浜市、川崎市、川口市を追加）についてはこれらを「工場等制限区域」に指定した。そして同区域については工場の新増設だけではなく、大学についても講義室の床面積合計が一定規模（当初二〇〇〇㎡以上、一九六二〈昭三七〉以降は一五〇〇㎡以上に改正）を超える場合は、教室の新増設を制限していた。

もっとも同法は施行後暫くの間は、弾力的な取り扱いが行われていた。即ち、既存の大学がその敷地内で行う教室の新増設は制限しないとしていたほか、その後の改正（一九六二年、六四年）でも一定期間内に届出た者等は敷地内における教室（特に理工系）の新増設については許可を要しない等の附則（特例措置）が付されていた。[14] こうしたこともあって、同法施行後も一九七二（昭四七）年における特例措置撤廃までは、弾力的な取り扱いが続けられ、これが首都圏における「水増し入学」問題の大きな要因となっていた。

「前期計画」では政府はこの「工業（場）等制限法」を、首都圏と地方との高等教育機会の格差是正に活用した。具体的には首都圏および近畿圏における「工場等制限区域」については大学・短大の新増設を一切認めず、それ以外の「政令指定都市区域」においてもこれに準ずる扱いとした。これによって、大都市の大学については地方や郊外への移転や増設が進むこととなった。

「後期計画」は一九七九（五四）年一二月、大学設置審議会大学設置計画分科会報告「高等教育の計画的整備について」として報告された。「前期計画」のような「高等教育懇談会報告」とならなかったのは、政府の方針で、「懇談会」等法令に基づかない審議機関の整理が行われたこ

14　白川〔二〇〇七〕による。

とから、大学設置審議会に「大学設置計画分科会」を新設し懇談会の機能を継承したためである。後期計画は前期計画の路線、即ち量的拡大の抑制、質的充実の推進、地域配置の適正化等を概ね継承した。

この昭和五〇年代は一八歳人口が一六〇万人前後で比較的安定していたことや既述のように文部省が計画実現のための手段を有していたこともあって概ね計画は達成された。

## 6 「抑制政策」と大学進学率との因果関係

既にみたようにこの期間中、大学進学率はそれ以前の急激な上昇から一転、僅かながらも低下をみた。その要因については、筆者は既述のようにこの期間中の文部省の「抑制政策」が大きく影響していると考えている

しかし、それを否定する見解もみられる。例えば、天野〔一九八〇〕は、「進学者数や進学率の頭打ちを、計画が打ち出した新増設規制によるものとすることはできない」としている。そのうえでその根拠として、「なぜなら、頭打ちとなったのは進学希望率も同様で、進学希望率は七四年の四四％から七五年に四七％となったが、七六年の四八％をピークに七八年には四六％まで下がっている」ことを挙げている。

わが国の大学進学率がいかなる要因で決定されるかについては、以前から多くの研究者によって分析が行われ、様々な説が存在する。しかし、必ずしも「定説」と言われるものは存在しないように思われる。

この問題に関し天野（同）は、進学率の規定要因として、第一に「入学定員」を挙げる。そのうえで、「我が国においては私大を中心に水増し入学が常態化しており、現実には入学定員は進学率を規定する要因とはなっていない」とする。

そして第二の要因として、「進学希望者の数」を挙げ、「日米両国においては、中等教育の就学率が九〇％を超えているので、事実上すべての者が進学資格を有している」とする。更に「これら進学有資格者が実際に進学を希望するか否かは、①本人の進学意欲、②学力、③経済力の三つが重要」とする。そして、この抑制期間中に大学進学率が頭打ちとなった最大の要因は、「これら諸要因の影響を最も受け易いマージナル（限界的〈大学に行くかどうかについて揺れ動く〉）な階層が、③の「経済力」の点で低成長経済の影響を大きく受けたことによるもの」として、大学進学率低下の要因は経済情勢の悪化による「志願者数」の減少（進学希望率の低下）にあるとの見解を示している。

低成長経済が、それによる家計所得の伸び悩み（あるいは減少）を通じて大学進学率低下の一因となったという点については、筆者も特に異論はない。

しかし、筆者は、入学定員規制等当時文部省が行った一連の抑制策も、大学進学率の頭打ちにかなり強い影響を与えたと考えている。その理由は主に以下の二点である。

第一は、文部省による当時の抑制策は、結果的に受験者にとっての大学進学のハードルをより高いものにしてしまったとみられることである。

即ち、入学定員増加規制等抑制的な政策の実施は、大学の入口をより「狭い」ものにした。この結果、従来は「今の自分の学力でも何とか大学には入れるだろう」と考えていた層がこのハードルをクリアするには、従来よりも高い学力と、それを確保するための一層強い進学意欲、そして塾通学等追加的学習を可能とするより高いレベルの家計経済力が求められることとなった可能性が高い。

第二は、この時代の後のバブル崩壊後の経済の長期低迷期でも、大学進学率は再び上昇テンポを速めたが、当時家計の経済力はかなり厳しい状況にあったことを考えると、進学率上昇の要因は文科省の規制弾力化以外には見当たらないことである。

即ち、後述するように、一九九〇年代初頭以降、大学進学率は再び上昇に転ずるが、当時我が国経済はバブル崩壊後の長期不況下にあり、多くの業種でリストラが実施されるなど、天野氏が言う家計の「経済力」の面では極めて厳しい状況にあった。一方、この期間は次に見るように文科省の高等教育政策は、それまでの「抑制」から再び「緩和」方針に大きく転換しており、大学や学部・学科の新増設や定員増等はかなり弾力的に認められることとなった。こうした点からも文部省〔文科省〕の政策スタンスの影響は比較的大きいと見るべきであろう。

文部省〔文科省〕の政策、特に「入学定員政策」が大学進学率の重要な決定要因とする見解は最近目立ち始めている。例えば、馬場〔二〇一二〕は、「戦後日本の男子大学進学率の分析」と題する要旨以下のような分析結果を公表している。

①進学率の増減は、進学適齢期の男子若年人口の増減による合格難易度の変動と、出生率の変動による家計の教育費負担率の変動という二つの要因によってほぼ完全に規定されてきた。

②戦後日本における進学率の大幅な上昇は、主に入学定員数の増加による進学難易度の低下によるものであり、特に一九九〇年代以降その傾向が顕著である。

更に、同氏は、「大学進学率はその定義により、（A）大学入試に合格する能力のある者の比率、（B）大学の教育費を負担できる者の比率、（C）その中で進学を志望する者の比率、の三つによって規定され、（A）の比率は全国の大学の入学定員と受験者数の相対的な関係で決まる。従って、入学定員に対して進学適齢期の若年人口が多い場合は合格率の低下によって進学率が減少し、進学適齢期の若年人口が少ない場合は合格率の上昇によって進学率が増加すると考えられる」と述べている。

筆者の見解はこれに近いが、いずれにしても大学進学率の決定要因については今後更なる分析が期待される。

# 第4章　第二次拡大期・規制緩和期（一九八六〈昭六一〉～二〇一〇〈平二二〉年）

## 1　「量的拡大」復帰への伏線となった「昭和六〇年代計画」の「臨時的定員増」枠設定

この期間中、大学数は前期末の一九八五（昭六〇）年の四六〇校から二〇一〇（平二二）年には七七八校と三一八校（六九％）増加した（私立大学は三三一校から二六六校増加し五九七校と一・八〇倍に急増）。この間の年平均の大学増加数は一二・七校と第一次拡大期の一一・三校を上回っている。なお、短大は社会の構造変化に伴う高学歴志向の高まり等から、五四三校から三九五校へと一四八校、二七％減少した。これらの多くは四年制大学に転換している。この間、大学進学率は一九八五（昭六〇）年の二六・五％から二〇一〇（平二二）年には、五〇・九％に大きく上昇している（短大を含めると三七・六％から五六・八％に上昇）。

このようにこの期間中に大学数が急増したのは、短大から四年制大学への転換が進んだことも影響しているが、より大きな要因は文部省の高等教育政策の規制緩和方向への転換である。また大学進学率が大きく上昇したのもこれが影響していると見られる。

既述のように、昭和五〇年代「前期計画」と「後期計画」は「質的充実」を大きな目標として掲げており、その後も我が国高等教育政策はこれを基本方針として継承していくかに見えた。しかし、この「質的充実」の方針は長続きせず再び「量的拡大」が高等教育政策の中心を占めるようになっていったのである。その転換の嚆矢となったのが一九八四（昭五九）年六月、「大学設置審議会大学設置計画分科会」による「昭和六一年度以降の高等教育の計画的整備について」（「新高等教育計画」）答申、いわゆる「昭和六〇年代計画」である。

この答申では、まず高等教育の今後の方向性について、「開かれた高等教育機関の視点」、「高等教育機関の国際化の視点」、「特色ある高等教育機関の視点」の三つを掲げた。その上で、「質的充実と併せ量的充実も推進する」（傍線部筆者）こととし、それまでの「質的充実」方針からの軌道修正が行われた。

具体的には、一九八六（昭六一）年から一九九二（平四）年までの七年間について「量的計画」を策定した。第二次ベビーブーム世代の一八歳人口はこの期間の最終年度である一九九二（平四）年には二〇五万人とピークを迎えることが見込まれていた。こうした急増する八歳人口に対し、同計画では定員について、「恒常的定員増」四・二万人（大学、短大、高専の合計）と「期間を限った定員増」（「臨時的定員増」、いわゆる「臨定」）四・四万人（同）の二本立てとし、後者は一九九二（平四）年度以降、漸次削減することとした。これにより大学進学率（短大のほか高専を含む）は一九八三（昭五八）年度実績の三五・六％から一九九二（平四）年度でもこれが維持されると算定した。

しかし、右の定員増計画には財政難の折から国立大学は目標値が明示されなかった。このためこの増員計画は専ら私大の増加に依存するものであり、この点においてこの計画は既述の一九六〇（昭三五）年代における「第一次拡大期」と実質的には何ら変わるものではなかった。このため、第一次拡大期と同様、文部省は大学設置基準について、兼任教員を多数認めること、校地面積基準の緩和、申請手続きの簡素化等の緩和を実施した。

この措置によって、それまで約一〇年間事実上凍結されてきた大学や学部の新増設申請が堰を切ったように出された。正に「圧力釜の蓋を外したような状態で、申請が殺到した」（黒羽〔二〇〇二〕）。これに対し、「文部省は、短大を中心に運用を（大学設置計画分科会の）計画専門委の報告以上に緩めたため、計画期間の初年度で目標値に近づき、昭和六二（一九八七）年度には達成してしまった。（中略）文部省は、自らの行政措置によって拡大方向で修正して対処した」（黒羽〔一九九三〕）。

この結果、この計画期間中の定員増は、恒常的定員増が七・八万人（前述のように計画目標値は四・二万人）、臨時的定員増は一一・二万人（同四・四万人）、合計一九・〇万人（同八・六万人）と、計画目標値の二倍以上に達する凄まじいものとなった。これによって、「大学教育内容の水準低下はさらに拡大した」（黒羽〔一九九三〕）。

高等教育政策は「量的拡大」とそれを確保するための規制緩和の時代に戻り、大学の教育条件・環境の劣化が再び進むこととなったのである。

### 2　高等教育の規模抑制策の終わりを宣言した「平成五年度以降計画」

「昭和六〇年代計画」が、その前の（昭和五〇年代）「前期計画」及び「後期計画」の「抑制方針」から「量的拡大」方向への軌道修正を開始したものとすれば、「平成五年度以降の高等教育の計画的整備について」（一九九一〈平三〉年五月大学審議会答申、対象期間は一九九三〈平五〉～二〇〇〇〈平一二〉年の八年間）は、その軌道修正を更に色濃くさせたものと言えよう。それを窺わせるものは以下の三点である。

第一にこの期間における「計画」の位置づけである。この期間の「高等教育の計画的整備」のうち「高等教育の規模」に関して同答申は、「大学等の新増設は原則抑制」としつつも他方で、「一八歳人口が急減し、ピーク時の平成四年度に比べて規模の縮小が見込まれる時期においては、従来のような計画的な整備目標を設定することは必ずしも適当とは言えない」（傍線部筆者）として、「複数のケースを規模の想定として示す」ことに止めた。これは、従来のような「量的計画の目標値」の設定を事実上放棄したことを意味するものに他ならない。この「計画的整備」の答申は、「キメの粗いもので、もはや計画とは言えなくなっ」た（黒羽〔一九九三〕）のである。

第二に、右のような基本方針の下、文部省による実際の運用については「私立大学の強い要望を受けて臨時的定員の期限延長や恒常的定員への組み入れが認められたほか、極めて必要性の高いものには新増設等も認められるなどその運用は柔軟化されることになった」（白井〔二〇一三〕）という点である。この結果、計画期間中における入学定員は答申が想定していた約五九万人を大幅に上回る約七〇万人まで拡大した。

第三に、大都市圏における大学の新増設等については引続き「抑制」を維持しつつも、三大都市圏（首都圏、近畿圏、中部圏）以外の政令指定都市については、これまでの取り扱いを改め地域制限を廃止したことである。これは、これ以降、地方自治体が建設費や人件費等を分担する形での「第三セクター」方式の大学新増設増加のきっかけとなった。

天野郁夫氏の言葉を借りれば、「この答申は一九七五（昭五〇）年から続いてきた高等教育の規模抑制策の終わりを宣言したもの」（天野〔二〇一三〕）と言えよう。

### 3　大学教育の枠組みを大幅に緩和した「大学設置基準の大綱化」

大学の「量」の問題と並行して文部省や教育関係者の間では、大学教育の「質」をどう確保していくべきか、という問題も重要な論点として議論が重ねられていた。

例えば「教養教育」については、教員数や施設の不足、教養教育の理念や必要性への教員や学生の理解不足が目立っていた。また、進学率上昇等に伴い、授業科目等の多様化ニーズも拡大していたほか、社会の構造変化・多様化に伴い、科目設置・必要修得単位数弾力化や実務型教員採用のニーズも強まっていた。

こうした問題を踏まえ、大学審議会は一九九一（平三）年二月に「大学教育の改善について」等の答申を発表し、以下の点を提言した。

①大学設置基準の大綱化・簡素化等
②大学の自己点検・評価システムの導入
③生涯学習等に対応した履修形態の柔軟化

このうち、特に重要なのは①である。

即ちここでは各大学で特色あるカリキュラム設計が可能となるよう、授業科目、卒業要件、教員組織等に関して主として次のような点について大学設置基準の規定を弾力化することが提言された。

- 各大学に開設を義務付けていた授業科目の科目区分（一般教育、専門教育、外国語、保健体育）を廃止
- 科目区分別の最低修得単位数を廃止し、卒業に必要な総単位数（大学の場合一二四単位以上）のみ規定
- 必要専任教員数について科目区分ごとに計算する方式を廃止し、収容定員の規模に応じた総数のみを算定する方式に変更。兼任教員数は全教員数の二分の一を超えないとの制限規定を廃止
- 単位の計算方法の合理化を図り、演習等の授業を行いやすくする
- 「課程」設置を弾力化
- 学士を学位に位置付けるとともに、学士の種類を廃止

文部省では大学審議会のこの答申を受けて、同年六月、大学設置基準等諸基準の改正を行った（同年七月施行）。これがいわゆる「大学設置基準の大綱化」と言われるものである。また、同省ではこれに伴って、大学等の新増設等に対する大学設置・学校法人審議会の設置認可の審査の在り方についても検討を行った。その結果、同年七月、審査にあたっての基本的な観点をまとめた総

則的な「審査内規」が公表された。その後も大学審議会や中教審は数次にわたり答申を発表、文部省はこれに沿う形で大学設置基準等を多岐に亘って緩和した。

こうした緩和については、「規制緩和」という大きな潮流に基づくものとはいえ、後日、「過度の緩和」、「あまりにも曖昧な基準」（黒田〔二〇一三〕）との批判を浴びることとなる（この点については後述）。

## 4　「臨時的定員廃止方針」を放棄した「平成一二年度以降の高等教育の将来構想」

さて話を再び「量」の問題に戻そう。

一九九七（平九）年一月の大学審議会答申（「平成一二年度以降の高等教育の将来構想について」）ではついに定員抑制政策を事実上放棄することとなった。

この点に関しては、「臨時的定員」の取り扱いが重要である。即ち、これに先立つ一九九一（平三）年五月答申（「平成五年度以降計画」）では、「臨時的定員は本来の趣旨に沿って、定められた期限の到来により解消するのを原則とする」とされており、「定められた期限」とは平成一一年度末（二〇〇〇年三月末）の予定となっていた。しかし、多くの私大は臨時的定員の解消を引き延ばして様子を窺い、更にはその恒常定員化を半ば公然と主張し始める私大関係者も出始めた（黒羽〔二〇〇一〕）。

こうした状況下、一九九七（平九）年一月、大学審議会は「平成一二年度以降の高等教育の将来構想について」と題する答申を行った（対象期間は二〇〇〇〈平一二〉年度から二〇〇四〈平一六〉年度の五年間)。

既にみたようにこれに先立つ「平成五年度以降計画」では「計画目標値」設定を取り止め「計画」色が後退していた。更にこの「高等教育の将来構想」では規模については「計画」という文言が消え、単に「構想を示す」という形に大きく変化した。「この答申では、『計画』という言葉自体が姿を消し、進学率の抑制政策の全面的な放棄が謳われた」(天野〔二〇一三〕)のである。

これは正に高等教育についての「計画」の時代の終焉を告げるものであった。

この「高等教育の将来構想」では、「臨時的定員」の取り扱いの方針が示された。

即ち、臨時的定員の解消を当初計画通り全て平成一一年度末で解消することについては、その場合、①計画最終年度である平成一六(二〇〇四)年度の進学率が平成一一年度を下回る結果となり、受験生等への影響の点から好ましくない、②私学経営が困難化し教育条件の低下等が懸念される、③臨時的定員が教育機会の確保に果たした役割も考慮する必要があるとして、臨時的定員を二〇〇〇(平一二)年度から五年間で段階的に減らした後、当初の臨時的定員の五割までを目途に恒常定員に組み込むこととを認めることとした。

この臨時的定員は一九九六(平八)年度で約一一万人にも上っており、この数字はこの時点での全大学・短大入学定員約六九万人の約一六%に相当する大規模なものとなっていた(小室〔二〇一二〕)。この「平成一二年度以降計画」に先立つ「平成五年度以降計画」の段階で既に大学教育の質の低下を憂うる声がかなり多くの私学関係者から聞かれていたが、この「臨時的定員」の「恒常定員化」については、教育の質の更なる劣化のほか、先行きの一八歳人口急減期における入学市場需給の悪化を危惧する声も上がっていた。

同様の懸念は、実は文部省の担当者サイドも抱いていた。ある担当者の懸念が文書（研修時の講演記録）として残っている。非常に興味深い内容であるので、これを以下に紹介しておく。

「一八歳人口は減少を続け、二〇一〇年にはピークである一九九二年の六割に激減する。各私学が定員を六割にまで下げてくれれば、全ての私学が潰れるには至らないハッピーな姿として維持できる。しかしながら、臨時的定員一一万人もぜひ残してほしいという強い要望が私学団体からある。その臨時的定員を残すということは、皆がハッピーな姿と逆のベクトルを向く話となってしまう。個々の私学にとっては臨時的定員の割合が恒常的定員の割合と同数となっているところもあり、それがある日突然半分になってしまえば当然経営に困難をもたらす。そういう私学側の事情は、私どもも大変よくわかっている。ただトータルで考えると、全体がみな我慢しないと、必ず危ない事態が起きるだろうということが数字的にはかなり明らかである。そういう中で一体、臨時的定員の取り扱いをどうするかは将来の我が国の高等教育全体の姿をどう描くのかということと切り離して議論することはできない。」（若松[15]〔一九九七〕、傍線部筆者）

15　この講演を行った若松澄夫氏の肩書は「前文部省高等教育局企画課長」。同課は高等教育局の筆頭課として高等教育政策に係る企画立案等を所掌。

こうした懸念はその後徐々に現実性を増しつつあるが、残念ながらそうした声はかき消されてしまったのである。

## 5 「教育」にも大規模な規制緩和を迫った「総合規制改革会議答申」――「事前規制」から「事後チェック」へ

ここまで見たような「抑制方針」緩和の流れは、二〇〇一（平成一三）年一二月の「総合規制改革会議」の「規制改革の推進に関する第一次答申」で決定的となった。同答申では、「教育」にも大規模な規制緩和を求め、特に大学等高等教育については、政府の従来の「抑制方針」の撤廃と「競争の促進」を求めたのである。

この答申はその後、現在に至るまでの我が国の高等教育の基本的方針となったとも言えるものであるので、これが採用された背景等を少し詳しく見ておこう。

この「総合規制改革会議」答申に象徴的に表れている「規制緩和」重視の思想はいわゆる「新自由主義」（ネオ・リベラリズム）に基づいている。

即ち、一九七〇年代の米国では「スタグフレーション」（不況下の物価高）が進行する中、これを打開するためには規制緩和推進による競争の促進が必要との考えが有力となり、運輸・航空、電力、情報通信、金融等幅広い分野で規制緩和が進んだ。そこには、個人の自由や市場原理を再評価し、政府による企業や個人への介入を極力制限すべしという「新自由主義」（ネオ・リベラリズム）が底流していた。

その後、こうした潮流は、一九九〇年代初頭の「バブル崩壊」で深刻な景気後退を迎えていた我が国にも広まった。景気低迷等に伴う財政悪化（補助金原資逼迫）にあえぐ政府と、国際競争力が低下する中、優れた人材の確保のニーズを強める経済界の思惑が重なり、政府と財界との連携の下、幅広い分野で規制緩和が推進された。

当時の状況について天野郁夫氏はこう記している。

「大学審の廃止[16]自体が行財政改革の一環であったが、大学行政に対してもそれが規制の塊だという厳しい批判が向けられた。（中略）これらは大学設置基準を中心とした設置認可行政全体に向けられた批判であり、（中略）一時は設置基準自体の廃止論も飛び出すほど自由化が強く求められた。（中略）設置基準の緩和は、大学という組織なり制度を支えてきたミニマムの条件が大幅に緩和されたことを、別の言葉でいえば引き下げられたことを意味している。戦後何とか維持されてきた伝統的な水準や質の、大幅な見直しが行われたといってよい」（天野〔二〇一三〕）。

総合規制改革会議の第一次答申のポイントは以下の通りである。

16　大学審議会は二〇〇〇（平一二）年に廃止され、その機能は中央教育審議会大学分科会に引き継がれた。

**問題意識**

・「生活者向けサービス分野」（いわゆる「社会的分野」）は、これまでは市場原理には馴染みにくいものとして、公的主体がサービスの主たる担い手として市場を直接管理。

・この結果、この分野には「規制」や「官業構造」が多々見られ、コストの合理化・生産性向上・サービスの質の向上が妨げられるなど改革の遅れが目立つ。

・今後の少子・高齢化社会では経済成長に貢献する新産業やイノベーションが必要。

・こうした「社会的分野」（医療、福祉・保育、人材〈労働〉、教育、環境）及び都市再生を「重点六分野」として今後規制緩和に基づく改革を推進。

**改革の方向**

・大学や学部の設置に係る「事前規制」を緩和するとともに「事後的チェック」体制を整備するなどにより、一層競争的な環境を整備する。

**教育関係の具体的施策**

①大学・学部の設置規制の準則主義化

・大学・学部の設置等認可の抑制方針は参入規制として働くので問題。見直すべき。

・「大学設置・学校法人審議会大学設置分科会会長決定」等で定めている設置認可ルールを整理し、必要なもののみ省令等法令に明記すべき。

・学部の下部組織である学科の設置・廃止は届出で可能とすべき。
・基準を充足しなくなった時は文部大臣による是正命令や閉鎖命令を可能とすべき。
・大学の設置等における校地面積、自己所有比率規制緩和
・工業（場）等制限法の在り方についての抜本的見直し
・大学等の設置における制限区域の廃止
②第三者による継続的な評価制度（アクレディテーション）制度の導入
③学生に対するセーフティネットの整備

これらの多くは、後日、中教審等で踏襲・具体化されることとなる。

6　拡大路線に転じた二〇〇二（平一四）年中教審答申

こうした総合規制改革会議第一次答申の方針は、二〇〇二（平一四）年八月の中教審の「大学の質の保証に係る新たなシステムの構築について」と題する答申で踏襲され、具体策が策定された。同答申は一言でいえば、「それまでの抑制基調から拡大基調へと大きな軌道修正を行った」（白井〔二〇一三〕）ものである（もっともこれは「軌道修正」というよりも「方針転換」というべき大きなものであろうが）。

同答申の骨子は以下の通りである（傍線部は筆者）。

（一）設置認可の在り方の見直し

①設置認可の対象

・現状は学部の学科レベルまで認可対象[17]

・今後、設置認可は大学、学部、研究科等の新設・改廃及び設置者の変更を対象

・但し、現在授与している学位の種類・分野を変更しない範囲内で組織改編する場合は学部等大学の基本組織であっても認可は不要で届出で足りることとする。

・新たな種類・分野の学位を授与するための組織改編の場合は、学部の学科の新設であっても認可の対象とする。

・私立大が収容定員を減少させる場合は認可不要。大学全体の定員内における学部等間の定員の増減は大学の裁量に委ねることとする。

②設置審査の抑制方針の見直し

・大学間の自由な競争を促進するため、大学・学部等の設置審査における抑制方針を今後は基本的には撤廃することとする。

③首都圏等での工業（場）等制限区域・準制限区域内の大学設置等の抑制方針撤廃

（二）設置審査に係る基準の見直し

・設置審査基準や内規等を整理

・これらの基準は原則として告示以上の法令で規定することとする。

（三）校地基準の見直し

・大学設置基準等で定められている校地面積基準（校地が校舎の三倍以上）及び校地の自己所有比率規制（原則として基準面積の二分の一以上を自己所有）を緩和[18]

（四）新たな第三者評価制度の導入

・従来の大学自身による「自己点検・評価」に加え、国の認証を受けた機関（認証評価機関）による定期的な評価を受け、その結果を社会に公表することを制度化。

（五）法令違反状態の大学に対する是正措置

・違法状態にある大学に対する従来の措置は、①変更命令、②閉鎖命令のみで、変更命令は私大には適用除外（筆者注、第1章4参照）。今後は緩やかな措置から段階的に是正を求めるため、「変更命令」と「改善勧告」も規定する。

これらの多くはその後、二〇〇二（平一四）年一一月の学校教育法改正や二〇〇三（平一五）年四月の大学設置基準改正等によって実行に移された。

例えば（一）②大学等設置審査抑制方針の基本的撤廃については、二〇〇二（平一四）年の学校

17　第3章4で見たように学科の設置廃止等については一九七五（昭五〇）年の私学法改正によって、従来の「届出」事項から「認可」事項に戻されていた。

18　なお、校地の自己所有比率規制については、二〇〇六（平一八）年三月の「規制改革・民間開放推進計画」に基づき二〇〇七（平一九）年度審査分から「全部借用」を認めることとなった。

教育法改正で、また（二）については、二〇〇三（平一五）年度施行の改正大学設置基準において、審査の一般的基準に関する内規（「審査基準要項」等六本）及び抑制方針に関する内規（「審査の取扱方針」等五本）計一一本が廃止され、最低限の基準として必要なものに限って大学設置基準や告示などに規定された。

また（五）のうち、「変更命令権」即ち、学校教育法第一四条に定める「設備・授業等についての法令等違反に対する監督庁の変更命令権」に関しては、第3部第3章で述べるように、二〇〇二（平一四）年の学校教育法の改正で、公私立大学の設備・授業等の法令等違反に対する文科省の是正勧告権、変更命令権、組織廃止命令権等が規定された。

こうしたプロセスを経て、「総合規制改革会議」第一次答申や中教審答申が謳う「準則化」（あるいは準則主義化[19]）が実行に移されたのである。

この間、二〇〇四（平一六）年五月、私学法が改正され、管理運営制度（理事会・監事・評議員会）、財務情報公開の条項が整備されたが、この点については第3部で述べる。

19　「準則化」等について中教審は以下のように説明している。「『準則』とは『守るべき規則・ルール』を意味し、『準則化』とは様々な法的問題点について、適用されるべき基準や解釈を明確に示すこと」（中教審〔二〇〇九〕）。なお一般的には、「準則主義化」とは、「大学設置基準等法令等の要件を満たせば設置等が半ば自動的に認可されること」と解されることが多い。

# 第5章　減速期（二〇一一〈平二三〉年～現在）

## 1　頭打ちとなった大学進学率と大学数

前章で見たように「大学設置基準の大綱化」や「総合規制改革会議第一次答申」等を受けて、大学設置認可等文部科学省の高等教育関係規制は大幅に緩和された。その結果、バブル経済による好況期（一九八五〈昭六〇〉～九〇〈平二〉年頃）には殆ど横這いに止まっていた大学進学率は、バブル崩壊後は、経済の長期停滞にも拘らず逆に上昇速度を急激に高めた。また既述のように一九八五（昭六〇）年から二〇一〇（平二二）年の間における大学数の増加は三一八校（一・六九倍）、年平均増加校数は一二・七校と凄まじい数字を記録した。大学進学率や大学数がこのように経済動向とは逆に急伸・急増した最大の要因は、政府による大学設置基準等の大幅かつ急ピッチの緩和にあったと言って差し支えないだろう。

しかしその後、二〇一〇（平二二）年頃からは拡大傾向にはブレーキがかかりつつある。即ち、まず大学進学率は前期末の二〇一〇（平二二）年の五〇・九％が直近の二〇一六（平二八）年でも五二・〇％と殆ど横這い状態にある。この間、大学数も二〇一〇（平二二）年の七七八校が二〇一二（平二四）年には七八三校と僅かながら増加したが、その後はこれをピークとして翌二〇一三（平二五）年には七八二校と戦後初めて減少、二〇一六（平二八）年は七七七校に減少している。このうち私立大学は二〇一三（平二五）年の六〇六校をピークとして、直近の二〇一六（平二八〉年には六〇〇校と僅かながらも減少している。

この間、短大を含めたベースでは、進学率は五六・八％で横這いながら、大学・短大の合計数は、二〇一〇（平二二）年の一一七三校から二〇一六（平二八）年には一一一八校へと五五校（四・七％）減（ピークである二〇〇一〈平一三〉年の一二二八校比一一〇校〈九・〇％〉減）と比較的顕著な退潮傾向にある。

その背景は、①「第二次拡大期・規制緩和期」に大学新設が急増したが（特に一九九八〈平一〇〉年から二〇〇六〈平一八〉年の間は短大から四年制大学への転換組を含めて二〇〇四〈平一六〉年を除き毎年二〇校近い大学が新設）、こうした新設ラッシュが一服したことに加え、②次節で述べるように、緩和の弊害が表面化し、これを是正するための設置審査の見直し等が徐々に行われつつあること、③更には破綻や募集停止等の形で撤退する大学・短大が徐々に出ていることが影響している。

## 2　行き過ぎた緩和

高等教育についての多方面にわたる規制緩和はかなり急激に行われたため、様々な弊害を誘発した。

まず一九九一（平三）年の「大学設置基準の大綱化」については、これを契機としてカリキュラム改革や教育組織の見直しが進展する一方、所期の目的と異なって、一般教育あるいは教養教育の理念の後退が懸念されるようになった。その反省に立って、大学審議会は、「高等教育の一層の改善について」(一九九七〈平九〉年)、「二一世紀の大学像と今後の改革方策について」(一九九八〈平一〇〉年)と「グローバル化時代に求められる高等教育の在り方について」(二〇〇〇〈平一二〉年)を答申した。これと並行して中教審も「新しい時代における教養教育の在り方について」(二〇〇二〈平一四〉年)、「我が国の高等教育の将来像」(二〇〇五〈平一七〉年、「将来像答申」)を答申した。

これらの答申では、教養教育の重要性が再確認されるとともに、様々な改善策が提言された。特に教育内容については、「課題探求力」の観点から、また教育方法や評価等については「単位制度の実質化」[20]等の観点から具体策の提言が行われた。また、中教審の「将来像答申」では「早急に取り組むべき重点施策」(「一二の提言」)として、「入学者選抜・教育課程の改善」、「出口管理の強化」、「大学等の設置認可や認証評価等における審査内容や視点の明確化」、「教養教育や専門教育等の総合的な充実」等を提言した。

一方、「設置認可」関係についても、それまでの一連の規制緩和の弊害が目立ち始めた。まず、既述のように、従来は「認可」が必要とされていた案件についても一定の要件を満たせば「届出」で済む扱いとなった。これによって、全体の案件数(「認可」+「届出」)に占める「届出」

20 現在の我が国の大学制度は「単位制度」を基本としており、一単位は教室等での授業時間と準備学習や復習の時間を合わせて標準四五時間の学修を要する教育内容を以て構成されている。しかし実際には授業時間以外の学習時間が大学によって様々であるとの指摘や一回当たりの授業内容の密度が大学の授業としては薄いものもあるのではないかとの懸念がある。このような実態を改善するための種々の取組を総称して「単位制度の実質化」のための取組ということがある(中教審「学士課程教育の構築化に向けて」答申用語解説)。

のウエイトは、二〇〇三（平一五）年度は僅かに〇・四％だったものが、翌二〇〇四年度以降は、五九～七五％に急拡大した（図表1－5－1参照）。審査過程が遥かに簡便な「届出」で設置が可能となったことで、「認可申請」から「届出」への大規模な「迂回」が始まったのである（「届出」急増の隠された背景についてはコラム1参照）。

また、右に見た「届出」の急増は、以下のように、本来は「認可」が必要な案件でも「届出」制度拡大後は「届出」で設置が可能となってしまうことを利用（？）したケースも少なくないことも影響している（図表1－5－2参照）。

①一部の学位の分野が大括りであったこと。このため同じ学位の分野に属するが専門分野の互換性が高くないものの間の組織改編が「届出」で可能、

②「学際領域」では、既存組織の教員の半数以上が残っている場合、「届出」で設置が可能。このため、複数回の「届出」を行えば、本来は、「認可」が必要な、当初の姿とは全く異なる分野のものに改編することが可能。

こうした大学・学部等の新増設に係る緩和は、認可申請や届出を行う大学側の意識やモラルの低下を招来した。これを最も敏感に感じ取ったのは、大学設置認可関係の審査を行う文科省審議会の私大関係者自身であった。

まず、二〇〇五（平一七）年一一月、大学設置・学校法人審議会は永田眞三郎会長名で、次のよ

図表 1-5-1　設置認可・届出件数の推移

2003（平15）年4月から設置届出制を導入

（カッコ内構成比、%）

| 開設年度 | 2003（平15） | 04（平16） | 05（平17） | 06（平18） | 07（平19） | 08（平20） | 09（平21） |
|---|---|---|---|---|---|---|---|
| 認　　可 | 277（99.6） | 196（41.5） | 127（32.4） | 126（26.1） | 110（31.2） | 87（25.2） | 78（24.9） |
| 届　　出 | 1（0.4） | 276（58.5） | 265（67.6） | 356（73.9） | 243（68.8） | 258（74.8） | 235（75.1） |
| 設置認可・届出総数 | 278 | 472 | 392 | 482 | 353 | 345 | 313 |

（資料）文部科学省「大学設置認可に関する基礎資料」（中央教育審議会大学分科会質保証システム部会（第3回）平21年5月20日）を基に筆者作成。

図表 1-5-2　認可申請制度緩和による「抜け道」と見直しの内容

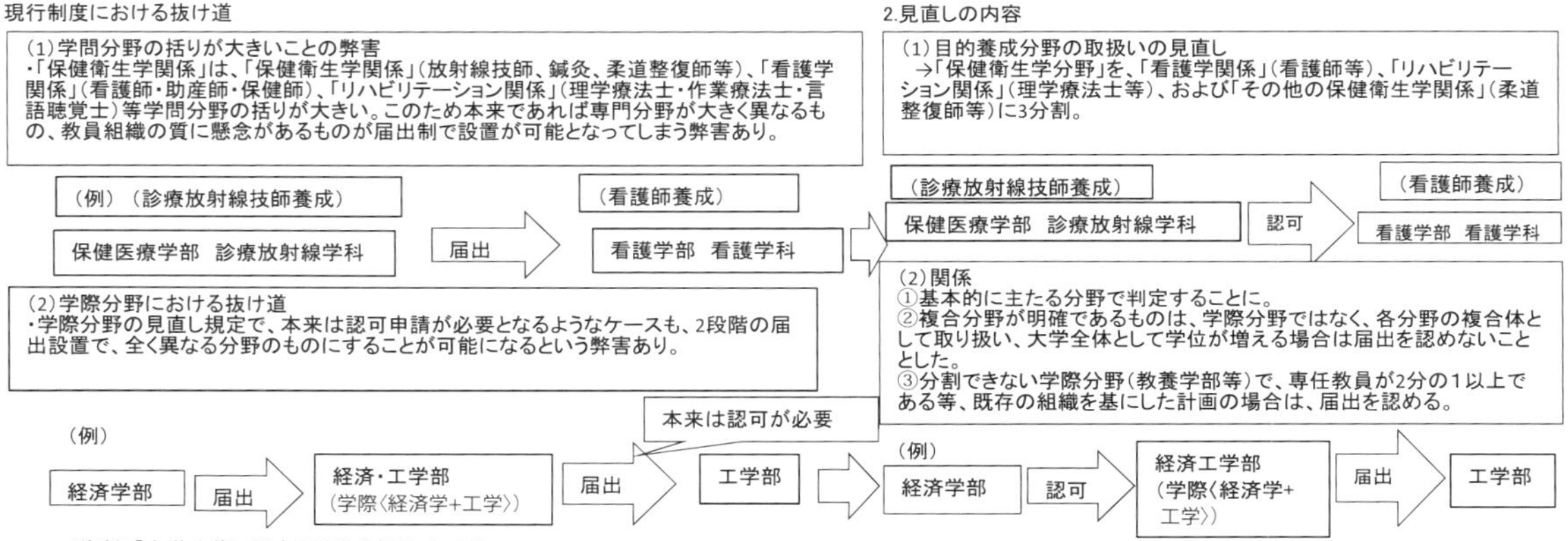


現行制度における抜け道
（1）学問分野の括りが大きいことの弊害
・「保健衛生学関係」は、「保健衛生学関係」（放射線技師、鍼灸、柔道整復師等）、「看護学関係」（看護師・助産師・保健師）、「リハビリテーション関係」（理学療法士・作業療法士・言語聴覚士）等学問分野の括りが大きい。このため本来であれば専門分野が大きく異なるもの、教員組織の質に懸念があるものが届出制で設置が可能となってしまう弊害あり。
（例）（診療放射線技師養成）
保健医療学部　診療放射線学科

工学部

（資料）「大学改革に関する最近の提言」による。

（看護師養成）
看護学部　看護学科
（2）学際分野における抜け道
・学際分野の見直し規定で、本来は認可申請が必要となるようなケースも、2段階の届出設置で、全く異なる分野のものにすることが可能になるという弊害あり。
（例）
経済学部

経済・工学部
（学際〈経済学+工学〉）

本来は認可が必要
工学部
2.見直しの内容
（1）目的養成分野の取扱いの見直し
→「保健衛生学分野」を、「看護学関係」（看護師等）、「リハビリテーション関係」（理学療法士等）、および「その他の保健衛生学関係」（柔道整復師等）に3分割。
（診療放射線技師養成）
保健医療学部　診療放射線学科

（看護師養成）
看護学部　看護学科
（2）関係
①基本的に主たる分野で判定することに。
②複合分野が明確であるものは、学際分野ではなく、各分野の複合体として取り扱い、大学全体として学位が増える場合は届出を認めないこととした。
③分割できない学際分野（教養学部等）で、専任教員が2分の1以上である等、既存の組織を基にした計画の場合は、届出を認める。
（例）
経済学部

経済工学部
（学際〈経済学+工学〉）

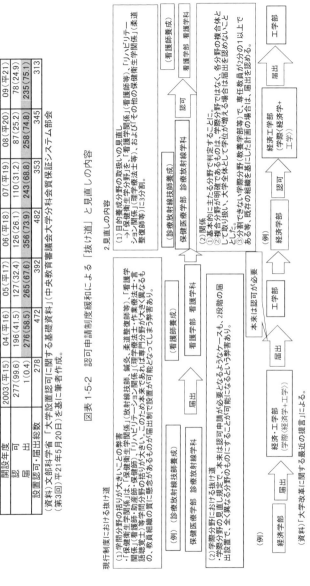

【コラム１】「設置認可申請」から「届出」への大規模なシフトの隠れた要因

本文で見たように、「準則主義」移行後、学部・学科等の改組については条件を満たせば、従来の「認可申請」ではなく「届出」でも可能となった。「届出」の方が「申請」よりも準備すべき書類の種類や数、文科省のヒアリングの有無等の面で大学側にとっては労力の大幅な軽減となる。これが「届出」へのシフトの大きな要因である。

が、もう一つ重要な要因がある。

それは「申請」の場合、改組対象の学部の教員の業績（研究、教育等の面での各教員の実績）についての設置審による「業績審査」を受けることが必要であるが、「届出」ではこれが多くの場合不要であることにある。

かなり多くの場合、「研究」面での実績（論文、書籍出版、学会での発表等）が十分とは言えない教員が少なからず存在する。こうした教員は、業績審査の結果、業績が不十分と判定されると、新学部の教員としては認められなくなる（あるいは教授から准教授等への「降格」を迫られる）。

このため理事会や学長は教員からの反発を恐れて、「届出」での改組を志向することとなる。

しかし「届出」の場合、新しくできた学部や学科は、従来の学部と比べて教員の顔触れや資質には殆ど変わりがないこととなる。「看板の付け替え」だけの改組である。最近はこうしたケースがかなり多い。残念ながら現行の制度ではこうした形での改組を無くすことは不可能であり、この点も現行制度が抱える問題点の一つである。

うな異例のコメントを発表している。

①本年度の公私立大学等の開設認可申請については、教員組織や教育課程等の内容、施設・設備等の面で大学としてふさわしくない案件や強い疑義の生じる案件がみられた。

②審査過程では、申請書類について虚偽の内容を含むものや真実性が疑われる事例が相次いだ。これは大学運営に携わる者のモラルが問われる問題で、設置認可制度の根幹を揺るがす問題で極めて遺憾。

③このため、文科省に対しては今後、審査手続の改善、虚偽申請に対するペナルティの明確化、設置認可後のアフターケア（年次計画履行状況調査）の充実検討を期待。

同審議会は二〇〇七（平一九）年にも次の内容の永田会長名のコメントを公表した。

①申請者は総じて準備不足が顕著。設置の趣旨、教育上の目的、教育課程、施設・設備等の面で大学の設置に関する基本的理解を欠くケースあり。
②規制緩和の流れの中、大学新設の抑制方針の撤廃、審査基準の準則化、認可事項の縮減など「事前規制から事後チェックへの転換」の考え方に基づき、設置審査が行われているが、その前提となる大学自身の自覚と責任の徹底の点で大いなる危惧。
③文科省には、今後、基準を明確化し適正な審査を行う観点から、「学位に付記する専攻名称の基準の明確化」、「大学院大学のハード面など基準の明確化」等の検討を期待。

さらに、二〇〇八（平二〇）年、同審議会学校法人分科会は黒田壽二分科会会長名で「近年の審査を振り返って」と題して要旨次のようなコメントを発表している。

①近年、新設早々学生確保に苦しむ大学や校舎の全部借用の結果賃借料が経営を圧迫する株式会社立大学の例など、経営の「安定性」の問題を生ずる事例が増加。
②認可書類の不実記載や重大な記載漏れ等不正申請、理事長によるセクハラ事件等一部とはいえ、社会からの信頼を失いかねない事案が続いており、極めて遺憾。
③設置認可に関し、準備不足からか多数の留意事項が付される、「数値基準さえクリアすれば」といった低い意識の申請者が増加するなど、規制緩和の弊害が目立ち始めている。我が国私立大学制度に関する各設置者の強い自覚、自省を切に求めたい。

図表 1-5-3　保留・取下げ・不認可の件数

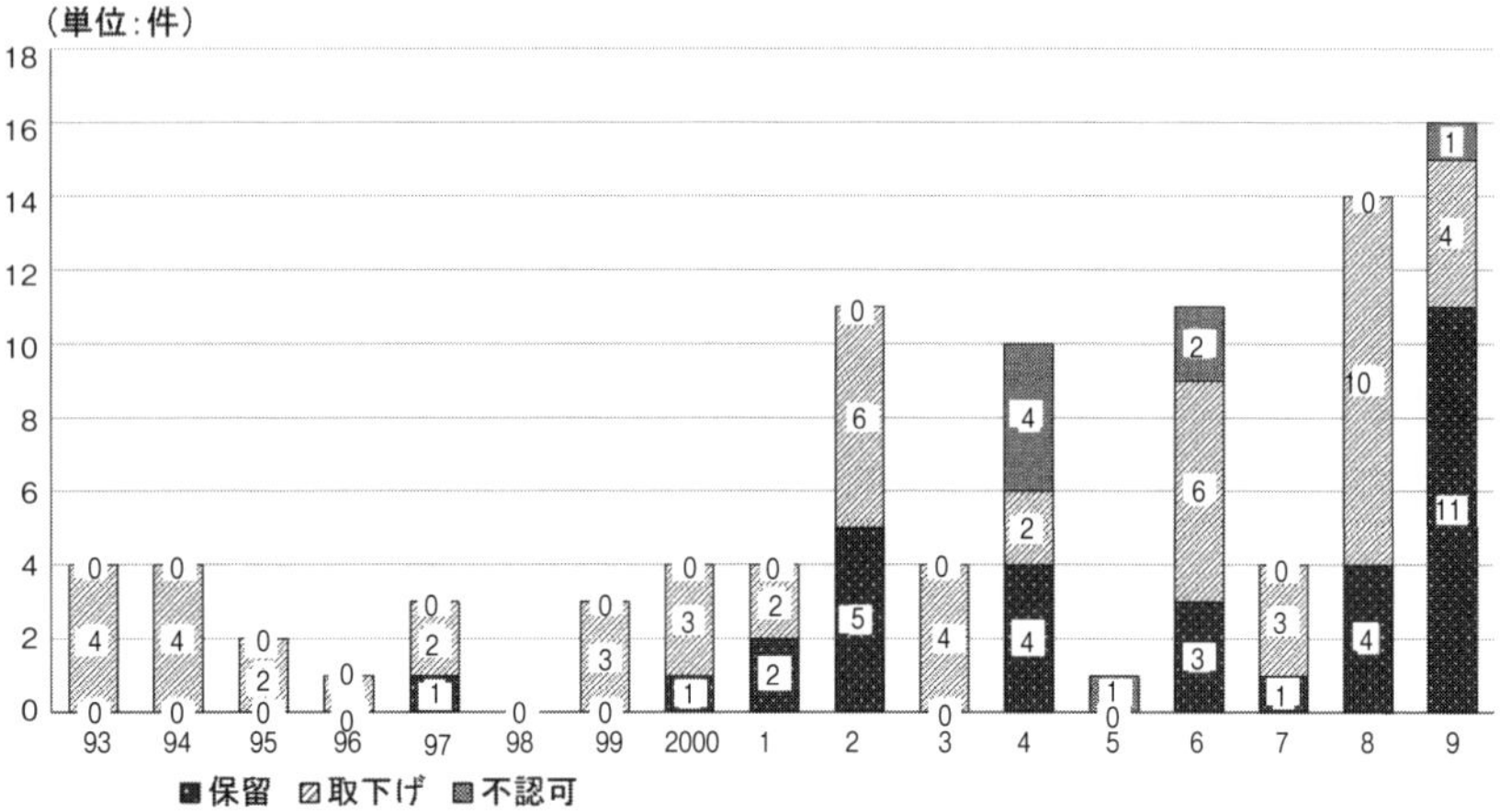


（資料）文科省資料より筆者作成。

こうした審議会の、「悲鳴」とも取れる声を裏付けるように、「準則化」が実施された二〇〇三（平一五）年頃から、設置審査等について「保留」や「取下げ」或いは「不認可」となった案件がかなり急増している（図表1―5―3参照）。

### 3　緩和の弊害是正への試み

このように、「行き過ぎた緩和」に対して、設置審関係者とはいえ高等教育界からも慨嘆の声が高まる中、思わぬところから大学設置認可制度に対する問題提起が行われた。二〇一二（平二四）年一一月、民主党政権下の田中眞紀子文科相による、翌春開学予定の三大学不認可問題である。これは大学設置・学校法人審議会の答申を覆すものであり、極めて異例の事態となった。同大臣は、「大学が多すぎて教育の質が劣化している」、「認可の判断を審議会にまかせてよいのか。審査がルーティンワーク化していないか」として現在の設置認可制度に疑問を呈した。同氏の問題意識はある程度正鵠を射るものではあったが、その問題と当面の個別大学の認可問題とは次元の異なる問題だったのかもしれない。

いずれにしてもこの問題については、結局、当初予定通り三大学の開設が認められることとなった。同時に、同月、大学の設置認可制度の見直しを行うため文科省に、「大学の設置認可の在り方の見直しに関する検討会」が設置された。同検討会は翌二〇一三（平二五）年二月、今後の設置認可の見直しについての方向性に関する提言を取り纏めた。

具体的には、①運用の改善等により早期の実施が期待される事項（学生確保に係る審査基準の明確化、審査の充実等）、②速やかな具体化に向けた検討が期待される事項（設置基準等の明確化、学校法人のガバナンスの確保、審査スケジュールの見直し等）、③大学の質の向上のため設置認可の見直しとあわせて継続的に改善・充実を図っていくべき事項（認可後の事後チェック機能の強化、大学の閉鎖等の場合の学生保護の仕組み等）等である。これらの幾つかについては文科省あるいは関係の審議会で対応が図られつつあるが、今後の課題として残されているものも少なくない。

## 第1部を振り返って

ここまでの第1部では、終戦直後から現在に至るまでの我が国高等教育政策の変遷とその間における大学、特に私立大学の軌跡を辿ってきた。

これをどう総括するか。

ここまで余り触れてこなかった部分も加えながら次の三点を指摘しておきたい。

第一点は、わが国高等教育における「質」の確保が今改めて問い直されているという点である。米国の著名な教育学者マーチン・トロウ氏によれば、高等教育への進学率が一五％を超えると高等教育はそれまでの「エリート段階」から「マス段階」に移行し、更にこれが五〇％を超えると、「ユニバーサル段階」に移行するという。この段階では高等教育は、「ユニバーサル・アクセス」、即ち誰でもが大学に進学する「機会」が保障されることとなる。

戦後の七〇年余りの我が国の高等教育は正にこうしたステップを歩んできた。嘗ての高等教育はごく一部の「エリート層」のものであったが、今では大学進学年齢層の二人に一人が大学に進学しており、「ユニバーサル・アクセス」は殆ど実現されている。大学進学率の上昇は、「大学卒」という肩書の人材を社会に多数送り込む点では一定の効果を挙げてきた。仮に高等教育の大きな課題が人材供給等「量」の問題であるとすると、その課題はある程度達成されていると言えるかもしれない。

しかし、高等教育の課題はそれだけではない。高等教育は教育の最終段階であり、それに見合う「質」の高さが当然求められる。我が国社会は大学に、より高度の人材養成を強く求めている。

このため大学には従来の伝統的な教育内容・方法を超えた、学生達の「付加価値」を確実に高められるような教育が求められている。こうした意味において、現下の我が国高等教育政策の最大の課題は、大学の質をどう保証あるいは確保していくかという、いわゆる「質保証」の問題であろう。

この点に関し天野郁夫氏は、「質保証とは具体的には、大学の施設設備、学生、教員、教育課程、の四つの部分について、それぞれが一定の水準・質を保っていなければならない。それが質保証の問題ではないか」と説いている(天野〔二〇一三〕)。その上で同氏は、戦後の大学の質保証は、「大学設置基準」と「入学者選抜試験」という二つの「装置」への依存度が極めて高かったとし、「これら二つの質保証装置はいずれもこの二〇年間で著しく弱体化した」[21]としている。既述のように大学設置基準は、文部省による一連の緩和政策、例えば一九六〇年代の「第一次拡大期」における「池正勧告」等による緩和方向への転換や一九九一(平三)年の「大綱化」、更には総合規制改革会議答申等によって大幅に緩和された。その結果、現在では、文科省が設置認可行政を通じて大学の質を維持・管理することは非常に難しくなっている。

また第二の保証装置である「入学者選抜試験」(「大学入試」)について留意すべきは、わが国で

21 なお同氏は、「質保証」に係るこれら二つの「装置」のほか、現在では、「認証評価」と「教育過程」(傍線部筆者。同氏はこれを「カリキュラムという意味ではなく、教育のプロセスという意味である」と定義)とがあるとしている(天野〔二〇一三〕)。

は「質保証」に占める「大学入試」の重要性が欧米諸国とは比較にならないほど大きいという点である。例えば、欧州における「バカロレア」（高等学校教育修了証書）制度の下では、希望者は原則として自動的に大学進学が認められる。換言すれば大学側には、入ってくる学生を誰にするかという権限は極めて限定的にしかない。また米国では、高校卒業時の成績の如何で入学できる大学（州立大学等）はほぼ自動的に決まる（天野同）。

一方、わが国では「入学者を誰にするか」の決定権は大学自身が持っている。このため嘗ては「受験競争」と呼ばれる高倍率の入試が「質保証」の重要な役割を担っていた。

しかし、我が国高等教育の七割以上を占める私立大学では、急激に進行する少子化の中では学生数を如何に確保するかが、各大学の「死活問題」に直結する。こうした状況下では、一部の有名校等を除き大多数の私立大学が入試のハードルを引下げて入学者確保を図っている。現状は大学入試がその「質維持機能」を喪失しつつある状況と言える。この問題は学生の「学力低下」という面で大学教育の現場にも大きな問題を生じている。一九九〇年代、「分数が出来ない大学生」が話題になったが、事態は更に深刻化している可能性がある。多くの大学では、「リメディアル教育」の名の下、基礎学力確保のための「補習」が行われており、これを正課の授業で行っていたため文科省から注意を受けたケースもある。

こうした問題は「教育」の面に止まらず当然、経営の質の悪化の問題に波及する。大学数等の「量的拡大」が極めて大規模に行われた結果、最近の急速な少子化の下では、学生確保難から多くの私大経営を不安定化させている。私学財政の悪化は必要教員数の未充足、各種施設設備の更新等の面で大学の教育条件・環境の劣化の要因として跳ね返っている。例えば、文科省の最近の「設置計画履行状況調査結果」を見ると、教員確保や施設設備の確保等の面で指摘を受ける大学が目立っている。また本来、大学設置基準は「ミニマム」のものであり、各大学は教育条件・環境の更なる充実を図っていくことが求められるが、教育環境拡充のための設備投資や教職員採用等が思うに任せない大学も少なくない。

指摘すべき第二点は、これまでの高等教育政策においては、私立大学の「自主性・自律性の尊重」に余りにもウエイトがかかり過ぎた結果、私立大学の「公共性」という側面がやや軽視されているのではないかという点である。即ち、私学法第一条では「私立学校の特性にかんがみ、その自主性を重んじ、公共性を高めることによって、私立学校の健全な発達を図る」と定めているが、「公共性を高める」という点についてはやや希薄になっているのではないか。

ここで「公共性」（或いは教育基本法第六条の「公の性質」）とは、単に、租税を財源とする「私学助成」や学校法人の法人税等の非課税措置を正当化するために留意されるべきものではない。むしろ教育の持つより本質的な機能―未来を担うべき若人を社会から付託され、彼らを一人前の「人財」として社会に還元していくという極めて重要な機能―に着目したものである。この点において私立大学は、高等教育課程という「人材養成」の最終段階で全体の七割以上の学生を預かるなど、極めて大きな公共的役割を担っている。このため教育や経営が一定レベルに達しない大学については、国から当該私立大学に対し、是正策の実行を強制する必要が生じる。

しかし、私立大学は「自主性・自律性」をその存在意義《レゾンデートル》とする組織である。このため国からの

「強制」には強い反発が生じる。このため、私立大学の「公共性」と「自主性・自律性」とをどう調和させていくかという問題が生じることとなる。この点に関し国は私学法の中で「公共性」確保に関連する幾つかの条項を設けたが、既述のように「立入り検査権」等最も強力な部分においては、私学の「自主性・自律性」への配慮を優先し、最近に至るまで長い間これを規定化してこなかった。

しかし、急ピッチで進行した「量的拡大」の結果極めて多くの大学が誕生し、これが当然のことながら経営面等で不適切な大学の増加を招く中では、私立大学の「自主性・自律性」に引続き配慮しつつも、「公共性」確保により大きな注意を払っていくことが必要である。第3部で見る、二〇一四（平二六）年の私学法改正による文科省への「措置命令権」等の付与は一つの前進ではあるが、後述のように依然解決すべき点が残されている。

指摘すべき第三点は高等教育政策の立案決定における文科省の主体性確保の必要性である。既にみたように、わが国の高等教育政策は様々な「外圧」を受けてきた。私学法制定時におけるGHQや私学総連からの圧力、大学設置基準緩和を巡る「池正勧告」（とそれを誘導した一部有力私大経営者）、「臨時的定員増」の「恒常定員化」を巡る私大側からの圧力、「規制緩和」に関する「総合規制改革会議」からの圧力等である。

これらの影響を受けることは、その時々の情勢下ではある程度やむを得ない。占領下ではGHQの権力は絶対的であったし、世界的な「規制緩和」の波が押し寄せ政府や経済界等がこれを金科玉条の如く信奉し推進する状況の下では、これに抗するのは殆ど不可能であったであろう。また、「自主自律」を最大の存在意義《レゾンデートル》とする大学業界については、その意向を忖度することはある程度必要であるのかもしれない。

しかし、「臨時的定員増」の「恒常定員化」のように、これを認めることは将来的に大幅な需給不均衡をもたらすことが明らかなケース等についてまでも業界の要求を是認したことについては、極めて大きな疑問を禁じ得ない。

第2部で詳しく見るように、現在さらに進行している私学の経営悪化問題等の最大の原因は、高等教育市場での「需給バランス」が大きく崩れつつあることにある。即ち、従来は、需要（大学進学希望者数）が供給（大学数、より正確には収容定員数）を大きく上回っており、「質」の確保は教育・経営両面で確保されていた。しかし、その後の少子化で需要が大きく減少する一方、供給はほぼ一貫して拡大を続けている。この結果、市場は「需要超過」から「供給超過」に大きく傾きつつある（特に中小規模大学）。

こうした問題の責任は一体誰が取るのか。そして誰がどう解決していくのか。

本章で見てきた、私学法制定以来の高等教育政策や私学政策の立案・決定過程は、そうした問題の責任の所在が極めて不明確であることを物語っている。教育に限らず、政策の立案・実施の責任はあくまでも政府が担うべきものであり、高等教育政策等文教政策については文科省がその責めを負うべき筋合いのものである。

「教育の質」や「経営の安定性」を今後どう確保していくのか。特に後者については、今後増加が予想される経営困難校をどう処理していくのか。またこれらも含めて、今後の我が国の高等教育政策や私学政策全体をどういうものにしていくべきか……。これらの点は我が国の将来を左右する極めて重大な問題である。

政府（文科省）は今一度原点に立ち返って主体的に考え、その答えを国民に示すべきではないか。

# 第2部　私立大学経営が抱える問題——私大の入学市場需給と経営状況

# 第1章　大学入学市場の需給状況と文科省の大学定員管理政策

## 1　マクロ的に見た大学入学市場の需給状況

第1部では戦後の高等教育政策の変遷と、それが大学数や大学進学率或いは「教育の質」等に如何なる影響を及ぼしてきたのか等について時代を追いながら概観した。

第2部ではその結果、①大学入学を巡る需要（大学進学希望者数）と供給（入学定員等）との関係はどうなっているのか、また文科省による定員管理政策はどうなっているのか（第1章）、②またその中で私立大学の経営状況はどうなっているのか（第2章以下）、等について見て行きたい。

まず本節では国公私立大学全体の入学市場の需給状況について見てみよう。

図表2－1－1は一九六五（昭四〇）年以降について一八歳人口が変化する中で、国公私立大学合計の入学定員や志願者数、入学定員充足率（入学者数／入学定員）等がどう変化したのかを見たものである。

この図表のポイントは以下の三点である。

①入学定員は年による多寡の差はあっても現在に至るまで毎年増員されていること。

即ち、入学定員（棒グラフ、国公私立計、一部推計）は、第二次ベビーブームが大学進学期を迎えた一九九〇年前後では大幅に増加しているが、それ以外の年でも現在に至るまで毎年コンスタントに増員されている。因みに過去一〇年間を見ても二〇〇三（平一五）年の約五四・四万人から二〇一三年の約五八・四万人へ約四万人、年平均では約四千人増加している。この「年間平均約四千人の入学定員増加」は、立教大学（学部入学定員四一五〇人、今次定員増申請前）、青山学院大学（同三九〇二人）クラスの大規模大学が毎年一校新設されているのと同じ規模である。[22] これは一八歳人口が急減期に入った現在でも、文科省による量的拡大政策は基本的には変化していないということに他ならない。

②入学市場は事実上「全入」状態になっていること。

このように入学定員は一貫して増加する傾向にある一方、志願者数[23]（棒グラフ、国公私立計、当該年度高卒のみ、以下同じ）は「第二次ベビーブーム」が大学進学期を迎えた一九九三（平五）年の六四・二万人をピークに減少傾向にあり、直近の二〇一六（平二八）年は五八・四万人とピーク比五・八万人（九・〇％）減少している。このため一九八〇年代は七〇％前後で比較的安定していた、志願者数に対する入学定員の割合（入学定員／志願者数、折れ線◆マーカー）は、志願者減少・入学定員増

22 なお二〇一六（平二八）年度時点での我が国私立大学五七七校（事業団へ入試関係計数を報告している大学）中、入学定員が最大規模グループの「入学定員三〇〇〇人以上」の大学は僅かに二三校（全体の四・〇％）に過ぎないが、入学者数は私大全体の三〇・二％（二〇一六年度）を占めるなど寡占化が顕著である。

23 私学事業団や各大学が発表している「志願者数」は「併願」を含んだ計数。これに対し、本稿で扱う「志願者数」は文科省「学校基本調査」による「併願」を含まないベース（高校側からの報告による）の計数である。

図表 2-1-1　18 歳人口、入学定員、志願者等の関係

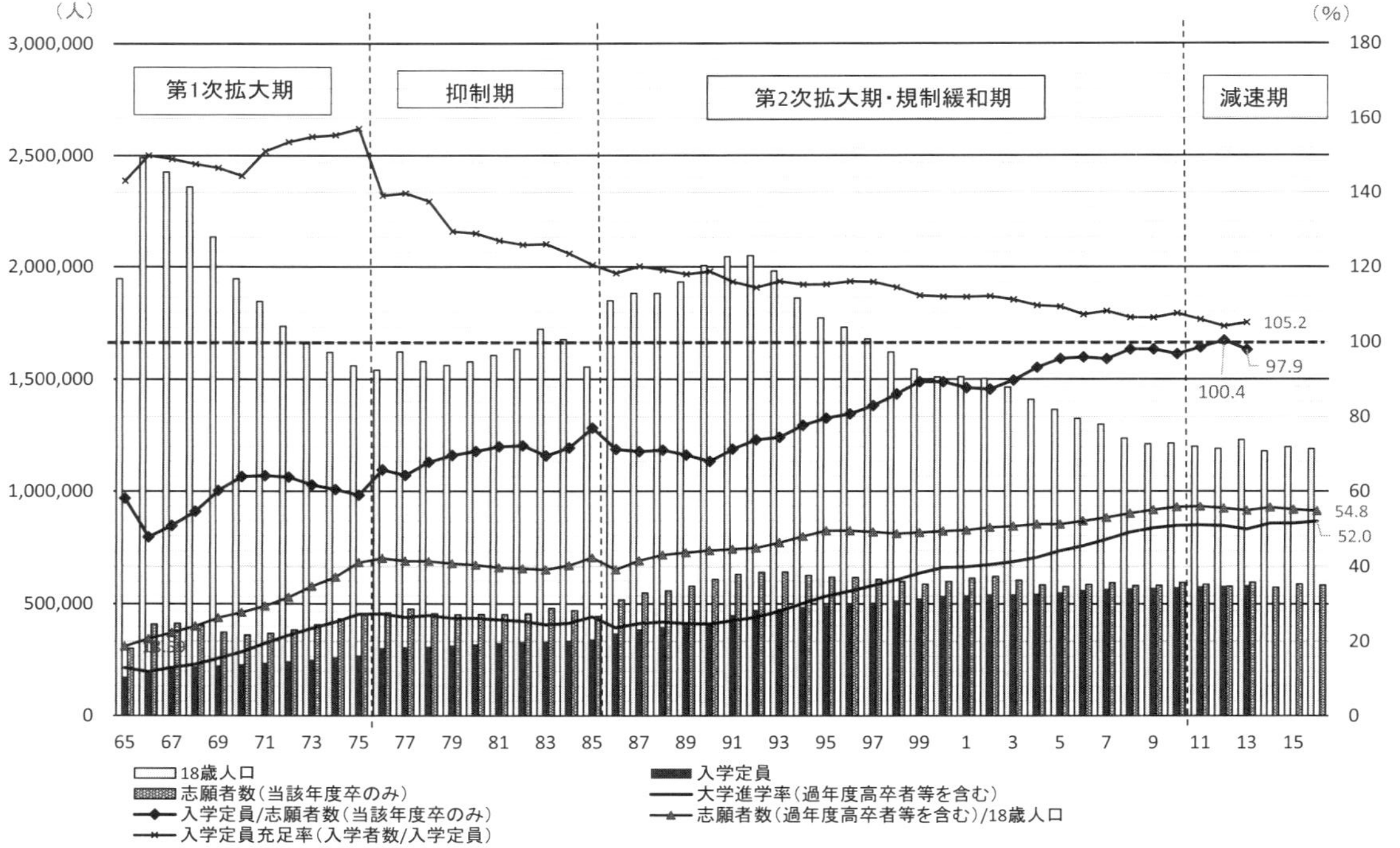


（注）1志願者数、入学定員等はいずれも国公私立大学合計。
2.入学者数、定員は一部推計。
（資料）文部科学省HP等より筆者作成。

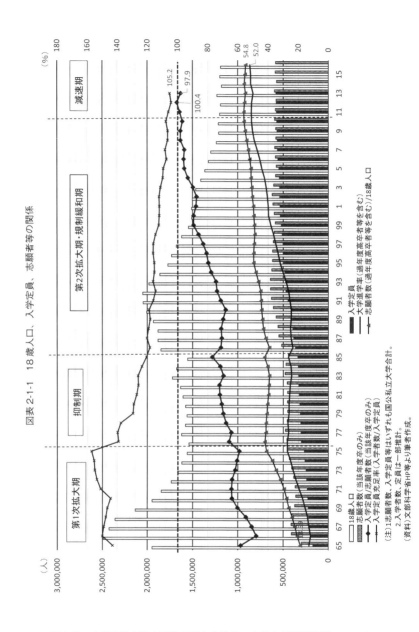

加傾向の結果、その後は急ピッチで上昇し、直近時点（二〇一三〈平二五〉年）では、九七・九％とほぼ一〇〇％に近い水準（二〇一二年は一〇〇・四％と一〇〇％越え）となっている。これは、大学入学市場を巡る需給関係が過去約二〇年間で劇的に緩和し、事実上、ほぼ「全入」状態になっていることを意味している。

③「需給緩和」は他の指標からも明らかであること。

右の②では、当該年度の高校を卒業した「当該年度高卒」（「新卒」）の志願者と入学定員の関係を見た。しかし、入学市場では当然過年度卒の者（「浪人」）も存在する。彼らを含めて「一八歳人口の中で大学進学を志望している者は何％位いるのか」、そして「一八歳人口のうち何％位が大学に入学出来たのか」という視点も重要である。

前者は、「志願者数（過年度卒を含む）／一八歳人口」（前掲図表折れ線▲マーカー）で表され、後者は「大学進学率」[24]（同折れ線マーカーなし）で表される。両者の差は一九九〇（平二）年頃は前者（志願者率）が後者（大学進学率）を二〇％ポイント前後上回っていたが、直近の二〇一六（平二八）年では、前者が五四・八％、後者が五二・〇％とほぼ同水準となっている。これは、最近の大学入学市場は過年度卒を含むベースでも、「大学進学を志望した者は（どうしても〇〇大学でなければという者を除けば）ほぼ全員大学に入学できていること」、即ちほぼ「全入」状態にあることを意味している。

また、入学者数／入学定員（いわゆる「入学定員充足率」、前掲図表折れ線×マーカー）は、一九七五（昭五〇）年の一五七％（一・五七倍）をピークとして低下傾向にあり、二〇一三（平二五）年時点では、一〇五・二％（一・〇五二倍）まで低下している。このため、このままのペースで低下が続けば、二〇二二（平三四）年にはこの計数は一〇〇％（一・〇〇倍）を割り込む計算となる。これは我が国の大学を一つの大学として見ると、その「ニッポン国大学」はその時点以降「定員割れ」に突入することを意味している。

以上のように、一八歳人口の減少とそれによる志願者数減少が顕著となる中、依然入学定員は増加を続けている。この結果、大学入学市場の需給関係は大幅に緩和し、マクロ的にはほぼ全入状態に入っている。これは天野（二〇一三）が説く「大学設置基準と並ぶ『質の保証装置』の一つ」であった「入学者選抜」が、「質の保証」の面では最早殆ど機能しなくなったことを意味している。同時にこうした需給の緩和は、後に見るような私立大学の経営難を一層深刻化させている。そうした状況下でも、なお毎年、入学定員を増やし続けている現在の文科省の政策は極めて理解に苦しむところと言わざるを得ない。

---

24　「大学進学率」（過年度高卒者を含む）の定義は正式には、大学学部入学者数（同）を三年前の中学校卒業者等で除したものであるが、後者は一八歳人口とほぼ同値であるので、これを一八歳人口と看做して議論を進めている。

図表 2-1-2　私立大学の入学定員、同充足率等の変化

| | 1989(平1) | 2016(平28) | 比率・差 |
|---|---|---|---|
| 学校数(①) | 358 | 577 | 1.61 |
| 入学定員(A) | 293,917 | 467,525 | 1.59 |
| 志願者数(B) | 3,508,867 | 3,629,277 | 1.03 |
| 受験者数(C) | 3,363,731 | 3,489,798 | 1.04 |
| 合格者数(D) | 644,575 | 1,245,863 | 1.93 |
| 入学者数(E) | 366,668 | 488,209 | 1.33 |
| 志願倍率(B/A) | 11.94 | 7.76 | −4.18 |
| 合格率(D/C) | 19.16 | 35.76 | 16.60 |
| 入学定員充足率(E/A) | 124.75 | 104.42 | −20.33 |
| 1校当たり入学定員(A/①) | 821.0 | 810.3 | 98.7 |
| 1校当たり入学者数(E/①) | 1024.2 | 846.1 | 82.6 |

(資料)「私立大学・短期大学等入学志願動向」(日本私立学校振興・共済事業団)より筆者作成。

## 2　私立大学の入学者確保状況

### (1)　総論

前節では、国公私立大学合計ベースの入学市場で需給緩和が進んでいることを見た。

では、私立大学入学市場ではどういう状況にあるのだろうか。ここではこうした点について、私学共済事業団が毎年発表している「私立大学・短期大学等入学志願動向」(以下、「動向」)を用いてやや詳しく見て行く。

「動向」には、各年度の私立大学合計の入学定員、志願者数、合格者数、入学者数等の計数等が所載されている。一九八九(平元)年度と二〇一六(平二八)年度との間における変化の要点を示したのが図表2-1-2である。

そのポイントは以下の通りである。

①一九八九(平元)～二〇一六(平二八)の二七年間で私立大学は三五八校から二一九校増え五七七校と約一・六一倍となり、入学定員も二九・四万人から一七・四万人増加し四六・八万人

とほぼ同程度（一・五九倍）の伸びを示した。
②しかしこの間、志願者数は三五〇・九万人から三六三・〇万人（一・〇三倍）へとその増加率は極めて小幅に止まった。このため、志願倍率（志願者数／入学定員）は一一・九四倍から大きく低下（▲四・一八倍）、七・七六倍に落ち込んだ。なお、「動向」における「志願者数」は、一人の志願者が複数校に出願した場合（「併願」）、それぞれを「一志願者」としてカウントするため、「実人員」ベースの志願者と大きく乖離する（注23参照）。「実人員」ベースの志願者は既にみた文科省「学校基本調査」」が示すように減少傾向にある。
③入学者数は、合格率のかなり大幅な上昇（一九・一六％→三五・七六％、プラス一六・六〇ポイント）にも拘らず、三六・七万人から四八・八万人と、入学定員の伸び（一・五九倍）を大きく下回る一・三三倍の伸びに止まった。
④以上の結果、入学定員充足率（入学者数／入学定員）は一二四・七五％から一〇四・四二％へ大きく低下（▲二〇・三三％ポイント）、「定員割れ」目前の状況となった。
⑤これを一校当たりで見ると入学定員は八二一・〇人から八一〇・三人とほぼ横這いであったが、入学者数は一〇二四・二人から八四六・一人と一七・四％減少しており、これが④の入学定員充足率の大幅な減少を生じる結果となっている。

前節でみたような「需要」（大学進学希望者数）の動向を殆ど無視したかのように続けられる入学定員増が、私立大学入学市場の需給緩和を招く大きな要因となっていることは以上の点からも明らかであろう。

その需給緩和の状況を最も明確に示しているのが、入学定員充足率が一倍を切る「定員割れ」校の増加である。図表2‐1‐3に示したように、「定員割れ」校（棒線グラフの「五〇%未満」、「五〇〜七〇%未満」、「七〇〜八〇%未満」、「八〇〜九〇%未満」、「九〇〜一〇〇%未満」の五種の合計。全体に占める比率は折線グラフの白丸マーカー）は一九九八（平一〇）年までは二〇〜三五校と、全体の一割未満に過ぎなかった。しかし翌一九九九（平一一）年頃からはかなりのペースで増加、二〇〇一（平一三）年には三〇・二%（二四九校）に達した。その後この比率は二〇〇五（平一七）年までは三割前後で横這いとなっていたが、二〇〇六（平一八）年以降は再び増加に転じ最近ではほぼ毎年四割前後、二二〇〜二六〇校で推移している。

このうち定員割れの特に深刻な「五〇%未満」校は、二〇〇九（平二一）年は三一校（全体の五・四%）に達したが、その後は十数校（全体の二〜三%）で推移している。「五〇%未満」校の減少は、①募集停止に踏み切る大学が次第に増え始めたこと、②「五〇%割れ」の場合、後述のように補助金が全額不交付となることから合格率引上げ（合格ライン引下げ）や入学定員削減等の対策を講じた先が少なくなかったためとみられる。

次にこうした「需給緩和」の状況を、「動向」が二〇〇三（平一五）年度分以降所載している「規模別」と「地域別」について更に詳しく見て行こう。

## （2）規模別状況

図表2-1-3　入学定員充足率等の推移（率区分別校数及び割合）

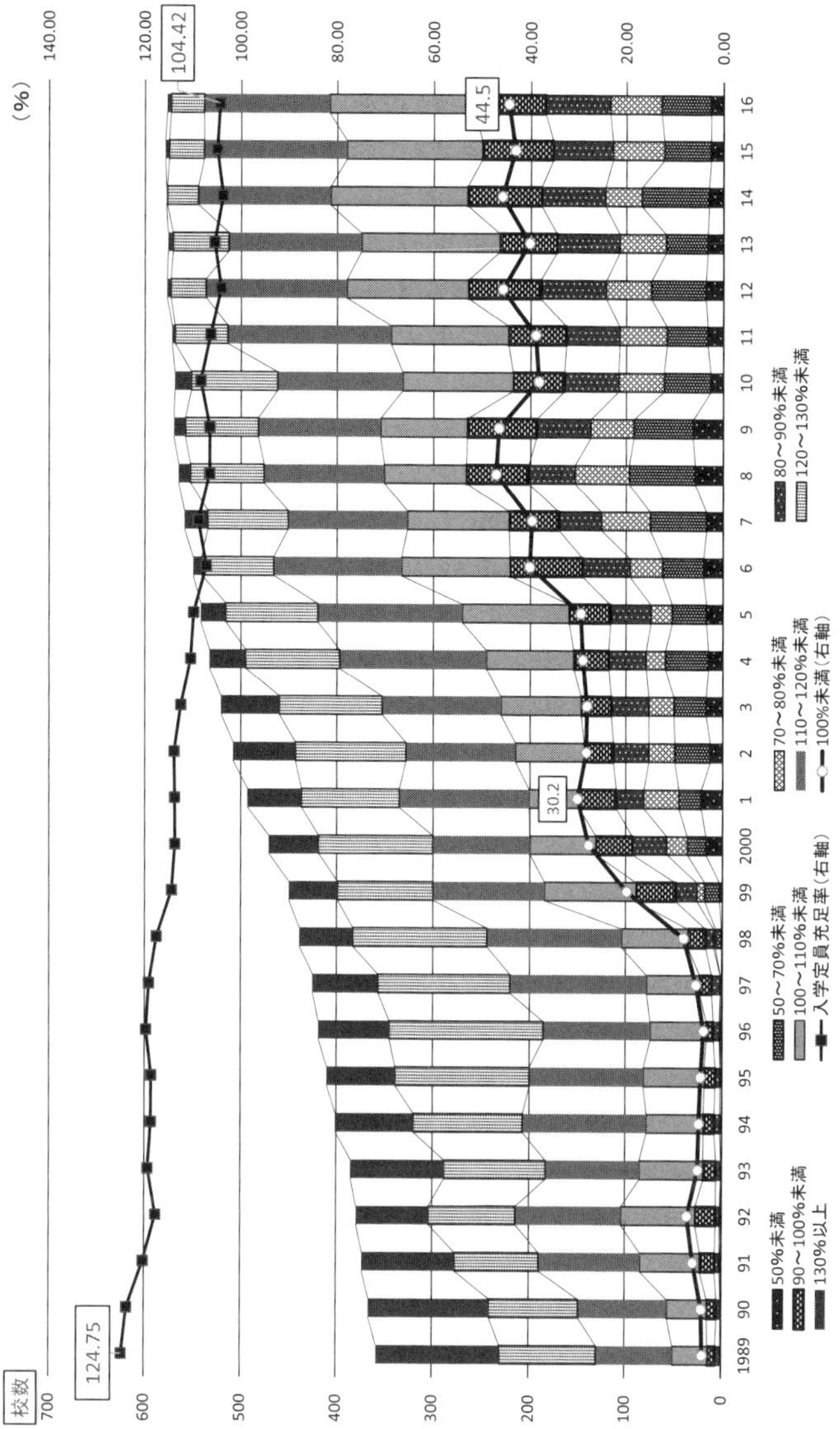


（資料）「私立大学・短期大学等入学志願動向」（日本私立学校振興・共済事業団）より筆者作成。

「動向」では私立大学を入学定員に応じて、「一〇〇人未満」から「三〇〇〇人以上」まで一一の区分に分けて計数を発表している。ここでは分析の都合上、これを五つのグループ（①三〇〇人未満、②三〇〇人以上六〇〇人未満、③六〇〇人以上一〇〇〇人未満、④一〇〇〇人以上三〇〇〇人未満、⑤三〇〇〇人以上）に集約化した。この区分を基に、志願倍率、合格率、入学定員充足率について二〇〇三（平一五）年と二〇一六（平二八）年とを比較する。図表２－１－４では、横軸が入学定員毎の区分で右に行くほど規模が大きくなる。縦軸は左が合格率及び入学定員充足率、右軸が志願倍率である。

**志願倍率**

志願倍率（志願者数／入学定員。右軸。長めの点線が二〇〇三年、太い実線が二〇一六年）は、「ブランド志向」等を映じて、総じて規模が大きくなるほど高くなる傾向がある。この図では入学定員が「三〇〇人未満」のグループを除けば規模が大きくなる（右側に行く）につれて志願倍率は高くなっている。「三〇〇人未満」の小規模大学と「三〇〇〇人以上」の大規模大学では、志願倍率には三倍前後の開きがある。二〇一六（平二八）年と二〇〇三（平一五）年とを比較すると、①、②及び③の小中規模校では低下をしており、規模が小さいほどその落ち込み幅は大きい（①＝▲一・〇七倍、②＝▲〇・五七倍、③＝▲〇・二〇倍）。一方、④及び⑤ではこの間、逆に上昇しており、これは⑤の大規模校で特に顕著である（④＝プラス〇・二七倍、⑤＝プラス〇・九七倍）。志願者が小規模校から規模の大きい（＝知名度の高い）大学にシフトする傾向が強まっているものとみられる。

図表 2-1-4　規模別志願倍率・合格率・入学定員充足率の推移

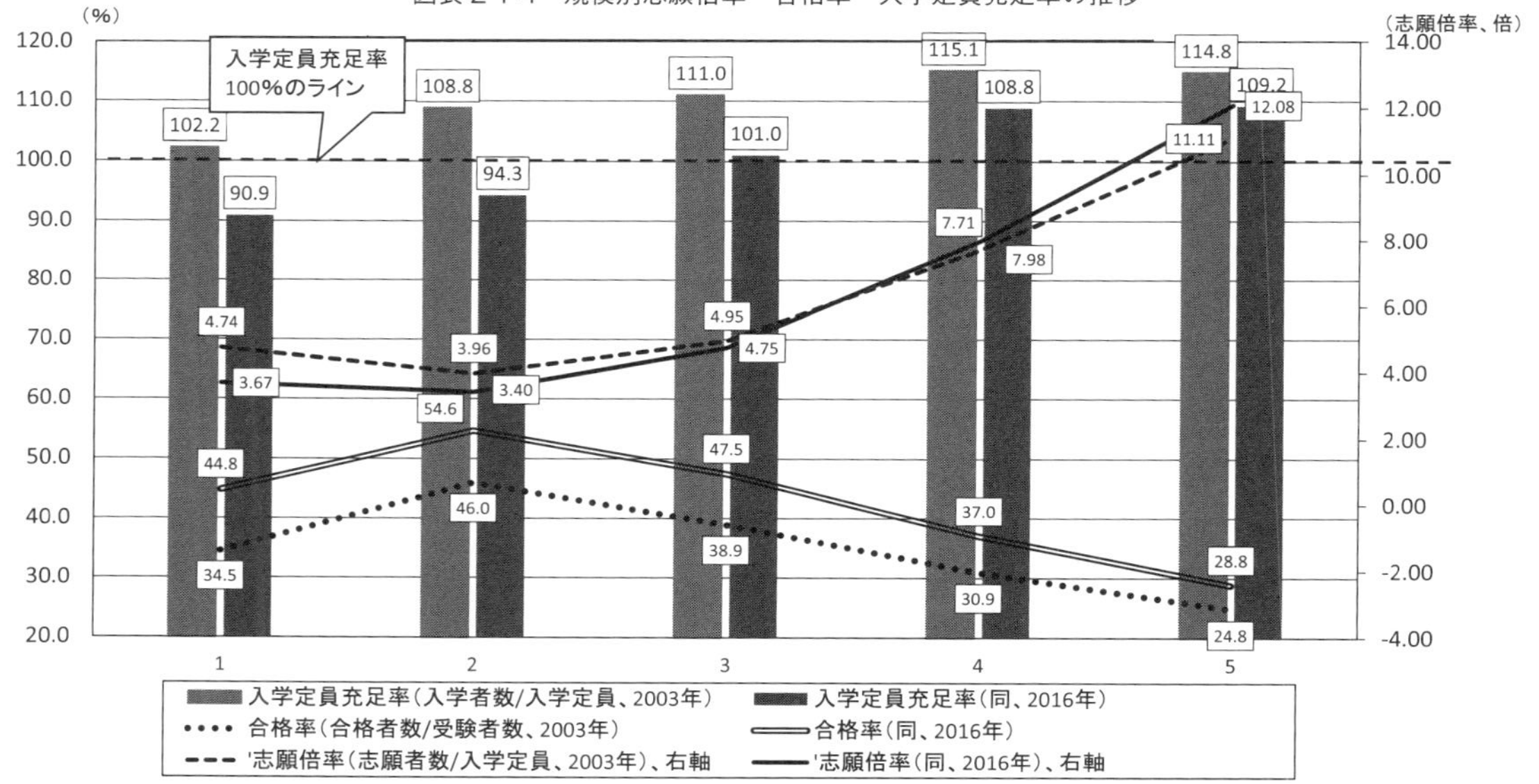


(注)1.X軸は入学定員毎のグループを表す(「1」=①300人未満、「2」=②300〜600人未満、「3」=600〜1,000人未満、「4」=1,000〜3,000人未満、「5」=3,000人以上)

2.右軸は折れ線グラフの重なりを避けるためマイナス領域まで表示。

(資料)「私立大学・短期大学等入学志願動向」(日本私立学校振興・共済事業団)より筆者作成。

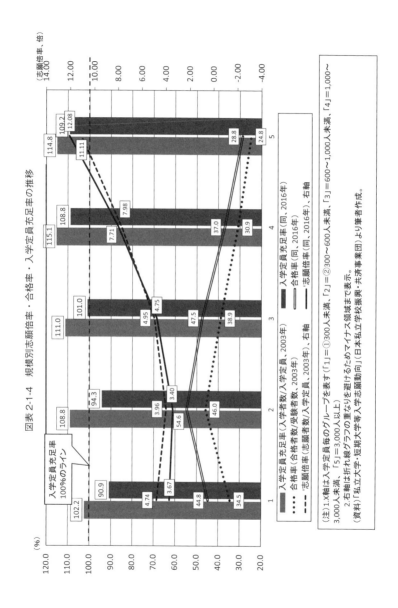

**合格率**

合格率（合格者数／受験者数。左軸。短い点線が二〇〇三年、二重実線が二〇一六年）は、入学定員「三〇〇人未満」のグループを除けば、「志願倍率」とは逆に規模が小さいほど高い傾向がある。二〇一六（平二八）年と二〇〇三（平一五）年とを比較すると、いずれのグループも合格率が上昇しているが、規模が小さくなるほどその上昇幅は大きい傾向がある（①＝プラス一〇・三％ポイント、②＝同八・六％ポイント、③＝同八・六％ポイント、④＝同六・一％ポイント、⑤＝同四・〇％ポイント）。小規模グループでは志願倍率が大きく低下する中、合格率引上げによって入学者確保を図ろうとしているものとみられる。

因みに、朝日新聞・河合塾共同調査「ひらく日本の大学二〇一六年度調査」（二〇一六年六～七月調査、国公私立大学六五五校が回答）によれば、入学者選抜に際して大学側が、「入学者の学力の保証」と「学生数の確保」のうちどちらを重視するかとの問いに対し、「学生数の確保」と回答した大学（国公私立）は全体の三一％である。これを規模別にみるとその比率は入学定員が「三〇〇〇人以上」では四％に過ぎないが、「一〇〇〇～二九九九人」では二〇％、「三〇〇～九九九人」では三三％と上昇し、「三〇〇人未満」では実に四〇％に達している。低学力者を入学させることは大学にとっては、入学後の授業運営困難化やリメディアル（補習）教育負担増や中途退学者の増加、さらには就職率の低下等悩ましい問題を内包しているが、「背に腹は代えられない」ということであろう（なお、収容定員充足率と中退率の関係についてはコラム2及びその付図参照）。

【コラム2】 収容定員倍率と退学率の関係
「定員割れ」は学生生徒等納付金等収入の減少を通じ大学経営に重大な影響を与える。しかし定員割れの影響はそれに止まらない。定員割れは入試偏差値の低下→入学生の学力低下→学習目的の希薄化や学習意欲の低下→出席率の低下（そして収入源による学生サポート体制の縮小）等のプロセスを経て、中途退学率の上昇に繋がることが少なくない。
こうした関係を見たのが付図（「収容定員倍率と退学率」）である（「教育ルネッサンス　大学の実力」〈読売新聞教育取材班編2009年〉所収のデータを基に筆者作成）。横軸は収容定員倍率、縦軸は退学率で、各私立大学の収容定員倍率と退学率の交点をプロットした。
大きな傾向としては、収容定員倍率が下がると退学率は上昇する傾向が窺われる。退学する学生は程度の差はあってもその大学の教育に満足感を感じないケースが少なくない。当該大学への不満感は学生の出身校にも伝わり、その大学への志願者を減少させる要因となる。これが更に先行きの定員割れを深刻化させる。「負のスパイラル」である。

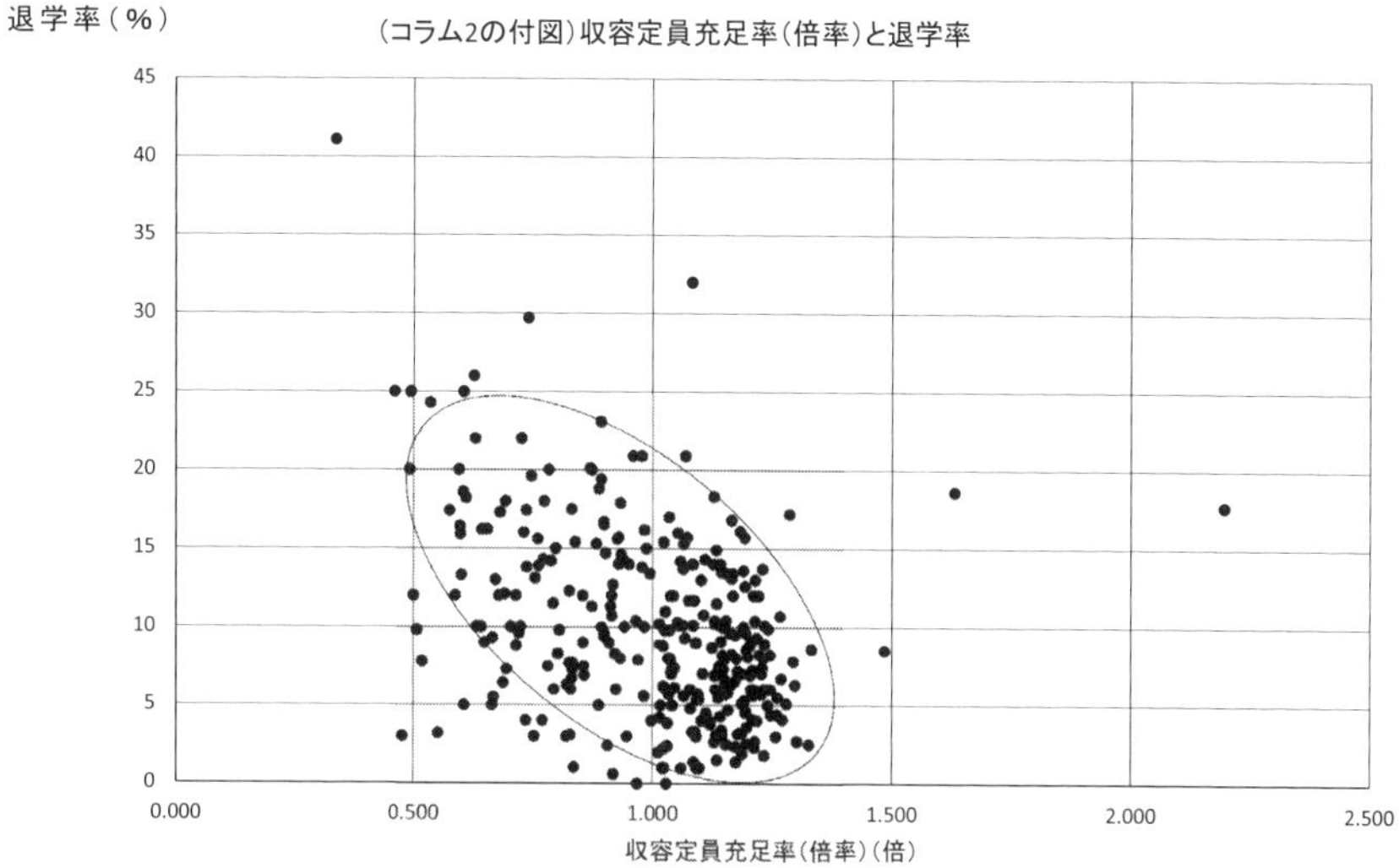


（資料）読売新聞教育取材班編［教育ルネッサンス　大学の実力」（2009年）より筆者作成。

**入学定員充足率**

入学定員充足率（入学者数／入学定員。左軸。棒グラフ）は、その水準の如何が私学経営を大きく左右する重要な指標である。二〇〇三（平一五）年の段階では、全てのグループが一〇〇%を上回る水準を確保していた。しかし、この時の水準と比較すると、二〇一六（平二八）年では全てのグループでかなり低下した。特に①グループ（一〇二・二%→九〇・九%、▲一一・三%ポイント）、②グループ（一〇八・八→九四・三%、▲一四・五%ポイント）及び③グループ（一一一・〇→一〇一・〇%、▲一〇・〇%ポイント）では二けたの低下を記録、①及び②のグループでは定員割れに陥った。これらのグループでは、既述のように志願倍率が大きく低下する中、合格率引上げ等によって何とか定員を確保しようとしたが、そうした努力を以てしても定員割れは回避できなかったとみられる。

なお④及び⑤のグループでは志願倍率が上昇する中、入学定員充足率は低下している。これは志願者確保難がこれらの大学にもある程度波及していることのほか、後述のように国からの補助金支給額が入学定員や収容定員の超過率に応じて減額（或いは不交付）となる算定方式となっており、この基準が更に強化されつつあることから、超過率を抑制する動きがあるためとみられる。

**一校当たり入学定員及び入学者数の変化**

以上の分析は、二〇〇三（平一五）年と二〇一六（平二八）年を比較して入学定員グループ毎の変化を見たものである。ただ、グループ毎の校数や入学者数等は、新設大学の参入（含む短大からの転換）のほか、入学定員増減によるグループ区分の移動等の影響をある程度受けている。このため、こうした影響をある程度軽減するために「一校当たり」の入学定員及び入学者数の変化を見たものが図表2-1-5である。

この図表のポイントは以下の通りである。

㋐一校当たり入学定員

二〇〇三（平一五）年と二〇一六（平二八）年との比較について、まず入学定員については規模毎の差が極めて明確に表れている。即ち、①の小規模大学では一校当たり入学定員は減少している一方、それ以上のグループではこれが増加に転じ、しかも規模が大きくなるにつれてその増加率は拡大する。具体的には、①の「三〇〇人未満」では▲五・七%と減少している一方、②の「三〇〇～六〇〇人未満」では増加（プラス〇・五%）に転じ、更に③の「六〇〇～一〇〇〇人未満」＝同二・五%、④の「一〇〇〇～三〇〇〇人未満」＝同三・〇%、そして⑤の「三〇〇〇人以上」では同一一・六%と極めて高い増加率となっている。

㋑一校当たり入学者数

次に一校当たりの入学者数のこの間の変化率を見ると、最大規模の⑤の「三〇〇〇人以上」では唯一プラス（六・一%）となっているが、それ

図表2-1-5　1校当たり入学定員及び入学者数等（人、%）

| 入学定員による区分 | 入学定員（1校当たり、A） | | | 入学者数（1校当たり、B） | | | 入学定員充足率（B/A、再掲） | | |
|---|---|---|---|---|---|---|---|---|---|
| | 2003（平15） | 2016（平28） | 増減（▲）率 | 2003（平15） | 2016（平28） | 増減（▲）率 | 2003（平15） | 2016（平28） | 差 |
| ①300人未満 | 180.2 | 169.9 | ▲ 5.7 | 184.2 | 154.5 | ▲ 16.1 | 102.2 | 90.9 | ▲ 11.3 |
| ②300～600人未満 | 426.6 | 428.7 | 0.5 | 464.1 | 404.3 | ▲ 12.9 | 108.8 | 94.3 | ▲ 14.5 |
| ③600～1,000人未満 | 754.7 | 773.8 | 2.5 | 837.9 | 781.8 | ▲ 6.7 | 111.0 | 101.0 | ▲ 10.0 |
| ④1,000～3,000人未満 | 1594.3 | 1641.5 | 3.0 | 1835.0 | 1785.2 | ▲ 2.7 | 115.1 | 108.8 | ▲ 6.3 |
| ⑤3,000人以上 | 5266.3 | 5874.6 | 11.6 | 6046.7 | 6413.0 | 6.1 | 114.8 | 109.2 | ▲ 5.7 |
| 合計 | 813.3 | 810.3 | ▲ 0.4 | 914.8 | 846.1 | ▲ 7.5 | 112.5 | 104.4 | ▲ 8.1 |
| ⑤/①（単位：倍） | 29.2 | 34.6 | | 32.8 | 41.5 | | 12.6 | 18.2 | |

（注）入学定員充足率の最下段は⑤-①を表す。
（資料）「私立大学・短期大学等入学志願動向」（日本私立学校振興・共済事業団」より筆者作成。

以外のグループでは全てマイナスとなっており、しかも減少率は規模が小さくなるほど拡大する等、規模間格差が極めて明瞭に出ている（④「一〇〇〇〜三〇〇〇人未満」＝▲二・七%、③「六〇〇〜一〇〇〇人未満」＝▲六・七%、②「三〇〇〜六〇〇人未満」＝▲一二・九%、①「三〇〇人未満」＝▲一六・一%）。

以上の結果を「入学定員充足率」と対照しながらグループごとに纏めると以下の通りである。

㋐規模が最小の①のグループでは一校当たりの入学定員は減少している。これは、短大からの転換組など小規模な新設大学の流入並びに一部大学での定員削減によるものとみられる。一方、入学者数の減少率はそれを更に大きく上回るものとなっている。また、②のグループでは入学定員は僅かに増加したが、入学者数は大きく減少した。この結果、これら二つのグループの入学定員充足率（入学者数／入学定員）は、二〇〇三（平一五）年では一〇〇%を維持していたが、その後は大きく低下し、直近ではかなり深刻な定員割れに陥っている（⑤「三〇〇人未満」＝九〇・九%、④「三〇〇〜六〇〇人未満」＝九四・三%）。

㋑一方、③の「六〇〇〜一〇〇〇人未満」以上の中・大規模大学では、一校当たりの入学定員は規模が大きくなるほどその増加率が大きくなり、特に入学定員が「三〇〇〇人以上」のグループでは極めて高い増加率となっている。他方、入学者数は少子化等の影響で減少傾向にあるが、その減少率は規模が大きくなるほど軽微となり、入学定員三〇〇〇人以上の大規模大学ではむしろ増加している。この結果、入学定員充足率の低下幅は規模が大きくなるほど軽微となり③の中規模以上の大学では直近でも一〇〇%を超え、④の「一〇〇〇〜三〇〇〇人未満」及び⑤の「三〇〇〇人以上」では一一〇%近い水準を維持している。

㋒これらの結果、入学定員「三〇〇人未満」と「三〇〇〇人以上」との間の規模の格差（図表2-1-5最下段）は、入学定員では二〇〇三（平一五）年の二九・二倍から二〇一六（平二八）年には三四・六倍に、そして入学者数については三二・八倍が四一・五倍へと拡大幅は更に大きくなっている。

これらが意味するところは、小規模大学では規模の縮小と「定員割れ」が深刻化する一方、大規模大学では規模拡大と採算確保が実現されているということ、即ち「二極化」が極めて明確かつ深刻な形で進行しているということに他ならない。

こうした姿、即ち、「小さい大学はより小さく弱く」、そして「大きい大学はより大きく強く」という姿は、「総合規制改革会議第一次答申」（二〇〇一〈平一三〉年一二月）等が目標としていた「（高等教育における）一層競争的な環境」が着実に実現されつつあるということなのかもしれない。しかし、「弱者と強者」という形での「二極化」の更なる進行の先にあるものは「大学の大量破綻」そのものである。

（3）地域別状況

次に地域別の状況を見てみよう。

「動向」では、二〇〇三（平一五）年度分以降、「地域別の動向」を公表している。地域区分数及び所在地区分（「学部所在地ごと」又は「学校所在地ごと」）等公表形式については何回か変更されている。ここでは極力長い期間における変化を見るために直近時点の二〇一六（平二八）年度についても、公表開始時（二〇〇三年度分）に準拠して、地域区分は一二区分、所在地は「学部所在地ごと」で二〇〇三（平一五）年度との比較を行った。分析項目は、①入学定員、②志願者数、③入学者数の各増減率（上位・下位各三地域）、及び④志願倍率、⑤合格率、⑥入学定員充足率の各変化幅（幅と水準の上位・下位各三地域）でありこれらを図表2-1-6㋐～㋕で見る（なお、各図表下段の「減少率上位」及び「低下幅上位」については第三位→第二位→第一位の順で表示）。また①～⑥のほか⑦として右の①から③について地域区分毎のシェアの変化を図表2-1-7で見る。

①入学定員増減状況（図表㋐）

二〇〇三（平一五）年度から二〇一六（平二八）年度の過去一三年間における入学定員増加率は、大きい方から「京都・大阪」（一九・九％）、「東京」（一七・一％）そして「北関東」（一六・五％）の順であり、いずれも全国平均（一〇・三％）をかなり上回っている。一方、減少率は大きい方から、「北海道」（▲八・一％）、「中国・四国」（▲三・九％）、「九州」（▲三・八％）の順である。大都市圏では大規模大学を中心に活発な入学定員拡大を図る一方、遠隔地域では、入学定員は縮減の方向にあり、両者の差が極めて顕著に表れている。

## 図表 2-1-6　入学定員増減率等地域別（学部所在地）

（図表2-1-6㋐）入学定員増減率地域別（学部所在地）

| | 地域名 | 入学定員 | | |
|---|---|---|---|---|
| | | 2003（平15） | 2016（平28） | 増減率 |
| 増加率上位 | ①京都・大阪 | 59,229 | 70,998 | 119.9% |
| | ②東京 | 122,384 | 143,252 | 117.1% |
| | ③北関東 | 9,001 | 10,484 | 116.5% |
| 減少率上位 | ③九州 | 33,172 | 31,919 | 96.2% |
| | ②中国・四国 | 22,363 | 21,499 | 96.1% |
| | ①北海道 | 12,829 | 11,785 | 91.9% |
| 全国 | | 423,712 | 467,525 | 110.3% |

（注）地域別は以下の通り。北関東：群馬、栃木、茨城。南関東：千葉、埼玉、神奈川。甲信越：新潟、山梨、長野。北陸：富山、石川、福井。近畿：滋賀、奈良、和歌山、兵庫。

（資料）「私立大学・短期大学等入学志願動向」（日本私立学校振興・共済事業団）より筆者作成。

（図表2-1-6㋑）志願者数増減率地域別（学部所在地）

| | 地域名 | 志願者数 | | |
|---|---|---|---|---|
| | | 2003（平15） | 2016（平28） | 増減率 |
| 増加率上位 | ①東海 | 223,895 | 317,625 | 141.9% |
| | ②北陸 | 17,844 | 22,677 | 127.1% |
| | ③京都・大阪 | 540,954 | 686,783 | 127.0% |
| 減少率上位 | ③東北 | 55,194 | 50,232 | 91.0% |
| | ②北海道 | 50,413 | 39,943 | 79.2% |
| | ①甲信越 | 17,822 | 13,204 | 74.1% |
| 全国 | | 3,161,776 | 3,629,277 | 114.8% |

（注）地域別については図表2-1-6㋐参照。

（資料）「私立大学・短期大学等入学志願動向」（日本私立学校振興・共済事業団）より筆者作成。

（図表2-1-6㋒）入学者数増減率地域別（学部所在地）

| | 地域名 | 入学者数 | | |
|---|---|---|---|---|
| | | 2003（平15） | 2016（平28） | 増減率 |
| 増加率上位 | ①京都・大阪 | 68,013 | 74,892 | 110.1% |
| | ②東京 | 144,229 | 155,993 | 108.2% |
| | ③北関東 | 9,450 | 10,119 | 107.1% |
| 減少率上位 | ③九州 | 35,466 | 32,198 | 90.8% |
| | ②甲信越 | 5,948 | 5,370 | 90.3% |
| | ①北海道 | 13,349 | 11,449 | 85.8% |
| 全国 | | 476,614 | 488,209 | 102.4% |

（注）地域別については図表2-1-6㋐参照。

（資料）「私立大学・短期大学等入学志願動向」（日本私立学校振興・共済事業団）より筆者作成。

（図表2-1-6㋓）志願倍率変化幅地域別（学部所在地）

| | 地域名 | 志願倍率 | | | 同上位・下位 | | |
|---|---|---|---|---|---|---|---|
| | | 2003（平15） | 2016（平28） | 変化幅 | 2016（平28） | | |
| 増加幅上位 | ①東海 | 5.54 | 7.18 | 1.64 | 上位 | ①東京 | 9.84 |
| | ②北陸 | 3.59 | 4.64 | 1.05 | | ②京都・大阪 | 9.67 |
| | ③九州 | 4.24 | 4.79 | 0.55 | | ③近畿 | 7.90 |
| 減少幅上位 | ③東北 | 4.00 | 3.50 | −0.50 | 下位 | ③東北 | 3.50 |
| | ②北海道 | 3.93 | 3.39 | −0.54 | | ②北海道 | 3.39 |
| | ①甲信越 | 3.23 | 2.39 | −0.84 | | ①甲信越 | 2.39 |
| 全国 | | 7.46 | 7.76 | 0.30 | | | |

（注）地域別については図表2-1-6㋐参照。

（資料）「私立大学・短期大学等入学志願動向」（日本私立学校振興・共済事業団）より筆者作成。

（図表2-1-6㋔）合格率変化幅地域別（学部所在地）

| | 地域名 | 合格率（%） | | | 同上位・下位（%） | | |
|---|---|---|---|---|---|---|---|
| | | 2003（平15） | 2016（平28） | 変化幅 | 2016（平28） | | |
| 上昇幅上位 | ①甲信越 | 50.8 | 72.4 | 21.6 | 上位（易） | ①甲信越 | 72.4 |
| | ②北海道 | 48.5 | 63.4 | 14.9 | | ②北海道 | 63.4 |
| | ③東北 | 45.1 | 56.3 | 11.2 | | ③中国・四国 | 58.8 |
| 低下幅上位 | ③北陸 | 49.2 | 52.1 | 2.9 | 下位（難） | ③南関東 | 36.9 |
| | ②東海 | 40.8 | 42.6 | 1.8 | | ②京都・大阪 | 30.8 |
| | ①九州 | 46.6 | 48.2 | 1.6 | | ①東京 | 30.1 |
| 全国 | | 30.7 | 35.7 | 5.0 | | | |

（注）地域別については図表2-1-6㋐参照。

（資料）「私立大学・短期大学等入学志願動向」（日本私立学校振興・共済事業団）より筆者作成。

（図表2-1-6㋕）入学定員充足率変化幅地域別（学部所在地）

| | 地域名 | 入学定員充足率（%） | | | 同上位・下位（%） | | |
|---|---|---|---|---|---|---|---|
| | | 2003（平15） | 2016（平28） | 変化幅 | 2016（平28） | | |
| 上昇幅上位 | ①北陸 | 94.0 | 100.6 | 6.6 | 上位 | ①東京 | 108.9 |
| | | | | | | ②京都・大阪 | 105.5 |
| | | | | | | ③南関東 | 104.8 |
| 低下幅上位 | ③甲信越 | 107.9 | 97.2 | −10.7 | 下位 | ③北海道 | 97.1 |
| | ②東北 | 109.4 | 98.2 | −11.2 | | ②北関東 | 96.5 |
| | ①南関東 | 116.8 | 104.8 | −12.0 | | ①中国・四国 | 94.8 |
| 全国 | | 112.5 | 104.4 | −8.1 | | | |

（注）地域別については図表2-1-6㋐参照。

（資料）「私立大学・短期大学等入学志願動向」（日本私立学校振興・共済事業団）より筆者作成。

②志願者数増減状況（図表㋑）

過去一三年間の志願者数増加率トップは「東海」（四一・九％）でその大きさが特に際立っており、次いで「北陸」（二七・一％）、「京都・大阪」（二七・〇％）の順である。「北陸」の健闘が目立っている。逆に志願者数減少率トップは、「甲信越」（▲二五・九％）で、以下、「北海道」（▲二〇・八％）、「東北」（▲九・〇％）の順である。「北海道」は入学定員減少率（▲八・一％）を大きく上回る減少率を示している。

③入学者数増減状況（図表㋒）

入学者数増加率上位は「京都・大阪」（一〇・一％）、「東京」（八・二％）と大都市が顕著であり、これらに「北関東」（七・一％）が続く。一方、減少率上位は「北海道」（▲一四・二％）、「甲信越」（▲九・七％）、「九州」（▲九・二％）の順である。「京都・大阪」、「東京」等大都市圏では入学定員を大幅に増大させ、入学者もそれに比較的近い増加を示している。一方これとは逆に、「北海道」、「九州」等遠隔地では入学定員縮減、入学者数減少の傾向が顕著である。

④志願倍率の状況（図表㋓）

志願倍率（志願者数／入学定員）は、②で見た志願者数増加を映じて「東海」（五・五四倍→七・一八倍、一・六四倍上昇）の伸びが顕著である。次いで「北陸」（三・五九倍→四・六四倍、一・〇五倍上昇）、「九州」（四・二四倍→四・七九倍、〇・五五倍上昇）の順となっている。一方、志願倍率低下幅が大きいのは、「甲信越」（三・一三倍→二・三九倍、▲〇・八四倍）、「北海道」（三・九三倍→三・三九倍、▲〇・五四倍）、「東北」（四・〇〇倍→三・

図表 2-1-7　地域別入学者数等シェアの変化

| | 入学定員(%) | | | 志願者数(%) | | | 入学者数(%) | | |
|---|---|---|---|---|---|---|---|---|---|
| | 2003(平15 | 2016(平28 | 差 | 2003(平15 | 2016(平28 | 差 | 2003(平15 | 2016(平28 | 差 |
| 北海道 | 3.0 | 2.5 | ▲ 0.5 | 1.6 | 1.1 | ▲ 0.5 | 2.8 | 2.3 | ▲ 0.5 |
| 東北 | 3.3 | 3.1 | ▲ 0.2 | 1.7 | 1.4 | ▲ 0.3 | 3.2 | 2.9 | ▲ 0.3 |
| 北関東 | 2.1 | 2.2 | 0.1 | 1.0 | 1.1 | 0.1 | 2.0 | 2.1 | 0.1 |
| 東京 | 28.9 | 30.6 | 1.7 | 39.8 | 38.8 | ▲ 1.0 | 30.3 | 32.0 | 1.7 |
| 南関東 | 16.6 | 16.5 | ▲ 0.1 | 15.6 | 15.6 | 0.0 | 17.2 | 16.5 | ▲ 0.7 |
| 甲信越 | 1.3 | 1.2 | ▲ 0.1 | 0.6 | 0.4 | ▲ 0.2 | 1.2 | 1.1 | ▲ 0.1 |
| 北陸 | 1.2 | 1.0 | ▲ 0.2 | 0.6 | 0.6 | 0.0 | 1.0 | 1.0 | 0.0 |
| 東海 | 9.5 | 9.5 | 0 | 7.1 | 8.8 | 1.7 | 9.1 | 9.3 | 0.2 |
| 京都・大阪 | 14.0 | 15.2 | 1.2 | 17.1 | 18.9 | 1.8 | 14.3 | 15.3 | 1.0 |
| 近畿 | 7.0 | 6.8 | ▲ 0.2 | 7.8 | 6.9 | ▲ 0.9 | 6.9 | 6.7 | ▲ 0.2 |
| 中国・四国 | 5.3 | 4.6 | ▲ 0.7 | 2.6 | 2.2 | ▲ 0.4 | 4.6 | 4.2 | ▲ 0.4 |
| 九州 | 7.8 | 6.8 | ▲ 1.0 | 4.5 | 4.2 | ▲ 0.3 | 7.4 | 6.6 | ▲ 0.8 |
| 計 | 100.0 | 100.0 | 0.0 | 100.0 | 100.0 | 0.0 | 100.0 | 100.0 | 0.0 |
| 大都市圏(注1) | 52.4 | 55.3 | 2.9 | 64.0 | 66.5 | 2.5 | 53.7 | 56.6 | 2.9 |
| 遠隔地域(注2) | 19.4 | 17.0 | ▲ 2.4 | 10.4 | 8.9 | ▲ 1.5 | 18.0 | 16.0 | ▲ 2.0 |

（注1）大都市圏＝東京、京都・大阪、東海の3地域。
（注2）遠隔地域＝北海道、東北、中国・四国、九州の4地域。
（資料）「大学・短期大学等入学志願動向」（日本私立学校振興・共済事業団）より筆者作成。

五〇倍、▲〇・五〇倍）の順である。

なお志願倍率（水準）の上位は、「東京」（九・八四倍）、「京都・大阪」（九・六七倍）、「近畿」（七・九〇倍）、逆に低位は、「甲信越」（二・三九倍）、「北海道」（三・三九倍）、「東北」（三・五〇倍）である。「東京」、「近畿・大阪」等大都市圏での高倍率が目立つ。一方、志願倍率低下幅の大きい三地域（「甲信越」、「北海道」、「東北」）が、志願倍率（水準）低位の三地域と全く同じ順で下位を占めている点が注目される。大都市圏に志願者が集中する一方、遠隔地では志願者確保環境が急速に悪化していることを窺わせる。

⑤合格率の状況（図表㋔）

合格率（合格者数／受験者数）の面では、何といっても④で見た「志願倍率」の低下幅及び水準で下位を占めた三地域（「甲信越」、「北海道」、「東北」）がここでも全く同じ順番で合格率を引き上げていることが注目される。また合格率の「水準」でも、「甲信越」、「北海道」は上位を占めている。これらの地域では、志願者が急減する中、「何とか一人でも多くの入学者を」という観点から、合格率を大幅に引上げ（即ち、合格難易度を大幅に易化させ）ている状況が窺われる。

⑥入学定員充足率状況（図表㋕）

入学定員充足率（入学者数／入学定員）は、既にみたような状況から、「東北」、「甲信越」では一〇〇%ポイント以上の低下を示しいずれも一〇〇%を割り込んだ（「入学定員割れ」）。また「南関東」（千葉、埼玉、神奈川）については入学定員は九・三%増とほぼ全国平均（一〇・三%）並みの一方、入学者数は▲一・九%と減少したことから、入学定員充足率は全地域区分中、最大の低下幅（一一六・八→一〇四・八%、▲一二・〇%ポイント）を示した。大都市近郊の大学・学部であっても入学者確保はかなり厳しいものになっていることを窺わせる。なお、入学定員充足率が上昇したのは北陸（九四・〇%→一〇〇・六%）のみで他の地域は全て低下している。「入学定員充足率」（水準）は、以上のような状況を背景に「東京」（一〇八・九%）、「京都・大阪」（一〇五・五%）で（ある程度低下しているが）依然比較的高い水準を維持している。一方、「中国・四国」では一三年前の「入学定員割れ」（九七・九%）から九四・八%へ更に低下を続けている。また「北関東」及び「北海道」では一三年前にはいずれも一〇四〜一〇五%を維持していたが、直近では両地域とも一〇〇%を割り込んだ。

⑦入学定員、入学者数等の地域別シェアの変化（図表2-1-7）。

この図表は、入学定員、志願者数、入学者数について二〇〇三（平一五）年から二〇一六（平二八）年の一三年間における地域別シェアの変化を見たものである。

まず入学定員においては「東京」及び「京都・大阪」の二つの大都市圏のシェアが大幅に拡大している点が注目される。入学定員における両地域のシェアは過去一三年間に合計一・九％ポイント上昇した。この期間中で入学定員シェアを増大させたのは両地域と北関東の三地域のみである（図表では東海は「0」となっているが、より正確には▲〇・〇七％）。「東京」、「京都・大阪」の「二人勝ち」の状況は、入学者数でも顕著である。

この結果、両地域に「東海」も加えた「大都市圏」と「遠隔地」（北海道、東北、中国・四国、九州）との間のシェアの開きは、二〇〇三（平一五）年時点の「入学定員」ベースでは三三％ポイント（五二・四％対一九・四％）であったが、その後の実際の入学者数の増減によって、二〇一六（平二八）年の「入学者数」ベースでは四〇・六％ポイント（五六・六％対一六・〇％ポイント）へ更に大きく拡大している。

なおこのほか、「南関東」が、既述のような入学者数減少を映じて、入学者数シェアはこの一三年間で▲〇・七％ポイント低下（一七・二％→一六・五％）しているのが注目される。一口に「首都圏」と言っても実際は「東京」への「一極集中」であり、近隣県の中堅以下の大学は入学者確保市場では、今後もかなり厳しい戦いを強いられる可能性が高い。

## 3 「補助金」等を通じた文科省の大学定員管理政策

### （1）規制の概要

ところで、各大学の学生定員（収容定員）は、当該大学の校地・校舎面積、教職員数等の状況によって「大学設置基準」に沿って適正と考えられる水準に定められている。従って、収容定員の超過や未達（＝定員割れ）は適正な教育環境の確保の点で好ましくない。「大学設置基準」第一八条第三項が、「大学は、教育にふさわしい環境の確保のため、在学する学生の数を収容定員に基づき適正に管理するものとする」と定めているのはそうした趣旨によるものである。

こうした観点から、私立大学の定員超過や未達（＝定員割れ）について文科省及び私学事業団では、私立大学等経常費補助金が不交付（或いは増減額）となる定員充足率を定めている。これが既述の私大の入学定員充足率の変化にも少なからず影響を及ぼしている。

ここでは補助金等を通じる文科省の定員管理政策の概要と問題点について見てみよう。

「私立大学等経常費補助金」は、「①私立大学等（私立の大学、短期大学、高等専門学校）の教育研究条件の維持向上、②学生の修学上の経済的負担の軽減、③私立大学等の経営の健全性向上に資するため、私学事業団が国から補助金の交付を受け、これを財源として全額、学校法人に対して設置学校の経常的経費について補助するものである」とされている（私学事業団「平成二七年度私立大学等経常費補助金交付状況の概要」による）。

この補助金には、各学校における教職員数や学生数等に所定の単価を乗じて得た基準額を教育研究条件の状況に応じて傾斜配分する「一般補助」と、教育研究に関する特色ある取組に応じ配分する「特別補助」がある（同）。

平成二七（二〇一五）年度の交付大学（短大・高専を除く）は五六六校、交付総額は約二九四〇億円（一校当たり約五・二億円、学生一人当たり約一五・四万円。なお一般補助は短大等も含めて約二七一一億円）である。なお、私立大学等の経常的経費総額に対する経常費補助金の比率は、既往ピークの一九八〇（昭五五）年度の二九・五％以来、毎年低下を続け、二〇一五（平成二七）年度はついに九・九％と一九七一（昭四六）年度以来四四年ぶりに一桁に落ち込んだ（この補助率については既述のように、一九七五〈昭五〇〉年七月の「私立学校振興助成法」成立時に国会で、「できるだけ速やかに二分の一とするよう努めること」との附帯決議が行われている〈第1部第3章4参照〉）。

私立大学等経常費補助金は、各大学及び学部の定員（収容、入学）の充足率（超過、未達）に応じて減額（あるいは不交付と）される（私学助成法第五条及び第六条による）。その仕組みの概要について「定員超過」の場合と「定員割れ」の場合に分けて見ると以下の通りである（なお、学部等毎の収容定員充足率が一定比率〈現在は医歯学部以外では一〇〇〜一〇四％、医歯学部では一〇〇〜一〇三％未満〉の場合、補助金が三〜九％増額されるがここでは特に立ち入らない）。

**定員超過の場合**

①大学等に係る補助金を交付しないもの

㋐当該年度の五月一日現在の在籍学生数の収容定員に対する比率が一・五〇倍以上（収容定員が八〇〇〇人以上の大学は一・四〇倍以上）の私立大学

㋑当該年度の五月一日現在の入学者数が当該私立大学に所属する学部ごとの入学定員に一・三〇（収容定員八〇〇〇人以上の大学は一・二〇、医歯学部は一・一）を乗じた人数を合計

図表2-1-8　補助金が不交付となる収容・入学定員超過率の推移

| 年度（主なもの） | | 収容定員超過率（在籍学生数/収容定員） | | 入学定員超過率(注)（入学者数/入学定員） | |
|---|---|---|---|---|---|
| 1973(昭48) | | 7.0倍以上 | | 7.0倍以上 | |
| 1978(昭53) | | 3.0倍以上 | | 3.0倍以上 | |
| 1988(昭63) | | 2.5倍以上 | | 2.0倍以上 | |
| 1998(平10) | | 1.76倍以上 | | 1.48倍以上 | |
| 2008(平20) | | 1.50倍以上 | | 1.40倍以上 | |
| 2011(平23) | | 1.50倍以上 | | 1.30倍以上 | |
| 2013(平25)年度以降 | 収容定員 | 8,000人未満 | 8,000人以上 | 8,000人未満 | 8,000人以上 |
| | 超過率 | 1.50倍以上 | 1.40倍以上 | 1.30倍以上 | 1.20倍以上 |

(注)1991(平3)年以降、医・歯学部は1.10倍以上。

なお、収容定員超過率及び入学定員超過率は、1993(平5)年度まではいずれも「学部等」毎に適用。1994(平6)年度以降は、いずれも「学部等」毎のほか「学校(大学)毎」にも適用。

(資料)「平成28年度以降の定員管理に係る私立大学等経常費補助金の取扱につて」(平成27年7月10日、文科省高等教育局長等による通知)より筆者作成。

した数以上の私立大学

②学部等に係る補助金を交付しないもの

㋐当該年度の五月一日現在の在籍学生数の収容定員に対する比率が一・五〇倍以上（収容定員八〇〇〇人以上の大学は一・四〇倍以上）

㋑当該年度の五月一日現在の入学者数の入学定員に対する比率が一・三〇倍以上（収容定員八〇〇〇人以上の大学は一・二〇倍以上、医歯学部は一・一〇倍以上）

の学部等（但し、過去三か年の各年度における入学定員超過率等の状況如何で適用除外となる（＝不交付とはならない）が、その場合でも増減率は「別表2」注8により▲五〇％となる）

このように、「不交付」は、「大学」に対する補助金の不交付と、「学部」に対する補助金の不交付の二種類があり、いずれも「収容定員」の超過率と「入学定員」の超過率の二つによって判定される。従って、ある学部（A）が「収容定員超過率」または「入学定員超過率」の規制値を超過してその学部の補助金が不交付となっても、その他の学部（B、

C）が規制値をクリアしていればこれらの学部（B及びC）の補助金は交付される。またこの場合、当該大学の全学部の合計値が当該大学の規制値をクリアしていれば、基本的に大学としての補助金は交付される。なお、「不交付」の対象となる補助金は基本的には「一般補助」であるが、「一般補助」が不交付となった場合は、原則として「特別補助」も不交付とされる。

私立大学等経常費補助金が不交付となる収容定員超過率及び入学定員超過率は年を追うごとに強化されている。これを概観したのが図表2－1－8である。「第一次拡大期」末期の一九七三（昭和四八）年当時は補助金が不交付となる規制値は「七・〇倍以上」と極めて高く、これは私立大学の大規模な「水増し入学」を事実上国が是認する形となっていたことを意味している。その後は一八歳人口の減少から規制値は次第に引き下げられている。

なお、補助金が「不交付」となる規制のほか、補助金が「減額」となる規制も重要である。即ち、学部等の単位で、「収容定員超過率」が一〇〇％をある程度超えると、その超過幅に応じて補助金が減額される仕組みとなっている（「私立大学等経常費補助金配分基準」V1．（1）アによる。「別表2」で規定）。

最近、急速にこれが強化されている。その状況を二〇〇七（平一九）年度以降について、時系列的に見たのが図表2－1－9である。ここでは横軸に「収容定員超過率」を右に行けば行くほど超過率が大きくなる形で、また縦軸には、補助金の削減率を上方に行けば行くほど削減率が大きくなる形で作図している。これを見ると、二〇〇七（平一九）年度の段階では、収容定員超過率と補助金削減率との関係は前者が拡大すると後者もそれにほぼ比例して（直線的に）右上に上昇する形となっていた。しかし、二〇一二（平二四）年度以降はこの形が大きく変化。収容定員が一三〇％を超える辺りから補助金削減率が急激に大きくなる形となっており、二〇一三（平二五）年度には削減率の最大値が、それまでの▲三六％から▲五〇％に大きく拡大されている（収容定員八〇〇〇人以上のケース）。

**定員割れの場合**

一方、「定員割れ」の場合も、それが一定限度を超えると補助金は「不交付」となる。即ち、学部等に対する補助金については、「当該年度の五月一日現在の在籍学生数の収容定員に対する割合（「収容定員充足率」）が五〇％以下」の場合は、当該学部等に対する経常費補助金は交付されない（「私立大学等経常費補助金取扱要領」4.（9）イ③による）。

また「収容定員充足率」が五〇％を割っていなくても、一〇〇％割れ（定員割れ）の割合に応じて補助金は削減される。これを見たのが図表2-1-10である。ここでは、横軸に収容定員充足率を、右方向に行けば行くほど「定員割れ」の度合いが大きくなるように、そして縦軸には補助金削減率を、上方に行けば行くほど大きくなるように作図した。ここでも二〇〇七（平一九）年度頃は、収容定員充足率と補助金削減率はほぼ比例する形で直線的な関係にあった。しかし、二〇一〇（平二二）年度頃からは、この形が大きく変化。二〇一一（平二三）年度では、収容定員充足率が七〇％を割り込む辺りから、削減率はかなり急激に上昇している。

なお、文科省による定員管理規制の手段としては、こうした補助金関係規制のほか、学部等を

## 図表 2-1-9　収容定員超過率と補助金削減率

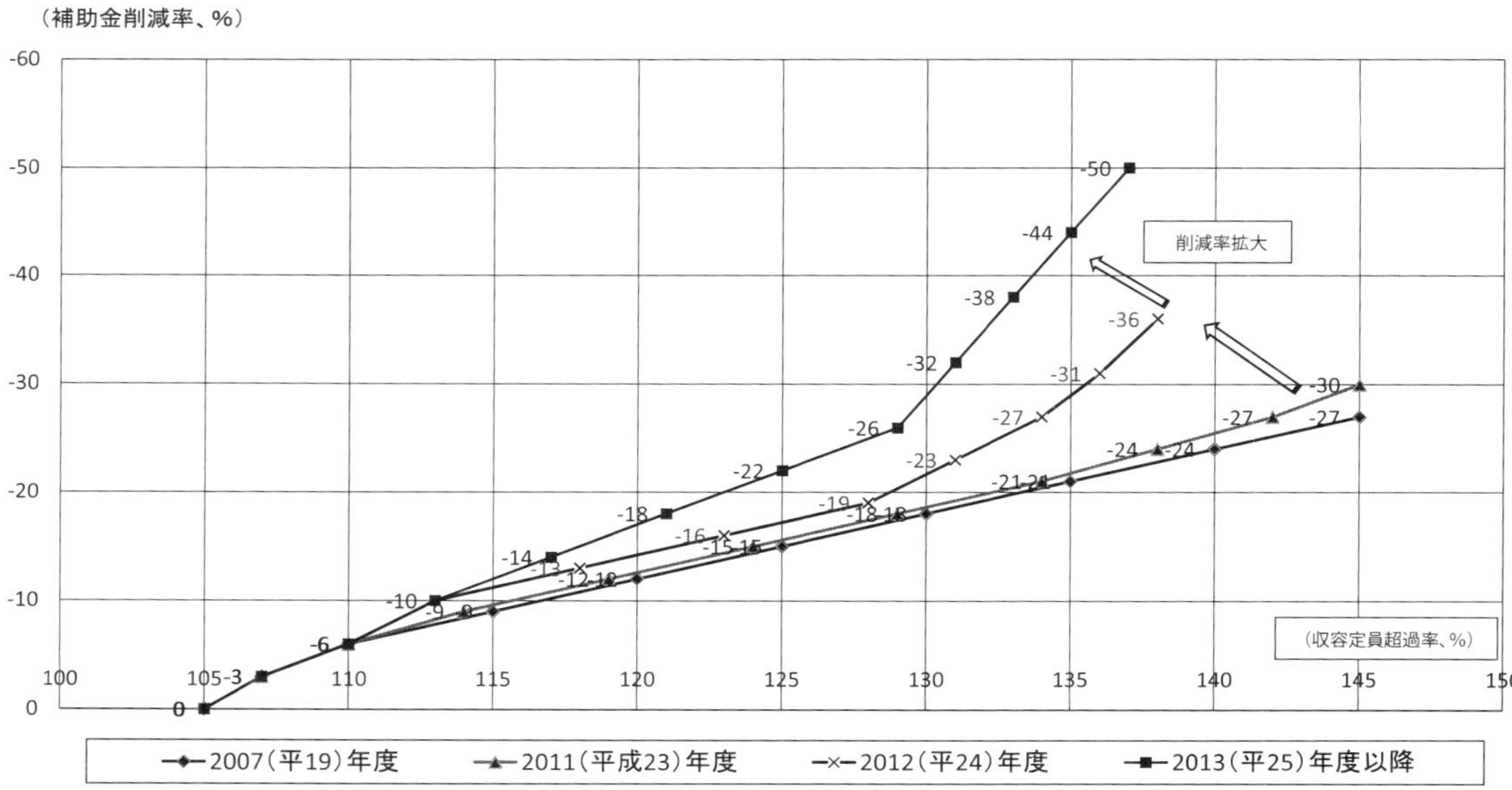


（注）1.収容定員超過率は各レンジの最も低い数値で表示（例：「107～109%」→「107%」）。
「2013（平25）年度以降」の最大レンジは「137%以上」。
2.「2013（平25）年度以降」は「収容定員8,000人以上」の大学の場合を表示。
（資料）「私立大学等経常費補助金取扱要領」及び同「配分基準」より筆者作成。

新設する際の「設置認可申請」に係る「平均入学定員超過率」の規制もあるがこれについては次に述べる。

（2）二〇一五（平二七）年発表の規制強化策の概要

二〇一五（平二七）年七月一〇日、文科省私学部長及び私学事業団理事長は連名で、「平成二八年度以降の定員管理に係る私立大学等経常費補助金の取扱について（通知）」（以下、「連名通知」）を発出した。また同年九月一八日、文科省は文科大臣名で、「大学、大学院、短期大学及び高等専門学校の設置等に関する認可の基準の一部を改正する告示」（文部科学省告示第一五四号）並びにその施行に関する同省高等教育局長名の「通知」を発出した。前者（連名通知）は、定員管理関係の補助金制度の改正であり、後者（通知）は設置認可申請を通じる定員管理規制の改正である。いずれも定員管理規制強化策の一環として位置付けられるものである。その概要は後に述べることとし、まずこうした措置を取ることとなった背景について見ておこう。

**規制強化の狙い**

今回の措置の狙いについて「連名通知」では、既出の「大学設置基準に基づく適正な教育環境の確保」のほか、「地方創生」の観点を挙げている。後者については、政府による「まち・ひと・しごと創生総合戦略」（二〇一四〈平二六〉年一二月二七日閣議決定）で、大都市圏の大学において定員を上回る学生を受け入れ、大都市圏に学生が集中している現状を踏まえて、「大都市圏、なかんず

図表 2-1-10　収容定員充足率（未達）と補助金削減率

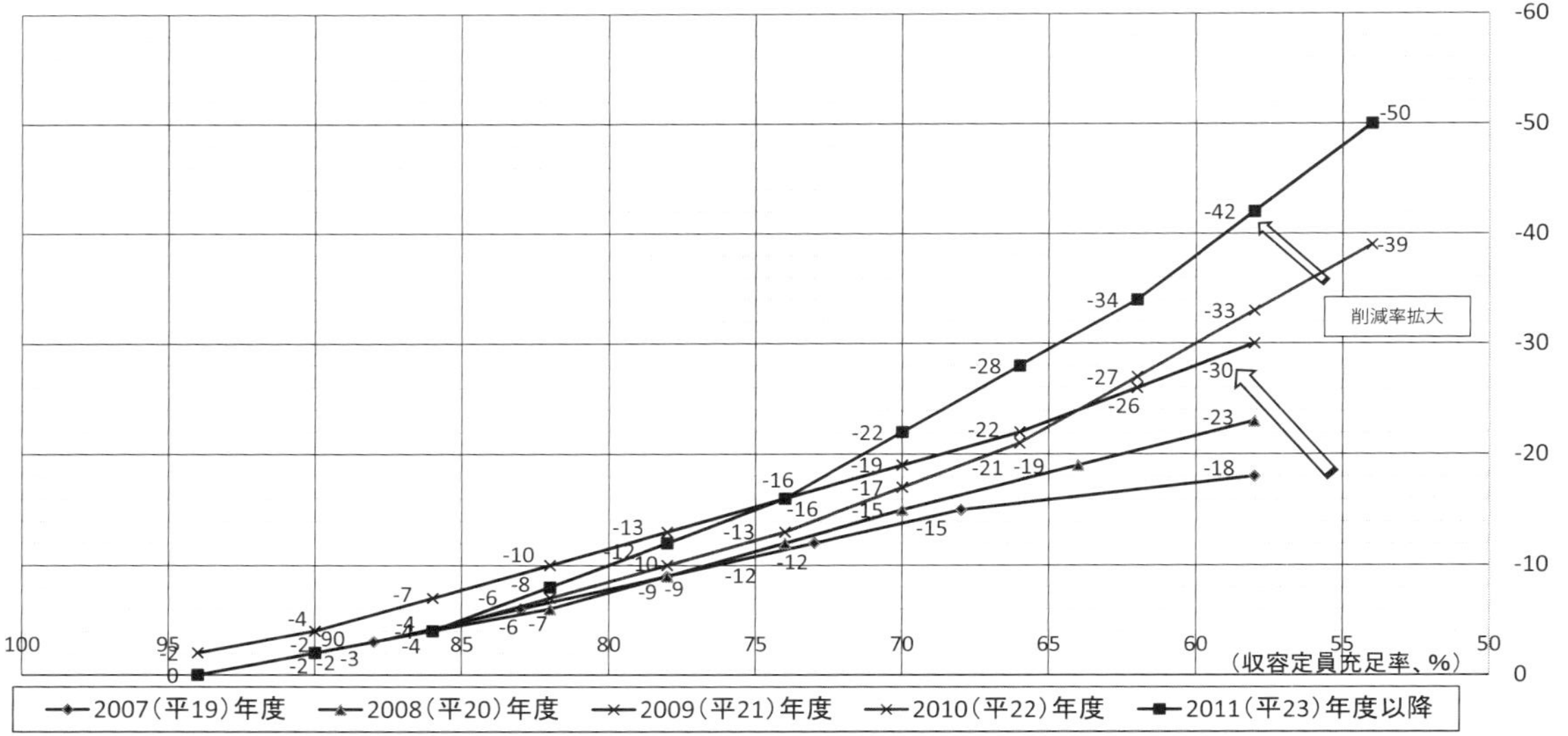


（注）1.収容定員充足率は各レンジの最も高い数値で表示（例：「88～84%」→「88%」）。
「2011（平23）年度以降」の最小レンジは「54%以下」。

（資料）「私立大学等経常費補助金取扱要領」及び同「配分基準」より筆者作成。

く東京圏の大学等における入学定員超過の適正化について資源配分の在り方を検討し、成案を得る」とされたことを挙げている。そのうえで同省は、「平成二六年度には全国で約四万五千人の入学定員超過が生じており、そのうち約七割（約三万一千人）が収容定員四千人以上の大・中規模大学に集中し、この約四万五千人の入学定員超過のうち約八割（約三万六千人）が大都市圏に集中している。」等としている。

**規制強化策の概要**

今回の規制強化策は、補助金関係と学部等の設置認可申請の二つに分かれている。

まず補助金関係は以下の通りである。

①補助金不交付の超過率規制強化

概要は図表２－１－11の通りである。

補助金不交付となる入学定員超過率は、収容定員八〇〇〇人以上の大規模大学については従来の「一・二〇倍以上」を二〇一八（平三〇）年度には「一・一〇倍以上」に引き下げた。また同「八〇〇〇人未満」についてはこれを「四〇〇〇～八〇〇〇人未満」と「四〇〇〇人未満」の二つに細分化し後者は従来の「一・三〇倍以上」で不変であるが、前者は二〇一八（平三〇）年度には従来の「一・三〇倍以上」を「一・二〇倍以上」とすることとされた。なおいずれの措置も二〇一六（平二八）年度以降三年間にわたって段階的に実施する経過措置がある。[25]

なお「連名通知」は、今回の措置は「入学定員超過率」に関するものであり、補助金が不交付

図表 2-1-11　補助金不交付の超過率規制強化

| | | 大学の規模（収容定員） | | |
|---|---|---|---|---|
| | | 8,000人未満 | | 8,000人以上 |
| 入学定員超過率 | 2015（平27）年度 | 1.30倍以上 | | 1.20倍以上 |
| | 2016（平28）年度<br>平28）年度以降 | 小規模（4,000人未満） | 中規模（4,000～8,000人未満） | 大規模（8,000人以上） |
| | 2016（平28）年度 | 1.30倍以上 | 1.27倍以上 | 1.17倍以上 |
| | 2017（平29）年度 | 1.30倍以上 | 1.24倍以上 | 1.14倍以上 |
| | 2018（平30）年度 | 1.30倍以上 | 1.20倍以上 | 1.10倍以上 |

（注）シャドウ部分が今回規制を強化。
なお、「現在は一般補助における教育研究経常費等の算定において、収容定員充足率が1.0倍を超えている学生分は措置していない（交付しない）扱いとなっているが、2018（平30）年度からは、入学定員充足率が1.0倍を超える入学者数に見合う額を更に減額する予定である」旨付言されている。

（資料）図表2-1-8に同じ。

となるもう一つの基準である「収容定員超過率」（前掲図表2－1－8左側半分）については「現在のところ改正する予定はない」としている。

②学部等設置認可申請に関する「平均入学定員超過率」に係る規制強化

既述のように、文科省は二〇一五（平二七）年九月一八日、文科大臣名で「大学、大学院、短期大学及び高等専門学校の設置等に係る認可の基準の一部を改正する告示」（告示第一五四号）を発出した。同告示では、規制強化の目的については、①とほぼ同様の事柄（「教育にふさ

25　このほか、「連名通知」では、「現在は一般補助における教育研究経常費等の算定において、収容定員充足率が一・〇倍を超えている学生分は措置していない（交付しない）扱いとなっているが、二〇一八（平三〇）年度からは、入学定員充足率が一・〇倍を超える入学者数に見合う額を更に減額する予定」としたうえで、削減の具体例が示されている（同時に、「定員管理の適正化に向けた努力をする中で、結果として定員を下回ることも考えられることから、入学定員充足率が〇・九五倍以上、一・〇倍以下の場合には一定の増額措置を行う予定」としてその具体例も提示されている）。

図表 2-1-12　設置認可申請関係規制強化の概要

| | | | 小規模大学（収容定員4,000人未満） | 大・中規模大学（収容定員4,000人以上） | | |
|---|---|---|---|---|---|---|
| | | | | 学部等規模（入学定員） | | |
| | | | | 小規模（100人未満） | 中規模（100～300人未満） | 大規模（300人以上） |
| 平均入学定員超過率 | | 現在 | 1.30倍未満 | | | |
| | 開設年度 | 平成29年度 | 1.30倍未満 | 1.30倍未満 | 1.30倍未満 | 1.25倍未満 |
| | | 同30年度 | 1.25倍未満 | 1.25倍未満 | 1.20倍未満 | 1.15倍未満 |
| | | 同31年度 | 1.15倍未満 | 1.15倍未満 | 1.10倍未満 | 1.05倍未満 |

（注）学部等の設置認可を受けるには申請者が既に設置している学部等が、当該認可申請に係る学部等の開設年度の前年度から過去4年間の「平均入学定員超過率」が上記比率未満であることが必要。

（資料）「大学、大学院、短期大学及び高等専門学校の設置等に係る認可の基準の一部を改正する告示の施行について（通知）」（平成27年9月18日、27文科高第593号）より筆者作成。

わしい環境の確保」、「都市圏の大学を中心とする入学定員超過に鑑みた入学定員等の一層適正な管理」）を挙げている。

大学等は学部等の設置等については学校教育法第四条第一項の規定等に基づき、文科大臣の認可を受ける必要がある。その場合、「大学、大学院、短期大学及び高等専門学校の設置等に係る認可の基準」（二〇〇三〈平一五〉年三月三一日文部科学省告示第四五号）によって、認可申請者は既に設置している学部等の「平均入学定員超過率」（開設前年度から過去四年間〈短大等は別途の期間〉の入学定員に対する入学者の割合の平均）が一定値未満であることが求められている。

この「一定値」については、右の二〇〇三（平一五）年の告示発出以来、大学等の規模の如何を問わず一律「一・三倍未満」（学部等の単位）とされていたが、今回図表2－1－12のように改正された。

改正の主なポイントは、以下の通りである。

①大学をその規模（収容定員）によって小規模大学（収容定員四〇〇〇人未満）と大・中規模大学（同四〇〇〇人以上）の

二つに分類し、それぞれについて遵守すべき「平均入学定員超過率」を規定。
②このうち小規模大学については、学部等の開設年度が二〇一九（平三一）年度以降のものについてはこれを「一・一五倍未満」とする。
③また、大・中規模大学については、既設の学部をその入学定員によって小規模学部（入学定員一〇〇人未満）、中規模学部（同一〇〇～三〇〇人未満）、大規模学部（同三〇〇人以上）の三つに分け、二〇一九（平三一）年度開設学部以降、それぞれ「一・一五倍未満」、「一・一〇倍未満」、「一・〇五倍未満」とした。

なお、いずれの措置も既述の補助金関係と同様、二〇一七（平二九）年度以降三年間にわたって段階的に実施する旨の経過措置が設けられている。

### （3）補助金及び設置認可申請を通じる文科省の定員管理政策の評価

以上のような文科省の補助金・設置認可申請を通じる定員管理政策はどのように評価されるのか。ここではこの問題について考えてみたい。

前項でのデータの分析・確認からも窺われるように、現在の私立大学経営の、恐らく最も重要な問題は、「二極化」或いは大規模大学と小規模大学、大都市大学と地方大学それぞれにおける「格差拡大」にある。大都市の大規模大学を中心とする定員超過は、（嘗てのマスプロ教育ほどではないが）それらの大学の教育の質を劣化させるとともに、地方或いは小規模大学の経営を著しく圧迫し、これらの大学でも教育の質の劣化が進む。こうした点に鑑みれば、文科省の「適正な教育環境の確保」、就中、「大規模大学への集中の是正」と「地方創生」を狙いとした一連の定員管理政策は、大きな方向性としてはある程度首肯できるところであろう。

しかし実はこの定員管理政策は大きな問題を内包している。

それは、右に見たような政策は、全体としての「定員増」を図りながらの「定員管理」であり、「二極化」や「格差拡大」問題の本質的な解決策とはなっておらずむしろ問題を複雑化させているという点である。

即ち、現在の補助金による定員管理政策は「定員充足率」を規制の基準としている。そして、この規制枠からはみ出した大学（「大幅定員超過」と「大幅定員未達」の大学）各々に一定のペナルティを与え、これらの大学がこの規制枠に戻るよう誘導するものである。

しかしこれは、あたかも、浴槽（大学全体の入学市場）の中で、湯温（定員充足率）の高い上の方の層、即ち大規模校等を中心とする定員超過校と、下部の冷たい層（小規模校等を中心とする定員割れ校）とを、「湯かき棒」でかき混ぜて何とか平準化を図ろうとしている状況のように見える。確かに、これによって湯温の平準化はある程度は図れるかもしれない。しかし、問題は、これまで浴槽を加熱していた薪（一八歳人口）の火勢が急速に衰えつつある中、上の蛇口からは浴槽内に、絶えず冷たい水（定員増）が大量に注ぎ込まれていることである。こうした状況下では、浴槽内全体の温度は下がる一方で、特にそれは低層部で深刻となり、いずれ多くの大学が募集停止あるいは破綻に陥ることとなるのである。

また、「定員増」は基本的には、それが可能なだけの「集客力の強い大学」を中心に進む。「集客力の強い大学」は、一部を例外として多くは規模の大きな大学（或いは大都市所在大学）である。このため、定員増を容認する中での、「設置認可申請」を通ずる定員管理強化は、結果的には規模の大きな大学（或いは大都市所在の大学）を中心とした「駆け込み」的な定員増申請を大規模に誘発する。

因みに、旺文社教育情報センターによれば、今回の文科省の設置認可申請に絡む定員管理強化策発表を受けた平成二九年度の私立大学等の収容定員増の認可申請は合計九三八七人（六二校）と前年度の三六七七人（三九校）の二・六倍に達している。このうち、大規模大学（ここでは入学定員二千人以上と定義）は一六校で、それらの収容定員増申請は合計四六九四人と全体の過半（五一・九％）を占めている。また大都市圏（埼玉、東京、神奈川、千葉、愛知、京都、大阪、兵庫の八都府県）所在の大学が八〇〇二人と全体の増加数の八五・二％を占めている。

今回の措置は、「大規模大学集中」や「大都市集中」の是正を目的としておきながら、客観的には、却ってこれらを加速させる結果となっているのである。こうした「駆け込み申請」は次年度以降も、規制完成年度（二〇一九〈平三一〉年度）までは続くだろう。文科省はそれが一巡した後は、大規模大学等への集中は緩和すると見込んでいるようである。しかし、仮に数年後に定員増申請が一服したとしても、それまでの過程で定員を拡大した大都市・大規模大学と、こうした動きから取り残された小規模・地方大学との格差は一段と拡大された形で固定化してしまう。大規模大学は定員拡大によって蓄積される内部留保を武器に、施設設備充実や奨学金・留学制度等各種の対学生サービス拡充を一段と図り、「集客力」を一層強めていくからである。

もとより、大学の定員増は、社会のニーズの変化や多様化に対応するという観点からはある程度は必要かもしれない。また、私学の独自性尊重の観点からも、それは容認されるべきかもしれない。しかし、一八歳人口の減少が続く中で、「二極化」や「格差拡大」という問題を殆ど放置したままで定員増を続けた場合、行き着く先は弱小私大の大量の募集停止や破綻である。国は、そうした事態に陥らないような（或いはそうした事態に陥った際の）「備え」を十分構築しているのか。

嘗て、バブル崩壊後の一九九〇年代央以降、不良債権問題等から我が国の金融機関の経営は著しく不安定化した。当時、政府による早期の対応を求める数多くの声にも拘らず、政府の対応は悉く後手に回った。その結果、長銀や拓銀等大手行を含む多くの金融機関が破綻や合併・統合に追い込まれ、わが国の経済や社会は大きく混乱した。「備え」がないまま、事態が急速に悪化していくという点で、現在の私立大学の状況は当時の金融界と酷似している。

「金融」と「教育」とは、業務の内容が大きく異なる。しかし、一国の「社会インフラ」という点では、「教育」は「金融」に劣らず極めて重要である。改めて述べるまでもなく、仮に、「教育」が、私立大学の大量の募集停止や破綻で機能度を著しく低下させることとなれば、それは、将来の我が国を支える人材の劣化を通じ、我が国の将来を極めて危ういものとしかねない。

こうした点に鑑みれば、いま必要なことは、補助金等を通じる小手先の定員管理ではなく、より抜本的な対策――即ち「定員増の停止」更には「定員削減」ではないか。

# 第2章 「学校法人会計」の沿革と仕組み

## 1 「学校法人会計基準」制定の経緯等

前章では大学入学市場の需給状況及び文科省による定員管理政策の概要を見た。本章以下では私立大学の経営状況（財務状況）について見て行く。本章では私立大学の財務状況を理解するうえで不可欠な、私立学校特有の会計基準である「学校法人会計基準」について、その沿革と仕組みを概観する。

既述のように戦後、私立大学等の私立学校は一九四九（昭二四）年制定の「私立学校法」に基づく「学校法人」として再スタートを切った。しかし同法には、会計処理の基準や方法等については、第四七条（毎会計年度終了後における財産目録・貸借対照表・収支計算書の作成、及びこれらの備え付け・閲覧義務）及び第四八条（会計年度）に関連規定がある以外は特段の規定は無かった（なおこのほか各学校法人の予決算に関する事項として、第四二条〈評議員会への予算等の意見聴取義務〉、第四六条〈評議員会への決算報告義務等〉等がある）。このため、当時は学校法人の会計の方式は各法人に任されており、統一性は殆ど無かった。

こうした状況を是正するため、一九五〇年代末頃から六〇年代半ばにかけて、日本私立大学連盟（「私大連」）や日本私立大学協会（「私大協」、いずれも前掲注5参照）が私大の経理基準作成のための研究会を設置し、基準案等が報告されていた。

丁度この頃、私大財政は、インフレ高進や大学紛争激化等から逼迫の度を強めており、私学団体からは国に対し人件費等経常費を含む私学助成拡大の要求が強まっていた。こうした状況下、文部省は一九六五（昭四〇）年、既述（第1部第3章補2参照）のように、「臨時私立学校振興方策調査会」（「臨私調」）を設置し、私学助成の在り方や学校法人に統一的に適用すべき会計基準等について検討を行った。

臨私調は一九六七（昭四二）年、「私立学校の振興方策の改善について」と題する答申を行った。その答申では、既述のように「経常的教育研究経費」の設置を勧告し、これが一九六八（昭四三）年の「私立大学教育研究費補助金」制度発足に繋がった。またこの答申では、私学の自力発展及び私学助成の拡大を図るためには、私学会計の合理化・適正化が必要であるとし、財務会計基準の制定、公認会計士による監査等の必要性が提言された。

その後、私学助成拡大に関する私学団体からの更なる要求を受け、文部省は一九七〇（昭四五）年、「私立大学等経常費等補助金制度」を発足させるとともに、「日本私学振興財団」を発足させ、同補助金の交付業務にあたらせた。同時に私学法を改正し、同法第五九条に第八項と第九項を追加。それぞれ「文部大臣の定める基準に準拠した会計処理及び財務計算書類作成義務」及び「収支予算書及び財務計算書類の届出並びに公認会計士等の監査報告書添付義務」を規定した（図表1-補-2参照）。

翌一九七一（昭四六）年四月、この第八項の「文部大臣が定める基準」について、文部省令第一八号として「学校法人会計基準」が施行された。そして一九七二（昭四七）年以降、経常費補助を受ける学校法人は全面的に同基準に準拠して計算書類を作成することとなった。なお、右の改正私学法第五九条第八項及び第九項は、一九七五（昭五〇）年の「私立学校振興助成法」（助成法）成立に伴い、助成法第一四条第一項、第二項及び第三項に移記された。これを以て学校法人会計基準の根拠法は私学法から助成法に移管された。

なお右のように、助成法第一四条は、①「文部大臣の定める基準（注、既述のように「学校法人会計基準」を指す）に準拠した会計処理及び財務計算書類作成義務」（第一項）、②「所轄庁への財務計算書類及び収支予算書届出義務」（第二項）、③「公認会計士等の監査報告書添付義務」（第三項）を規定している。これらの義務を負う法人は、第一四条第一項にあるように、「補助金の交付を受ける学校法人」である。

このため、補助金の交付申請を行わない学校法人はこれらの義務を負わず、前述の私学法第四七条、第四八条等の規定の適用を受けるにとどまる。従って、こうした学校法人は「学校法人会計基準」に準拠しない計算書作成も可能である（なお、日本私立学校振興共済事業団「平成二七年度私立大学等経常費補助金交付状況の概要」によれば、同年度における大学数六〇七校中、補助金不交付校は四一校、うち「申請の無いもの」は一九校である〈この中には定員大幅超過・大幅未達によるもの等が含まれている模様〉）。

## 2　学校法人会計基準による会計の仕組み

次に、学校法人会計基準による会計の仕組みを概観しよう。なお、二〇一三（平二五）年四月の文科省令によって、学校法人会計基準の一部（例えば従来の「消費収支計算書」に代え「事業活動収支計算書」に変更された等）の改正が行われ、二〇一五（平二七）年度から改正後の新基準が適用された。

ただ第3章以下で見る一九八五（昭六〇）年度以降二〇一四（平二六）年度までの約三〇年間の収支状況は、今次改正前の基準で作成・発表された計数をベースとしている。このため、ここでは次章で述べる分析結果を理解するために必要な程度で、改正前基準による会計処理の仕組みを概説、次節で今次改正の概要を概観する。

さて、改正前学校法人会計基準が求める財務書類は主に次の三つである。

①資金収支計算書
②消費収支計算書
③貸借対照表

（1）資金収支計算書

「資金収支計算書」は、学校法人が毎年度の諸活動にどの位の資金を投入するのか、そしてその資金の源泉（調達）はどういう形で行うのか、ということを表すもので、予算の策定やその実行状況をチェックするうえで重要な役割を果たす。

具体的には、「資金収支計算書」は、いわば「家計簿」のようなものであって、当該期の収入

図表2-2-1　資金収支計算書の仕組み（1）（現金主義のケース）

**資金収支計算書**

| （収入の部） | （支出の部） |
| --- | --- |
| 当期収入 | 当期支出 |
| 前年度繰越支払資金 | 次年度繰越支払資金 |

（資料）筆者作成

と支出、そしてその間における「支払資金」（現金及び預金）の動きを見るものである。このうちまず収入の部は、前年度から繰り越されてきた支払資金と当期の収入の合計であるので、次のようになる（図表2－2－1参照）。

当期収入＋前年度繰越支払資金＝収入の部合計

同様に、支出の部は、

当期支出＋次年度繰越支払資金＝支出の部合計

ここで収入の部合計と支出の部合計は一致する。

こうした関係は、見方を変えて、「前期から繰越されてきた支払資金と当期の収入の合計が全収入であり、それを元手に当期の諸活動の支払いに充当する、その結果余った支払資金を次年度に繰り越す」と考えると右の二つの式は次のようになる。

図表2-2-2　資金収支計算書の仕組み（2）

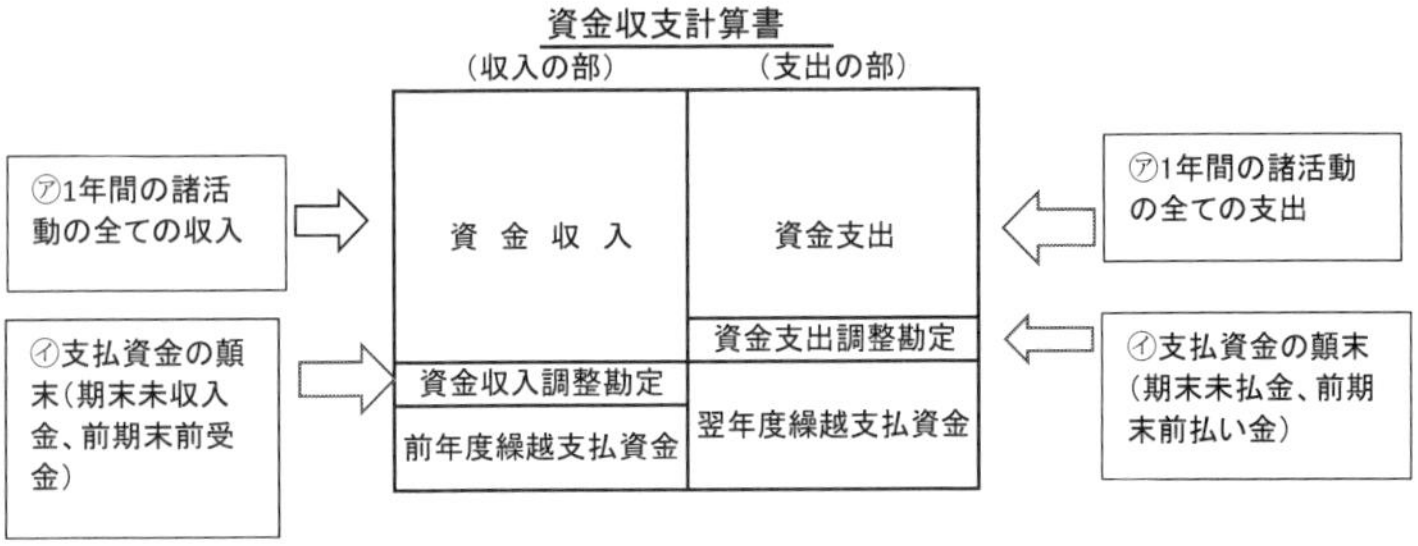


（資料）筆者作成

前年度繰越支払資金＋当期収入－当期支出

＝次年度繰越支払資金

さて、ここで悩ましい問題が生じる。

例えば、①本年度三月分の授業料が翌年度四月にずれ込んで入金される、あるいは②新入生の入学金や授業料は通常三月中に入金（「前受金」）されるが、新入生が入学するのは翌四月であるので、本来これは翌年度分の収入に計上する必要がある、等である。

こうした点については、資金が帰属すべき会計年度を無視して、実際のお金の出入りだけで表示する方法（「現金主義」）もある。しかし、それでは右の前受金等は前年度に計上され、新入生が入学した新年度には計上されない。このため、当該新年度の本来の活動成績を正確に把握することはできない。他方、この「現金主義」に対して、本来あるべき年度に収支を計上する方法もあり、これを「発生主義」と呼ぶ。学校法人会計基準では「資金収入調整勘定」（支出については「資金支出調整勘定」）という項目を設けて、現金主義と発生主義との調和を図っている（図表2－2－2及び2－2－3参照）。

例えば、右の①のケースについては、三月分の授業料（一〇〇万円）

図表 2-2-3　資金収支計算書の仕組み（3）

㋐1年間の諸活動の全ての収入

㋑支払資金の顛末（期末未収入金、前期末前受金）

| 収入の部 | | | | 支出の部 | | | |
|---|---|---|---|---|---|---|---|
| 科目 | 予算 | 決算 | 差異 | 科目 | 予算 | 決算 | 差異 |
| 学生生徒等納付金収入 | | | | 人件費支出 | | | |
| 授業料収入 | | | | 教育研究経費支出 | | | |
| 入学金収入 | | | | 管理経費支出 | | | |
| 手数料収入 | | | | 借入金等利息支出 | | | |
| 入学検定料収入 | | | | 借入金等返済支出 | | | |
| 寄付金収入 | | | | 施設関係支出 | | | |
| 補助金収入 | | | | 設備関係支出 | | | |
| 資産運用収入 | | | | 資産運用支出 | | | |
| 資産売却収入 | | | | その他の支出 | | | |
| 事業収入 | | | | 前期末未払金支払支出等 | | | |
| 雑収入 | | | | | | | |
| 借入金等収入 | | | | | | | |
| 前受金収入 | | | | | | | |
| その他の収入 | | | | | | | |
| 前期末未収入金収入等 | | | | | | | |
| 資金収入調整勘定 | | | | 資金支出調整勘定 | | | |
| 期末未収入金 | △ | △ | | 期末未払金等 | △ | △ | |
| 前期末前受金等 | △ | △ | | | | | |
| 前年度繰越支払資金 | | | | 次年度繰越支払資金 | | | |
| 収入の部合計 | | | | 支出の部合計 | | | |

㋐1年間の諸活動の全ての支出

㋑支払資金の顛末（期末未払金、前期末前払金）

（注）項目は主なもののみ。

（資料）筆者作成

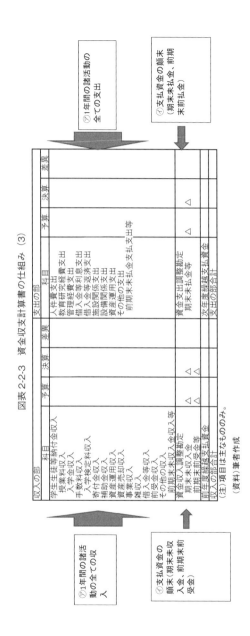

が年度末までに入金しなかった場合は、当該金額は一旦収入（授業料収入一〇〇万円）として計上し、同時に「資金収入調整勘定」の「期末未収入金」に控除項目（△一〇〇万円）として計上する。そのうえで、四月に一〇〇万円が入金されると、「授業料収入」ではなく、「その他の収入」の「前期末未収入金収入」に当該金額を計上する。

また②の「前受金」のケースについては、その金額を五〇万円とすると、その金額は実際に入金されているので、「前受金収入」として計上する。そのうえで、翌期にはもう一度「入学金収入」の形で計上する。しかし、今度は実際の収入は無いので、「資金収入調整勘定」の「前期末前受金」に控除項目（△五〇万円）として計上する。

同様の問題は、資金の支出面でも生じる。これを調整するために「資金支出調整勘定」（「期末未払金」等）が設けられている。

なお「資金収支計算書」は企業会計における「キャッシュフロー（CF）計算書」と似ているが、CF計算書では資金の流れを、「営業活動によるCF」、「投資活動によるCF」、「財務活動によるCF」の三つに区分してそれぞれにおける現金の動きを見る。企業活動は、基本的には、「お金を集めて」、「何かに投資し」、「利益を上げる」ことであるが、「財務CF」が「どうやってお金を集めているか」、「投資CF」が「何に投資しているか」、そして「営業CF」が「どのように利益を上げているか」に相当する。しかし、「資金収支計算書」はこうした区分を設けていない、いわば「どんぶり勘定」である。なお後述のように、この点を是正するために、今般の学校法人会計基準改正では、「資金収支計算書」に加えて、「活動区分資金収支計算書」の作成が求められている。同計算書では、企業会計基準等を参考に学校法人の活動を、「教育活動」、「施設設備等活動」、「その他の活動」の三つに区分する形をとっている（後掲図表2－2－9参照）。

## （2）消費収支計算書

次章以下の私大経営分析を理解するうえでは、「資金収支計算書」よりも「消費収支計算書」の理解が一層重要である。

「消費収支計算書」とは、企業会計における「損益計算書」に相当するものである。

一九七一（昭和四六）年に「学校会計基準」が制定される以前の学校法人会計は、資金の出入りを中心とした「予算会計」が主であった（これが「資金収支計算書」設定に繋がっていると言われている）。しかし、資金収支計算書は資金の出入りを明確にする上では有益であったが、他方、問題点も存在した。例えば金融機関等からの借入れを行うと本来的な意味での収入ではないにも拘らず資金収入が増え一見経営状態が好転するように見える、あるいは逆に設備投資を行うと資金残高が減少し経営悪化と受け止められる等である。

そこで、より本源的な収入・支出に着目した「消費収支計算書」が導入された。今次改正前の学校法人会計基準第一五条は「学校法人は、毎会計年度の消費収入及び消費支出の内容及び均衡の状態を明らかにするため、消費収支計算を行う」旨規定している。

ここでは単に消費収入と消費支出の内容を明らかにするだけではなく、人件費・教育研究経費等消費支出と、これに充当できる消費収入との間でバランス（均衡）が取れているか否かを見る

図表 2-2-4　消費収支計算書の大まかな構造

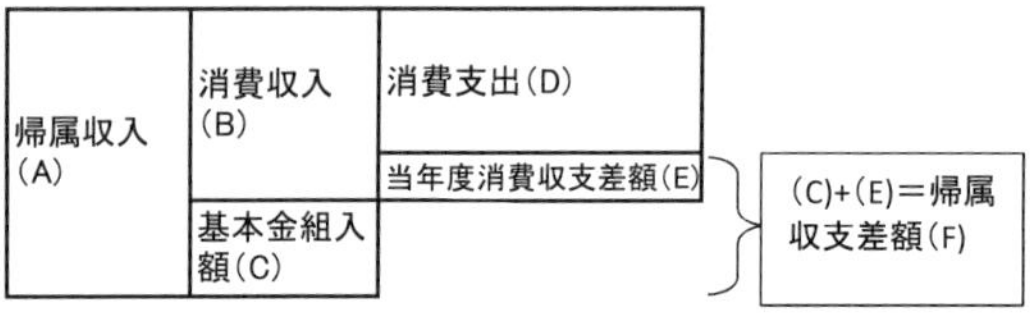


(A)−(C)=(B)、 (B)−(D)=(E)、(C)+(E)=(F)

(資料)筆者作成

ことが重要な目的とされている。

ここで重要なことは、「収支の均衡」とは、授業料等学納金、検定料、補助金等「学校法人の負債とならない収入」（借入金等のように返済を求められず、本来的に学校法人に帰属するという意味で「帰属収入」という）と、人件費、教育研究経費、管理経費等の「消費支出」との差額（「帰属収支差額」という）の「均衡」ではなく、帰属収入から校地、校舎、各種施設・設備等の取得資金（「基本金組入額」）を控除した後の収入を表す「消費収入」と、「消費支出」との差額（「当年度消費収支差額」）の均衡である点である。

こうした関係を算式で示すと次のようになる（図表2‐2‐4参照）。

帰属収入（A）―基本金組入額（C）＝消費収入（B）
消費収入（B）―消費支出（D）＝当年度消費収支差額（E）（→ここが均衡）
帰属収入（A）―消費支出（D）＝帰属収支差額（F）
＝基本金組入額（C）＋当年度消費収支差額（E）

学校法人は教育研究活動を永続的に行うことを目的とした組織である。このため、これを実現するには施設設備の確保が不可欠であり、帰属収入からそれらの取得金額である「基本金組入額」（但し借入金による部分を除く）をまず確保（控除）した上で、残りの収入（消費収入）で教育研究等のサービス（消費支出）を行う。そしてその残りが「当年度消費収支差額」となる。企業は「利益極大」を目的とするが、学校法人は消費収支差額の長期的均衡を理想とする。

もっとも、この「基本金組入額」については、校舎新築等の設備投資部分であり、その規模や実行時期は学校法人の判断である程度左右される。[26] また、「基本金組入額」の確保も、「帰属収入」が十分確保されていることが前提である。このため、学校法人の「収益力」を見る観点からは、「帰属収入」及びそこから「消費支出」を控除した「帰属収支差額」（あるいは「帰属収支差額比率」＝〈帰属収入—消費支出〉／帰属収入）が重視されることが多い（なお、「消費収支計算書」の主要項目等については、図表2－2－5参照）。

（3）貸借対照表

「資金収支計算書」と「消費収支計算書」が、学校法人の「ある一定期間における活動の状況」（フローの状況）を表すものであるのに対し、「貸借対照表」は、その結果、学校法人が期末等一定時点でどの位の体力や財務状況になっているか（ストックの状況）を見るものである。換言すれば

26　嘗ての一八歳人口急増期には私大は帰属収入が大きく膨らみ採算は著しく好転した。その際、「儲けすぎ」との批判をかわすために「基本金組入額」を意図的に膨らませて「消費収支差額」を小さく見せる大学も少なくなかった。

図表 2-2-5　消費収支計算書の概要

| 消費収入の部 | | | | 消費支出の部 | | | |
|---|---|---|---|---|---|---|---|
| 科目 | 予算 | 決算 | 差異 | 科目 | 予算 | 決算 | 差異 |
| 学生生徒等納付金 | | | | 人件費 | | | |
| 　授業料 | | | | 教育研究経費 | | | |
| 　入学金 | | | | 　減価償却額 | | | |
| 手数料 | | | | 管理経費 | | | |
| 　入学検定料 | | | | 　減価償却額 | | | |
| 寄付金 | | | | 借入金等利息 | | | |
| 補助金 | | | | 資産処分差額 | | | |
| 資産運用収入 | | | | 徴収不能引当金繰入額 | | | |
| 資産売却差額 | | | | | | | |
| 事業収入 | | | | | | | |
| 雑収入 | | | | 消費支出の部合計（D） | | | |
| | | | | 当年度消費収入（支出△）超過額（E） | | | |
| | | | | 前年度繰越消費収入（支出△）超過額（F） | | | |
| 帰属収入合計（A） | | | | 基本金取崩額（G） | | | |
| 基本金組入額（B） | | | | 翌年度繰越消費収入（支出△）超過額（H） | | | |
| 消費収入の部合計（C） | | | | | | | |

（注）項目は主なもののみ。

（参）帰属収支差額（J）＝（A）－（D）

帰属収支差額比率＝帰属収支差額（J）/帰属収入（A）

（A）－（B）＝（C）、（C）－（D）＝（E）、（E）＋（F）＋（G）＝（H）

（資料）筆者作成

図表 2-2-6　貸借対照表の概要

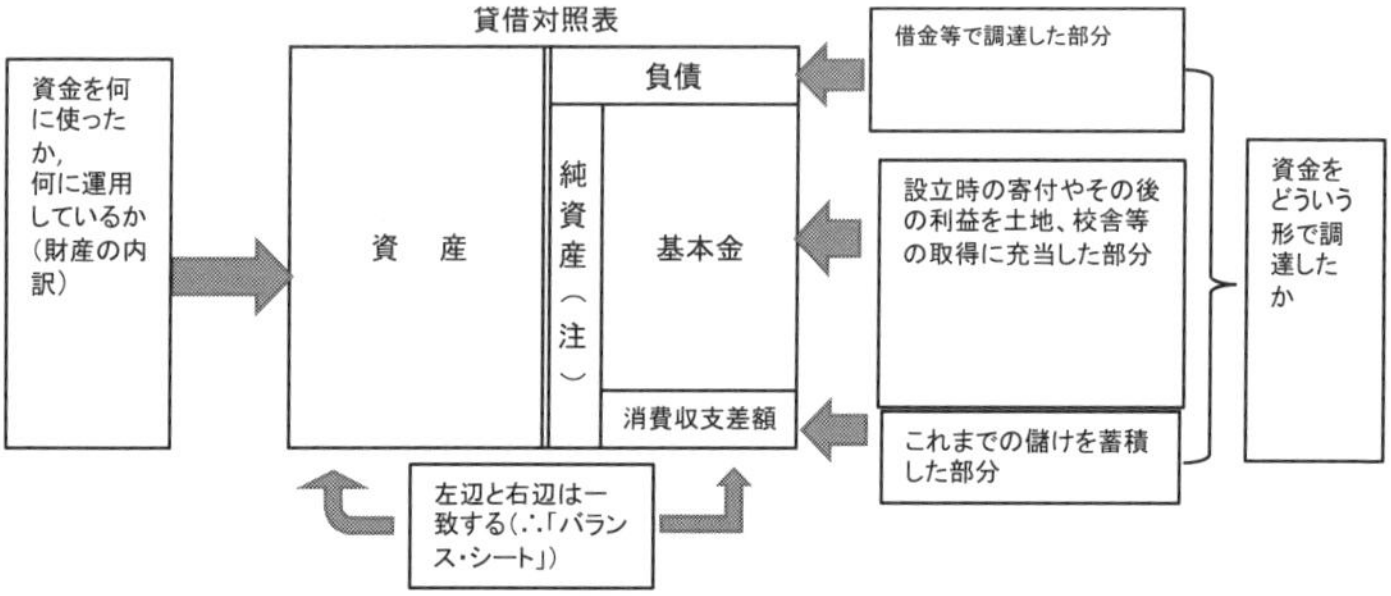


<u>資産＝負債+基本金+消費収支差額</u>

（注）「純資産」の部は、今次改正後の基準に基づく表記。理解を進めるために追記。
　また「消費収支差額」は改正後基準では、「繰越収支差額」に改称されている。

（資料）筆者作成

学校法人設立以来の前者の累積結果が後者の数字となる。

　貸借対照表の見方を大雑把に説明したのが図表2－2－6である。

　左辺は、当該学校法人の「財産（運用）の状態」、即ち土地や校舎、各種設備・備品、あるいは有価証券・現

図表 2-2-7　貸借対照表の主要項目

| 資産の部 | | | | 負債の部 | | | |
|---|---|---|---|---|---|---|---|
| 科目 | 本年度末 | 前年度末 | 差額 | 科目 | 本年度末 | 前年度末 | 差額 |
| 固定資産 | | | | 固定負債 | | | |
| 有形固定資産 | | | | 長期借入金 | | | |
| 土地 | | | | 学校債 | | | |
| 建物 | | | | 退職給与引当金 | | | |
| 教育研究用機器備品 | | | | 流動負債 | | | |
| 建設仮勘定 | | | | 短期借入金 | | | |
| その他の固定資産 | | | | 学校債 | | | |
| 借地権 | | | | 未払金 | | | |
| 有価証券 | | | | 前受金 | | | |
| 第3号基本金引当預金 | | | | 負債の部合計 | | | |
| 流動資産 | | | | 基本金の部 | | | |
| 現金預金 | | | | 第1号～第4号基本金 | | | |
| 未収入金 | | | | 基本金の部合計 | | | |
| 有価証券 | | | | 消費収支差額の部 | | | |
| | | | | 翌年度繰越消費収支超過額 | | | |
| | | | | 消費収支差額の部合計 | | | |
| 資産の部合計 | | | | 負債の部、基本金の部及び消費収支差額の部の合計 | | | |

（資料）筆者作成

預金等どういう種類の資産をどの位持っているかを表している。一方、右辺はそれらの財産（資産）を取得したときの「資金の出どころ」、即ち「財源」（調達）を表している。具体的には、「負債」（借入金等）、「基本金」及び「消費収支差額」（今次改正後は「繰越収支差額」）である。

貸借対照表は、学校法人経営の健全性を判断するうえで重要な役割を果たす。例えば自己資金の充実度、負債と資産のバランス、資産構成、負債構成等について関係項目間の比率（「財務比率」）を用いた分析が可能となる（貸借対照表の主要項目は図表2-2-7）。

なお、今回の基準改正では、「基本金」と「繰越収支差額」を合わせて、「純資産」の部とすることに改められた。この「純資産」の部は、企業会計の「自己資本」に相当する概念である。ここで、企業会計における「自己資本」の中の「資本金」は、株主からの「出資」である「拠出資本」であり、株主はその出資割合を示す「持分」に応じて配当や解散時の残余財産の分配を受ける権利を持つ。一方、学校法人の「基本金」は寄付者に

図表 2-2-8　財務諸表相互間の関係

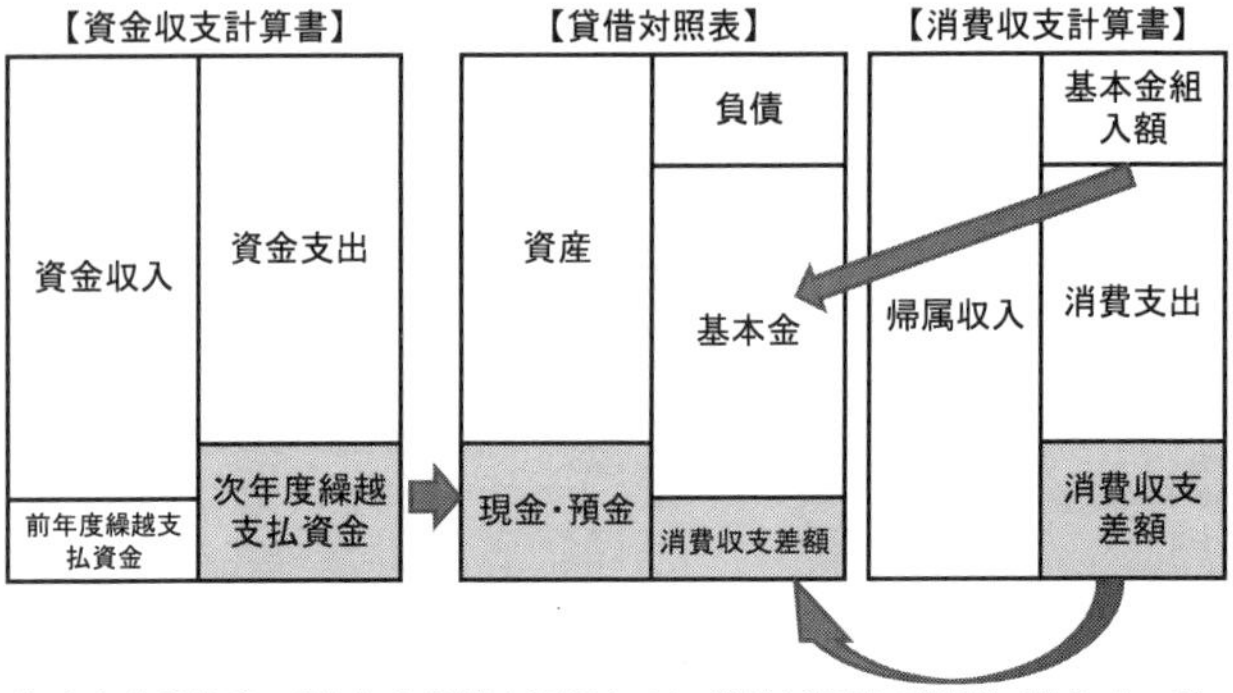


資金収支計算書の「次年度繰越支払資金」は、貸借対照表の「現金・預金」と一致する。また、「消費収支計算書」の「消費収支差額」の累計が貸借対照表の「消費収支差額」となり、「基本金組入額」の累計が同じく「基本金」となる。

（資料）筆者作成

よる寄付金等の「贈与資本」であり、株主のような権利はない。しかし「資本」として両者は、創立時の「元手」や、それを基に各種の活動を行い、その結果得られた利益の一部を蓄積したものという点で同じような位置づけにある。

なお、これまで見てきた、「資金収支計算書」、「消費収支計算書」並びに「貸借対照表」の三つの計算書類（財務三表）相互の関係は、図表2－2－8の通りである。ここでは、①「資金収支計算書」の「次年度繰越支払資金」の金額と「貸借対照表」の「現金・預金」とは一致すること、②「消費収支計算書」の「消費収支差額」の累計が「貸借対照表」の「消費収支差額」となること、③同じく、「基本金組入額」の累計が「貸借対照表」の「基本金」の金額となること、等がポイントである。

### 3　学校法人会計基準の改正（平成二七年度施行）

さて既に触れたように、先般（平成二五年四月二二日文部科学省令第一五号による）、「学校法人会計基準」は改正され、新基準は平成二七年度（知事所轄法人は同二八年度）の計算書類等から適用された。改正の趣旨は、①会計のグローバル化や他の幾つかの会計基準改正、さらには私学の経営環境の変化等様々な変化がみられること、②こうした中で、私立学校の財務状況を一般にもより分かり易くすることで社会から求められている「説明責任」を果たすこと、③私学の財政・経営の状況を的確に把握できるようにすることで学校法人の経営判断にも一層資するものとすること、等とされている。

改正の主要点は以下の通りである。

図表 2-2-9　活動区分資金収支計算書の概要

| | | |
|---|---|---|
| 教育活動による資金収支 | 収入 | 学生生徒納付金収入 |
| | | 手数料収入 |
| | 教育活動資金収入計 | |
| | 支出 | 人件費支出 |
| | | 教育研究経費支出 |
| | 教育活動資金支出計 | |
| | 教育活動資金収支差額 | |
| 施設設備等活動による資金収支 | 収入 | 施設設備寄付金収入 |
| | | 施設設備補助金収入 |
| | 施設設備等活動資金収入計 | |
| | 支出 | 施設関係支出 |
| | | 設備関係支出 |
| | 施設設備等活動資金支出計 | |
| | 施設設備等活動資金収支差額 | |
| その他の活動による資金収支 | 収入 | 借入金等収入 |
| | | 受取利息・配当金収入 |
| | その他の活動資金収入計 | |
| | 支出 | 借入金等返済支出 |
| | | 有価証券購入支出 |
| | その他の活動資金支出計 | |
| | その他の活動資金収支差額 | |
| 支払資金の増減額 | | |
| 前年度繰越支払資金 | | |
| 翌年度繰越支払資金 | | |

（注）項目は主なもののみ。

（資料）筆者作成

①資金収支計算書に新たに「活動区分資金収支計算書」を加える。

既述のように、従来は「どんぶり勘定」であった「資金収支計算書」に新たに「活動区分資金収支計算書」を加え、企業会計基準の「キャッシュフロー計算書」等を参考に学校法人の活動を、「教育活動」、「施設設備等活動」、「その他の活動」の三つに区分した（図表2－2－9参照）。

②「消費収支計算書」を「事業活動収支計算書」と改称するとともに、収支を経常的な部分と臨時的な部分に区分する。同時に、「基本金組入前」の収支状況も表示する。

具体的には、学校法人の活動のうち経常的な収支は「教育活動収支」と「教育活動外収支」に区分しこれらの合計を「経常収支」とする。また臨時的収支は「特別収支」として計上する。また従来、「基本金」については、学校法人の継続的・安定的運営のため、校舎の更新等将来に向けて必要な額を確保する仕組みとして、収入から予め基本金組入額を差し引いた額と支出とを対比させて収支バランスを見ていた。が、基本金組入額は各年度の施設設備の取得状況の変動によって大きく変動し、「基本金組入後」の収支差額（「消費収支差額」）も大きく変動する。このため毎年度の実質的な収支バランスを見るには必ずしも適切ではなかった。このため、現行の「基本金組入後」の収支バランスに加え、「基本金組入前」の収支バランスも表示することとなった（図表2－2－10参照）。なお、この「基本金組入前」の収支差額とは、既述の「帰属収支差額」と同義である。

図表 2-2-10　事業活動収支計算書の概要

（主な項目のみ）

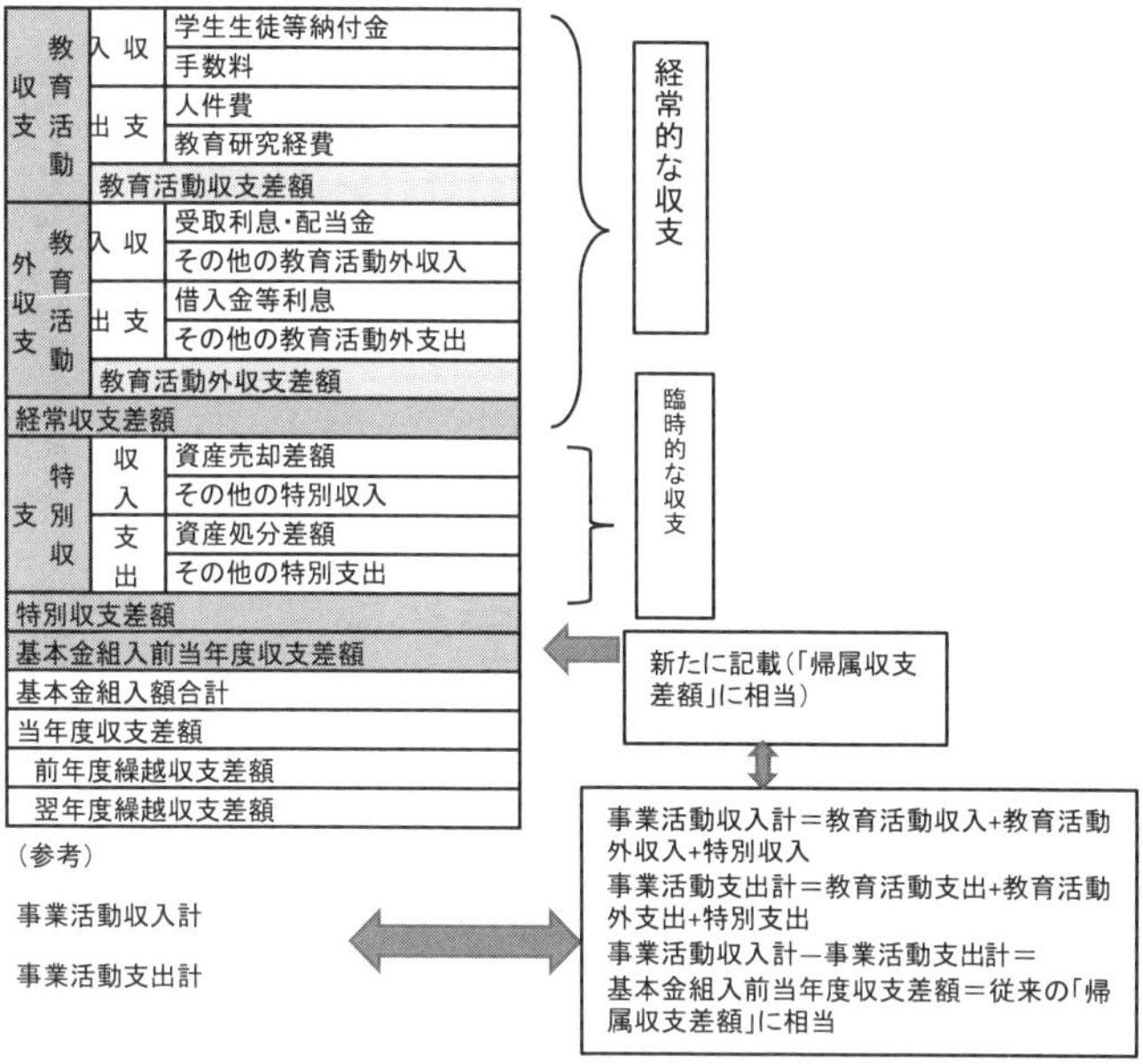


（資料）筆者作成

なお、今回の基準改正によって、学校法人の経営状況を判断する重要な財務比率の幾つかについて、その定義が変更されている点は注意を要する（例：人件費比率＝人件費／帰属収入→今次改正後は分母を「経常収入」に変更。経常収入には特別収入が含まれない。このため比率が上昇する。詳細は「新学校法人会計基準の財務比率に関するガイドライン」（二〇一四〈平二六〉年一一月、日本私立大学連盟）参照）。

# 第3章　私大法人の財務状況

## 1　私学事業団「今日の私学財政」について

次に私大法人の経営状況、特に財務状況について見て行こう。
本論に入る前に以下の分析に関し、二つの留意点を確認しておきたい。

①経営状況を「大学法人」ベースで見ること。
本書では、以下の分析は「今日の私学財政」（日本私立学校振興・共済事業団編。毎年度発表）を用いるが、同書には私立大学については「大学法人」と「大学部門」の二種類の統計が掲載されている。このうち、前者の「大学法人」については、「大学を設置している学校法人」として、大学だけではなく短期大学や中高等付属学校を併設している場合のこれらの教職員・経費、そして大学・付属学校等全体の管理等に当たる法人部門の人員・経費も含んでいる。一方、後者の「大学部門」はあくまで、「大学」のみについての計数であり、付属学校や法人部門は含まれない。

私立大学のかなり多くは付属学校を併設しており、付属学校の経営状況も（その規模にもよるが）学校法人の経営にかなりの影響を及ぼす。こうした事情から本書では「学校法人」全体の経営・財務状況を見る観点から「大学法人」ベースで分析を行う。なお、「今日の私学財政」では「大学法人」という言葉を用いているが、「大学法人」については「国立大学法人法」（平成一五年七月十六日法律第百十二号）に基づく「国立大学法人」及び「地方独立行政法」（平成一五年七月一六日法律第百十八号）に基づく「公立大学法人」も存在する。このため本書では「私立大学法人」（或いは「私大法人」）と呼称する。

② 「医歯系法人を除く」ベースを中心に見て行くこと。

「今日の私学財政」では私大法人については、私大法人の合計（以下、「全法人ベース」と呼ぶ）と併せて「医歯系法人を除く」ベース（以下、「除く医歯系（法人）」）についても計数を公表している（一九八六〈昭六一〉年度分以降公表）。これは「医歯系（法人）」は三七法人（平成二六年度時点）と全法人（五四四法人、同）の六・八％を占めるに過ぎないが、後述のように他の一般の私大法人とはかなり異なる経営形態をとっており、また経営規模が大きい法人が含まれているため、その動向が「全法人ベース」の計数に大きな影響を及ぼすことを考慮したものと見られる。

ここで「医歯系」（三七法人）と「除く医歯系」（五〇七法人）とを比較した図表2－3－1－①及び同2－3－2－②（いずれも二〇一四〈平二六〉年度の計数）に沿って「医歯系法人」の主な特徴点を整理しておくと以下の通りである。

㋐一法人当たりの平均（図表2－3－1－①）

「医歯系法人」は「除く医歯系」に比べると、一法人当たりの学生生徒等数では約二・〇倍（「除く医歯系」四九二二人対「医歯系」一〇二三八人）、専任教員数では四・五倍（同二一九人対九八九人）、専任事

図表 2-3-1-① 医歯系と一般大学法人との比較（1）（1 法人当たり）

（2014〈平26〉年度。単位：人、百万円）

| | 全法人 | 帰属収入比・消費支出比 | 除く医歯系 | 帰属収入・消費支出比 | 医歯系 | 帰属収入・消費支出比 |
|---|---|---|---|---|---|---|
| 学生生徒等数 | 5,284 | | 4,922 | | 10,238 | |
| 専任教員数 | 271 | | 219 | | 989 | |
| 専任事務職員数 | 270 | | 123 | | 2,287 | |
| 【収入】 | | | | | | |
| 学納金 | 5,767 | 51.4% | 5,139 | 69.5% | 14,375 | 22.5% |
| 補助金 | 1,122 | 10.0% | 902 | 12.2% | 4,137 | 6.5% |
| 事業収入 | 3,078 | 27.4% | 356 | 4.8% | 40,369 | 63.3% |
| その他とも帰属収入計 | 11,227 | 100.0% | 7,393 | 100.0% | 63,764 | 100.0% |
| 【支出】 | | | | | | |
| 人件費 | 5,421 | 51.6% | 3,764 | 54.8% | 28,123 | 46.6% |
| うち教員人件費 | 3,003 | 28.6% | 2,443 | 35.6% | 10,678 | 17.7% |
| 事務職員人件費 | 2,053 | 19.6% | 1,063 | 15.5% | 15,626 | 25.9% |
| 教育研究経費 | 4,090 | 38.9% | 2,304 | 33.6% | 28,562 | 47.3% |
| 管理経費 | 821 | 7.8% | 663 | 9.7% | 2,987 | 5.0% |
| その他とも消費支出計 | 10,501 | 100.0% | 6,864 | 100.0% | 60,338 | 100.0% |
| 帰属収支差額比率 | 6.5% | | 7.2% | | 5.4% | |
| 人件費比率 | 48.3% | | 50.9% | | 44.1% | |
| 教育研究経費比率 | 36.4% | | 31.2% | | 44.8% | |
| 管理経費比率 | 7.3% | | 9.0% | | 4.7% | |

（資料）「今日の私学財政」（日本私立学校振興・共済事業団）より筆者作成。

図表 2-3-1-② 医歯系と一般大学法人との比較（2）（合計）

（2014〈平26〉年度。単位：千人、億円）

| | 全法人（A） | 除く医歯系（B） | B/A | 医歯系（C） | C/A |
|---|---|---|---|---|---|
| 法人数 | 544 | 507 | 93.2% | 37 | 6.8% |
| 学生生徒等数 | 28,744 | 24,955 | 86.8% | 3,788 | 13.2% |
| 専任教員数 | 147 | 111 | 75.5% | 37 | 25.2% |
| 専任事務職員数 | 147 | 62 | 42.2% | 85 | 57.8% |
| 【収入】 | | | | | |
| 学納金 | 31,373 | 26,054 | 83.0% | 5,319 | 17.0% |
| 補助金 | 6,104 | 4,573 | 74.9% | 1,531 | 25.1% |
| 事業収入 | 16,743 | 1,806 | 10.8% | 14,937 | 89.2% |
| その他とも帰属収入計 | 61,077 | 37,484 | 61.4% | 23,593 | 38.6% |
| 【支出】 | | | | | |
| 人件費 | 29,491 | 19,085 | 64.7% | 10,406 | 35.3% |
| うち教員人件費 | 16,337 | 12,386 | 75.8% | 3,951 | 24.2% |
| 事務職員人件費 | 11,170 | 5,388 | 48.2% | 5,782 | 51.8% |
| 教育研究経費 | 22,251 | 11,683 | 52.5% | 10,568 | 47.5% |
| 管理経費 | 4,465 | 3,360 | 75.3% | 1,105 | 24.7% |
| その他とも消費支出計 | 57,126 | 34,801 | 60.9% | 22,325 | 39.1% |
| 帰属収支差額比率 | 6.5% | 7.2% | | 5.4% | |
| 人件費比率 | 48.3% | 50.9% | | 44.1% | |
| 教育研究経費比率 | 36.4% | 31.2% | | 44.8% | |
| 管理経費比率 | 7.3% | 9.0% | | 4.7% | |

（資料）「今日の私学財政」（日本私立学校振興・共済事業団）より筆者作成。

務職員数では一八・六倍（同一二三人対二二八七人）と、規模の面ではかなり大きい。これは病院事業併営に伴い教職員（医師・看護師等）が多いほか、文系・理系両面で多くの学部を持つ総合大学（例えば日大、慶應義塾大、近大、東海大等）が含まれているためとみられる（他方で医学部或いは歯学部のみの単科大学のケースもあり、その場合、規模はかなり小さい）。

また収入面では帰属収入に占める項目別の割合は、「除く医歯系」では「学生生徒等納付金」（学納金）が六九・五％で、事業収入は僅かに四・八％に過ぎない。一方、「医歯系」ではこれらの比率は各二二・五％、六三・三％と「事業収入」の占める割合が極めて高い。「医歯系」では、支出面でも、事務職員人件費や教育研究経費の占める割合が、「除く医歯系」に比べるとかなり高い。

なお、「医歯系」では大規模大学が比較的多いことから、帰属収入の規模は六三八億円と「除く医歯系」（七四億円）の八・六倍に達している。なお「帰属収支差額比率」は「医歯系」では五・四％と「除く医歯系」の七・二％比やや低くなっている（後述のようにこれは少なくとも一九八六〈昭六一〉年以降は一時期を除きほぼ一貫した傾向。後掲図表2－3－4参照）。

㋑合計ベース（図表2－3－1－②）

既述のように、二〇一四（平二六）年度時点で「医歯系」は三七法人で、「全法人」（五四四法人）の六・八％に過ぎない。しかし、全法人に占めるシェアをみると、病院事業併営に伴う医師・看護師等の雇用によって、専任教員数では全体の二五・二％、職員数は五七・八％と極めて大きなシェアを占めている。また収入面では、「全法人」に占める「医歯系」のシェアは「補助金」では二五・一%、事業収入では八九・二%に達している。同様に支出面でも、「医歯系」の占めるシェアは、人件費（特に事務職員人件費）、教育研究経費等でかなり高い。

以上のように、「全法人」ベースでは「医歯系」の影響がかなり強く出る。このため、「全法人ベース」では、私大法人の大多数を占める「除く医歯系」の状況を的確に理解することは困難である。このため、本書では特に断らない限り、「除く医歯系」ベースを中心に分析を行う。なお後述の「赤字法人・比率」、「規模別」及び「地域別」分析については、残念ながら「除く医歯系」ベースのデータが公表されていない。このためこれらについての分析は「全法人ベース」の計数で行う。

## 2 赤字法人数等の推移

私大の経営状況が語られる際、最も注目されているのは「赤字法人数」（或いはその比率）の推移であろう。この場合の「赤字」とは「帰属収支差額」（帰属収入—消費支出）（或いは同比率〈帰属収支差額／帰属収入、%〉）がマイナスとなっている法人を指す（いずれも今次学校法人基準改正前のベース）。

この「赤字法人」数及びその比率等（ここでは「全法人ベース」）を見たのが図表2－3－2である。[27]

27 なお、本稿での財務分析は、一九八六（昭六一）年度分以降を対象としているが、「赤字法人比率」関係の統計は一九八九（平元）年度分以降について公表されている。

ここでは、法人数（左軸）を帰属収支差額比率の水準に応じ、「〇％以上」（黒字法人）と、赤字法人（「〇～▲二〇％」及び「▲二〇％未満」の二つ）に分けて積上げ棒グラフで示した。また、赤字法人比率（右軸）を、帰属収支差額比率に応じて、「〇％未満」（「赤字法人比率」）と、その中で「▲二〇％未満」の二つに分けて折れ線で示した。

この図表で「赤字法人比率」の動向を見ると、一九八九（平元）～一九九九（平一一）年度頃までは緩やかに上昇をしていたが、この期間中はまだ一桁（一〇％未満）に止まっていた。しかし、二〇〇〇（平一二）年度頃からその比率はかなり急速に上昇、二〇〇二（平一四）年度には二六・四％となった。その後二年間は、この比率はほぼ横這いだったが、二〇〇五（平一七）年度頃から再び上昇過程に入り、二〇〇八（平二〇）年度には四四・三％まで上昇した。しかしその後は二〇一一（平二三）年にやや上昇したものの、総じて緩やかに低下している、この間、より赤字の深刻な帰属収支差額比率「▲二〇％未満」の比率も、二〇〇八（平二〇）年度の一三・〇％をピークに、僅かながら低下しつつあるが、依然、直近の二〇一四（平二六）年度時点でも七・四％（四〇法人）がこのゾーンに該当する。

さてここでは次のような問題が提起されよう。

①赤字法人比率が二〇〇〇（平一二）年度頃から上昇している理由・背景は何か。

②二〇〇九（平二一）年度以降の赤字法人比率の緩やかな低下をどう見るべきか。「危機」は当面来ないとみてよいのか。以下、これらの点を見て行こう。

図表 2-3-2　私立大学法人数・赤字法人の推移（全法人ベース）

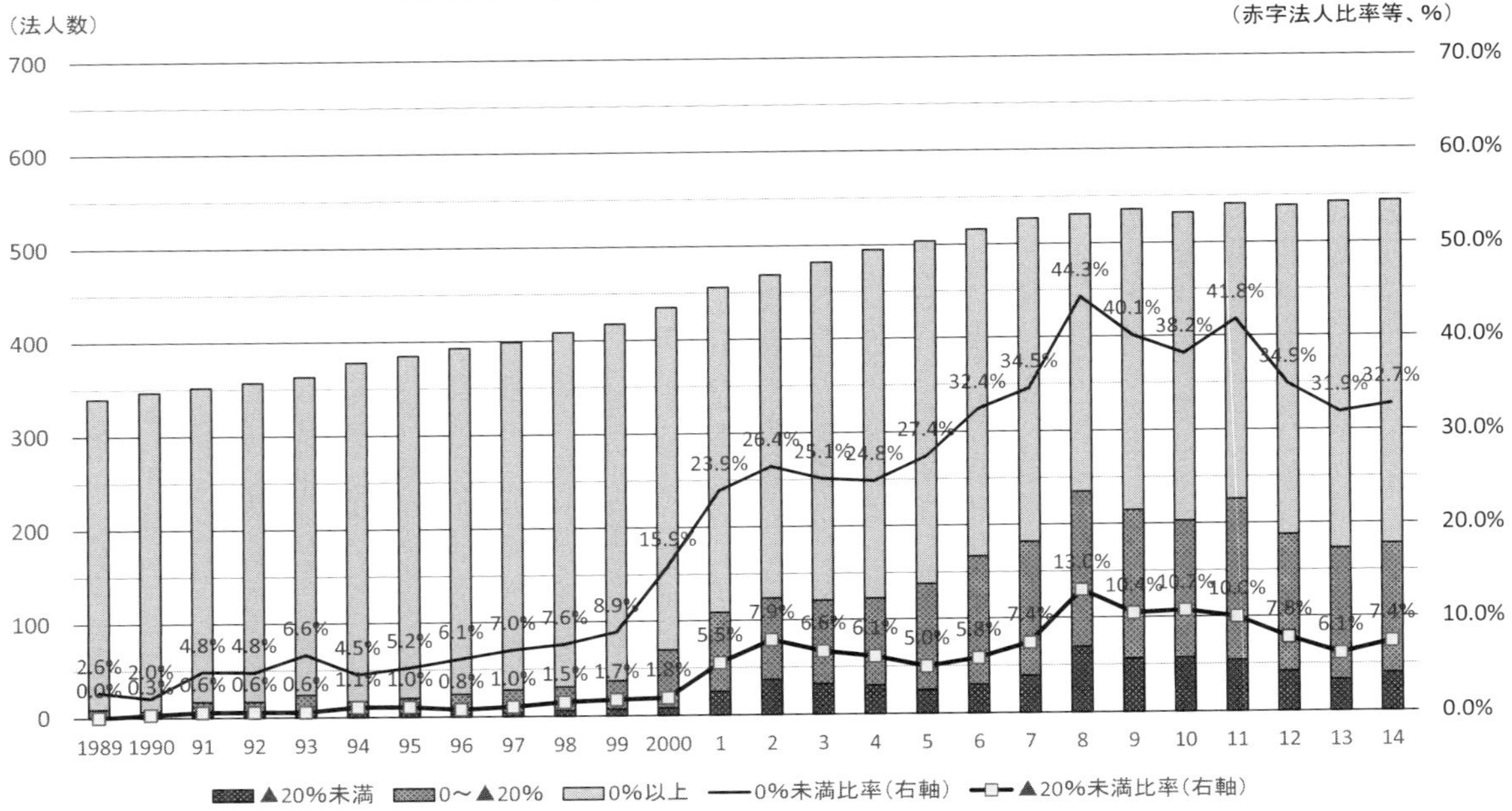


（注）棒グラフ（左軸）は法人数（帰属収支差額比率が、▲20%未満、0～20%、0%以上の各法人数）。折れ線グラフ（右軸）は帰属収支差額比率が、0%未満及び▲20%未満の法人の比率。
（資料）「今日の私学財政」（日本私立学校振興・共済事業団編）より筆者作成。

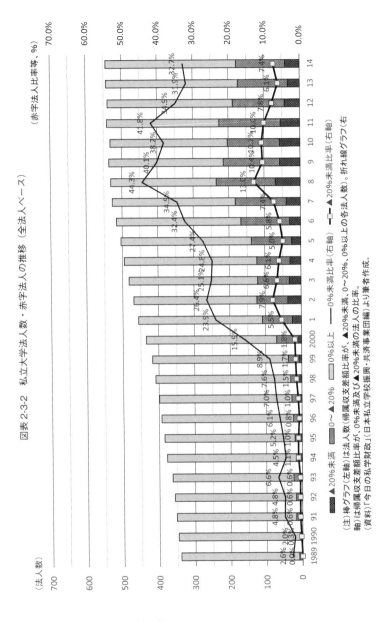

## 3　帰属収支差額比率と収支の動向

前節で提起した二つの問題を考えるためには、どうしたら良いだろうか。一般企業では「赤字法人比率」と「利益率水準」とは密接な関係がある。一般的には後者が低下すれば、前者が上昇する。実は私大法人の場合でも、その利益率指標である「帰属収支差額比率」と「赤字法人比率」とは密接な関係がある。一九八九（平元）年度以降、二〇一四（平二六）年度の間における両者の推移を見たのが図表2－3－3である。「帰属収支差額比率」（右軸、目盛りを上下反転）が低下すれば、即ち、「赤字法人比率」は上昇し、逆に「帰属収支差額比率」が上昇すれば赤字法人比率は低下する。「逆相関」の関係がかなり明確に読み取れる。[28]

両者のこうした関係を念頭に置いたうえで、ここからは、「帰属収支差額比率」がどう変化しているのか、またその変化の要因は何かを見て行こう。

それに先立って帰属収支差額比率の動向について、「除く医歯系」、「全法人」、「医歯系法人」の3つのグラフの変化や位置関係を見ておこう（図表2－3－4）。これらのグラフで読み取れる主な点は以下の通りである。

---

28　なお、帰属収支差額比率については、「全法人ベース」（実線）と「除く医歯系法人」（点線）の二つをプロットしているが、「赤字法人比率」との関係では、後者との相関関係がより大きいように窺える。既述のように「全法人ベース」は、法人数では僅かに七％弱（二〇一四〈平二六〉年度）に止まる「医歯系法人」の経営状況によってかなり大きな影響を受けている。

図表 2-3-3　赤字法人比率と帰属収支差額比率

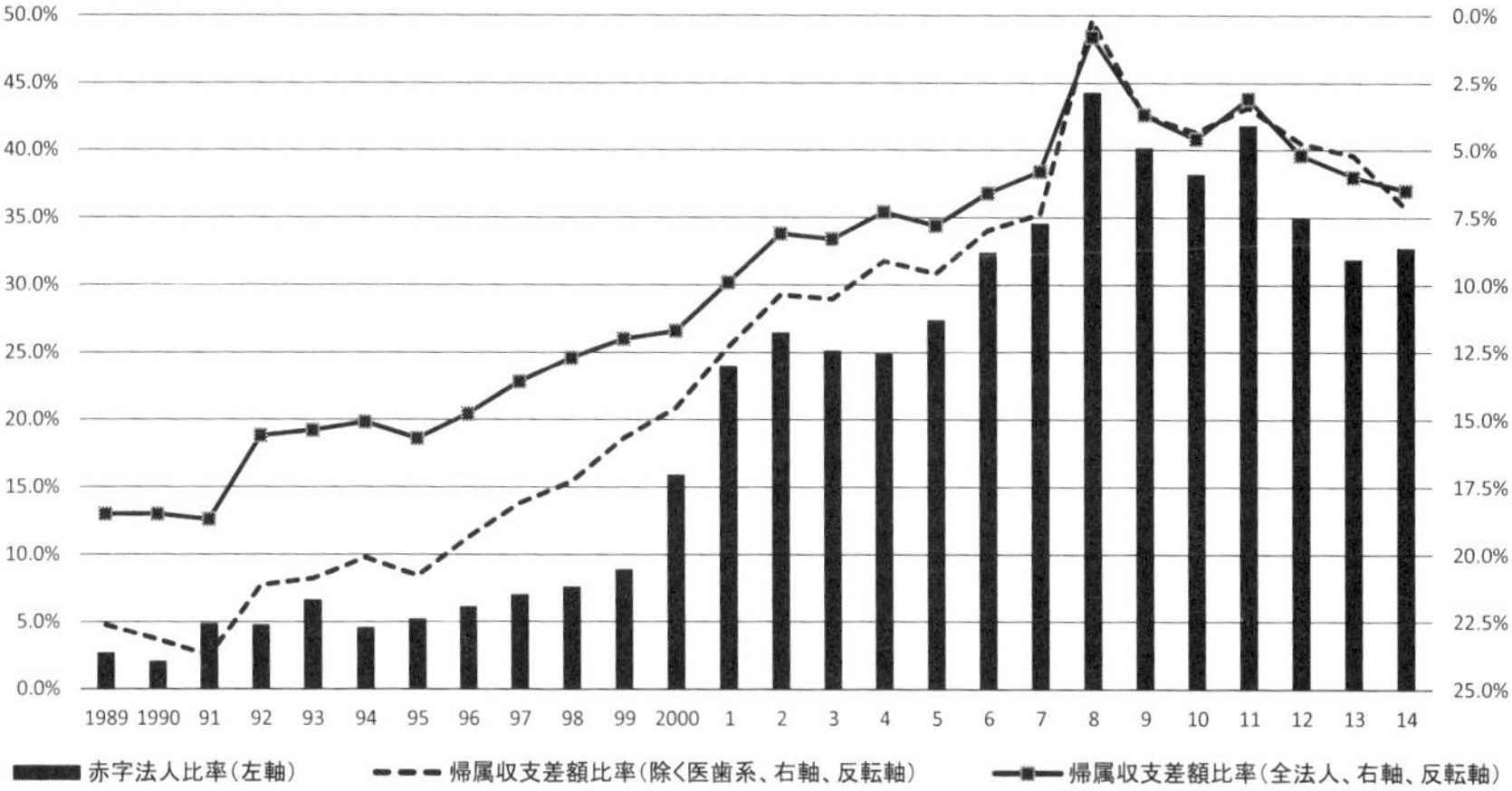


（注）帰属収支差額比率（全法人及び除く医歯系）は、右軸を上下反転させて表示。「赤字法人比率」は全法人ベース。
（資料）「今日の私学財政」を基に筆者作成。

図表 2-3-4　帰属収支差額比率の推移（全法人、医歯系、除く医歯系）

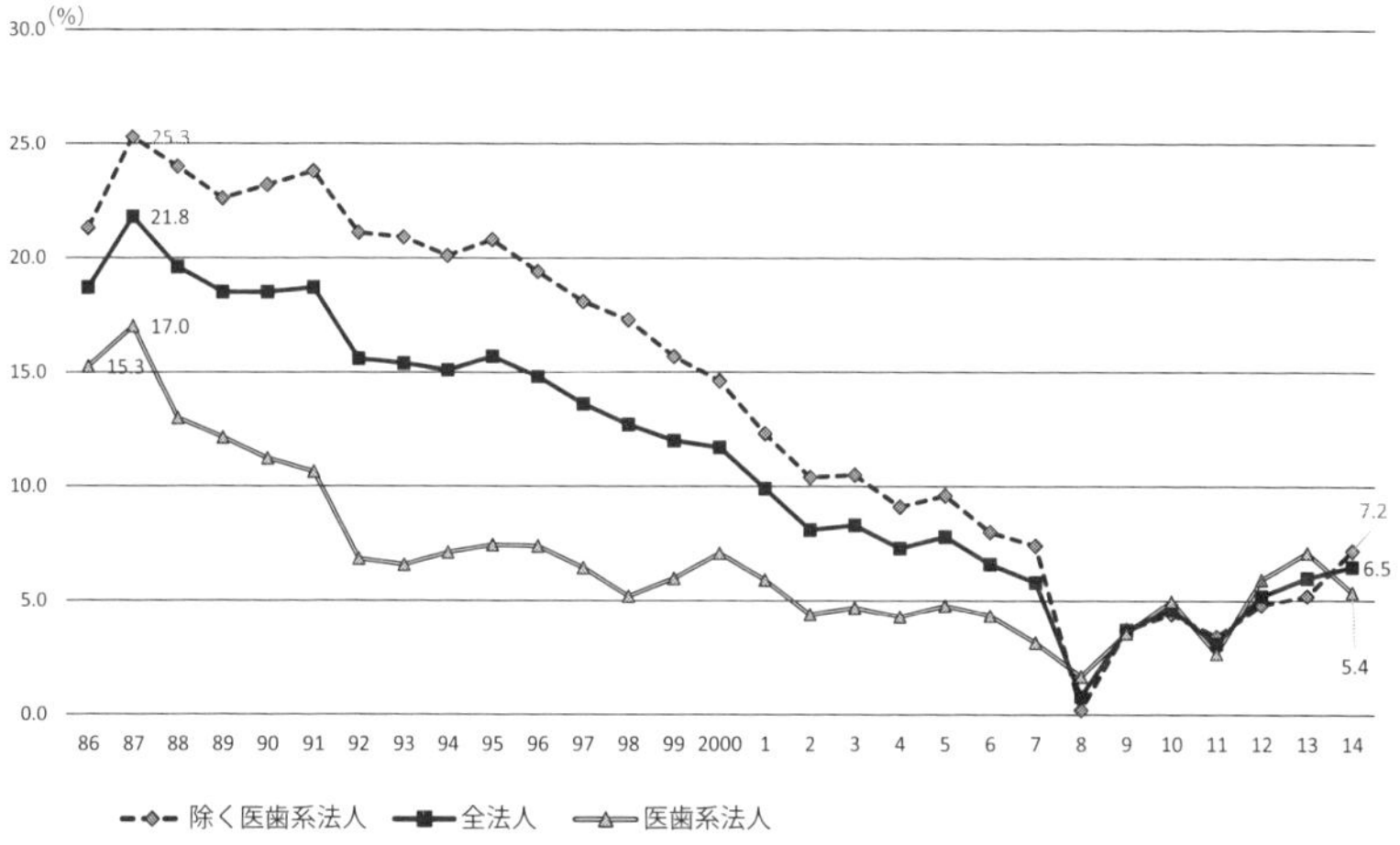


（資料）「今日の私学財政」（日本私立学校振興・共済事業団編）より筆者作成

㋐帰属収支差額比率は、これら三つの区分とも一九八七（昭六二）年度をピークとして「右肩下がり」となっている。

㋑しかし二〇〇八（平二〇）年度をボトムとして、翌二〇〇九（平二一）年度以降は緩やかに上昇している。

㋒なお帰属収支差額比率の三本のグラフの位置関係は、高い方から、「除く医歯系法人」、「全法人」、「医歯系法人」の順（直近を除く）。しかし、これら三本のグラフの間隔は急速に狭まっており、二〇〇八（平二〇）年度以降はほぼ同一水準にある。


前節で提起した問題の①（二〇〇〇〈平一二〉年度以降の赤字法人比率上昇の理由・背景）に関しては、帰属収支差額比率は最近のピークである一九八七（昭六二）年度以降大きな低下傾向にあり、二〇〇〇（平一二）年度の段階では、「除く医歯系」では一四・六％、「全法人」では一一・七％といずれもピーク（各二五・三％、二一・八％）の半分近くまで下落している。こうした一〇年強の間の収益悪化が財務基盤を累積的に圧迫し、赤字に転落する私大法人の増加を招いた可能性が大きい。

ではなぜ帰属収支差額比率は低下しているのか。これを探るためには、収入・収支両面をより詳しく見て行く必要がある。こうした観点から「除く医歯系」ベースの数字が公表されている一九八六（昭六一）年分以降直近の二〇一四（平二六）までの二九年間の帰属収入及び消費支出並びに各々の内訳項目毎の変化を見たのが図表2－3－5である。

具体的には、Y軸のプラス側が「帰属収入」であり、これを構成する「学生生徒等納付金」、「補

図表 2-3-5　私立大学法人の収支推移（除く医歯系）

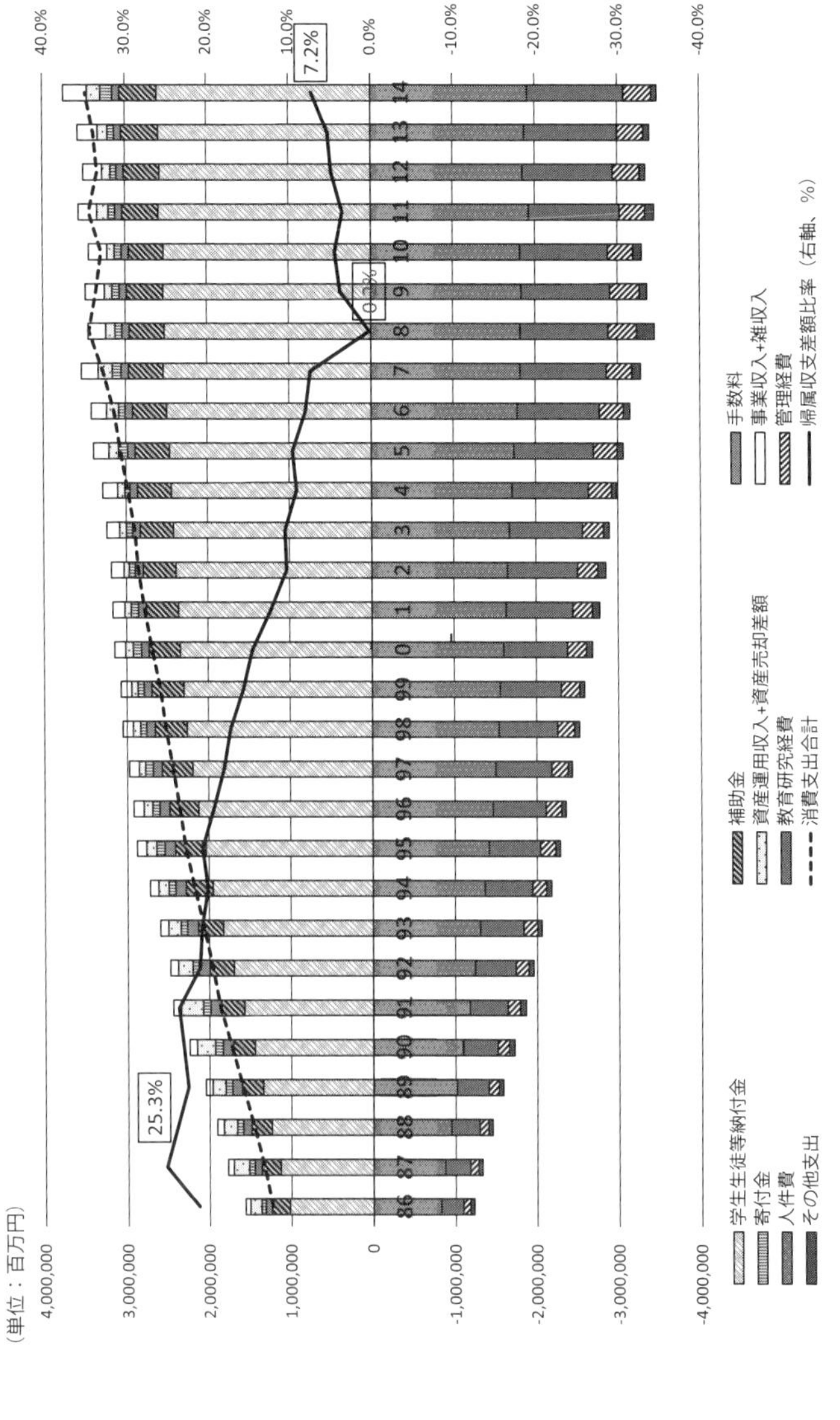


（資料）「今日の私学財政」より筆者作成

【コラム3】 嘗ての「入試検定料バブル」

「入試検定料」は最近では帰属収入に占めるウエイトは小さい（2.3%。除く医歯系2014年度）。しかし第二次ベビーブーム世代が大学受験期を迎えた1990（平3）年頃は多くの大学で受験生は「黙っていても集まる」状況。某大学では学部増設効果等もあって押し寄せる受験生で入試会場が大幅に不足、急遽プレハブを建てて対応した。そして「入試検定料」収入が大きく膨らんだため、これを何と「教職員で山分けした」（一人当たり数十万円。数年間）。

数年前にこの私大法人の理事長となったA氏はこの話を聞いて、「この頃のお金を少しでも貯めておけば今の学園財政は大分楽になっていただろうに」と嘆く。

過去の「経営不在」のツケは今後もこの大学を苦しめるだろう。


助金」、「手数料」（入試検定料等）、「寄付金」、「資産運用収入＋資産売却差額」、「事業収入＋雑収入」の六項目の金額の推移を示しており、これらの合計が帰属収入である（なお入試検定料についてはコラム3）。一方、Y軸のマイナス側が「消費支出」で、これを構成する「人件費」、「教育研究経費」、「管理経費」、「その他支出」（借入金等利息、資産処分差額、徴収不能引当金繰入額等）の四項目の金額の推移を示しており、これらの合計が消費支出である。

なおこのほか、「帰属収支差額比率」のグラフも表示した。また「消費支出」のグラフを帰属収入と対比させるためY軸のプラス側に反転させて表示した（点線グラフ）。

このグラフはいわば私立大学法人の収支状況の総括図表であり、様々な事実が読み取れる興味深いものである。このグラフから読み取れる主な点は以下の通りである。
①帰属収入は、二〇〇〇（平一二）年度頃までは「学生生徒等納付金」等を中心にかなり急速に増加していた。しかしそれ以降、「学生生徒等納付金」は殆ど頭打ちとなっている。また、一九八〇年代後半から一九九〇年代初頭には比較的大きなウエイトを占めていた

「資産運用収入＋資産売却差額」はその後は急速に縮小している。この間、「事業収入＋雑収入」は徐々に増加しているが、帰属収入全体を大きく押上げるには至っていない。

②一方、消費支出については、最大の項目である「人件費」は二〇〇〇（平一二）年度頃まではかなりのピッチで増加していたが、その後の増加は比較的緩やかになっている。この間、「教育研究経費」は急速に増えており、「管理経費」も「教育研究経費」ほどではないもののかなり増加している。

③これらの結果、帰属収入と消費支出（点線グラフ）との関係は、一九八六（昭六一）年度頃から二〇〇〇（平一二）年度頃までは前者が後者をかなり上回っていたが、その後は両者の差は急速に縮まり二〇〇八（平二〇）年度には殆どゼロまで近接した。その後は再び前者が後者を上回る形となっているが、その幅は一九九〇年代と比べると極めて小さなものに止まっている（なお両者の差が「帰属収支差額」であり、これと帰属収入との比率が「帰属収支差額比率」〈図の実線折れ線グラフ〉である）。

次節ではこれらについて更に詳しく見るとともに今後の動向についても検討を加える。

### 4 帰属収入の動向

まず帰属収入について、帰属収入に占める割合が最大（七割）の「学生生徒等納付金」と、これに次ぐ割合（一割）の「補助金」について見て行こう（なお、「資産運用収入・資産売却差額」については、支出面における「資産処分差額」と併せて次章で述べる)。

**学生生徒等納付金**

帰属収入の七割を占める「学生生徒等納付金」について見たのが図表2-3-6である。ここでは、「学生生徒等納付金」(総額)、「学生生徒等一人当たり学納金」、「学生生徒等総数」について一九八六(昭六一)年度を一〇〇とした指数(左軸)及びそれぞれの前年比(右軸)を示している。

まず、「学生生徒等総数」は、前年比で見ると一九九四(平六)年度頃までは三%以上の伸びを示していたがその後は大きく低下、二〇〇一(平一三)年度以降は、(二〇一一〈平二三〉年度を除き)〇%を挟む状況となっている(実数ベースでは二〇〇四(平一六)年度頃以降は二四八~二四九万人前後でほぼ横這い)。これは、図表2-1-1で見たような一八歳人口の減少とそれと並行する実志願者数の減少等によるものである。

一方、「学生生徒等一人当たり学納金」(学納金単価)の前年比は、一九九八(平一〇)年度頃までは二%以上の比較的高い伸び率を示していたが、その後は次第に伸び率が鈍化。最近では年平均〇・四~〇・五%前後の伸び率に止まっている。

こうした学生生徒等数と学納金単価の状況から、「学生生徒等納付金」総額前年比の伸び率は大きく低下している。

では、「学生生徒等納付金」の今後の動向はどうなるのか。「学生生徒等数」と「単価」(学生生

図表 2-3-6　学生生徒等納付金の推移（除く医歯系）

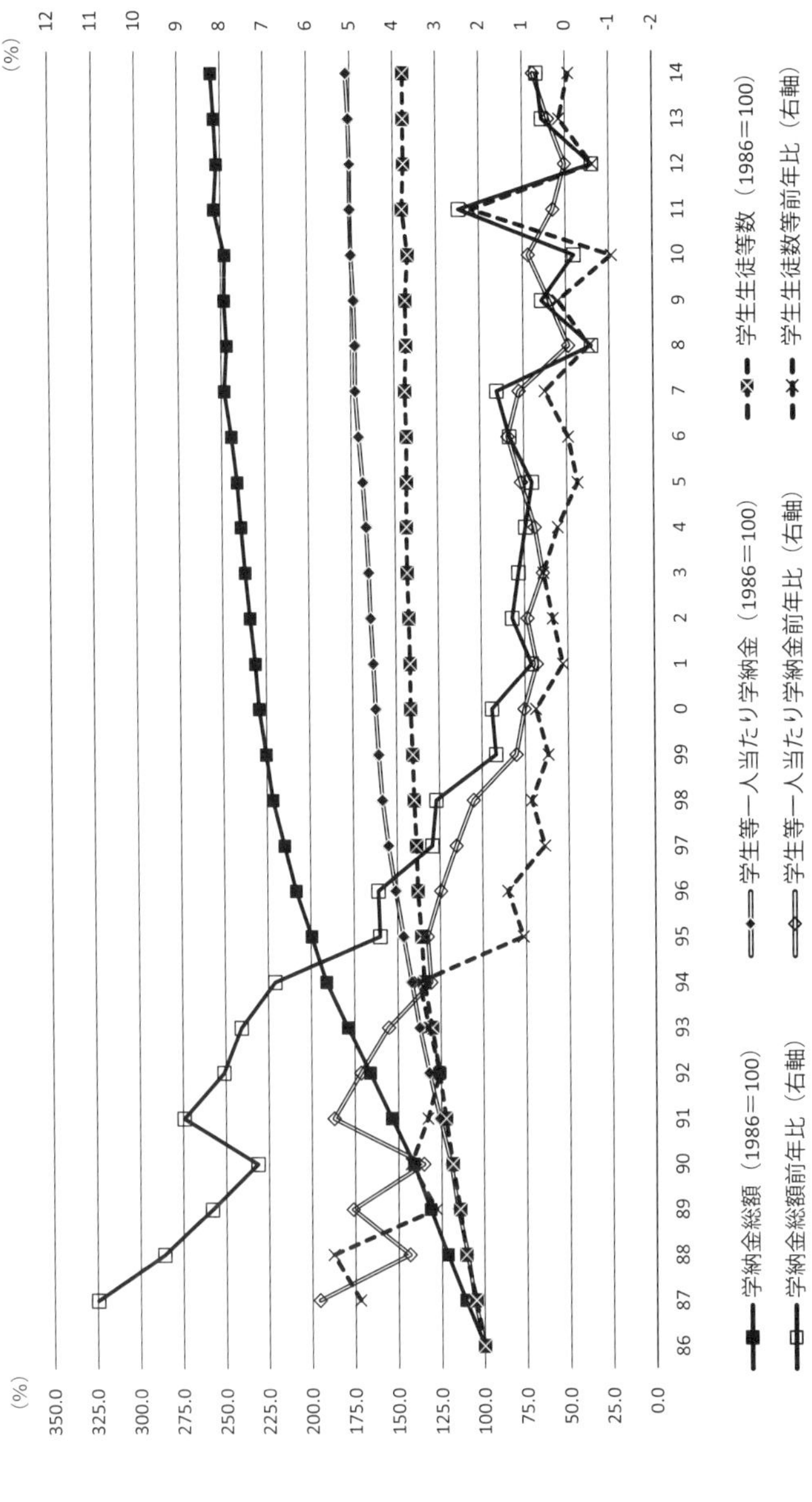


（資料）「今日の私学財政」（日本私立学校振興・共済事業団編）より筆者作成

徒等一人当たり学納金）とに分けて考えてみよう。

まず「学生生徒等数」については、既述のように、一八歳人口は既に急減期に入っており、先行き更に減少することが見込まれている。このため、仮に大学進学率がある程度上昇したとしても、学生生徒等数の伸びは殆ど期待できないだろう（なお、将来の入学者数等の見通しについては第5章で検討する）。

一方、今後の「学納金単価」の動向（値上げ等）についてはどう見るべきか。

これに関しては、最近、大手私大等の一部では学生に対する各種教育サービス（例えば海外留学制度等）の充実等を名目として授業料等の値上げを行う大学もある。しかし、こうした値上げが実現できるのは、総じて大手私大やブランド面等で競争力のある大学にある程度限られている。また授業料値上げに踏み切る大学でも、同時に入学金や教育充実費等の値下げを行う大学も少なくなく、実質的な値上げ幅は比較的僅少に止まっている（因みに文部科学省「私立大学入学者に係る初年度学生納付金平均額の調査結果について」によれば、平成二六年度の私立大学学部入学者の初年度学納金は一三一・二万円と平成一六年度〈一三〇・二万円〉比＋〇・七三％の伸びに止まっている）。

我が国経済が「デフレ」からの脱却が大きく遅れ、物価や実質賃金の上昇は極めて限定的なものに止まっている。また懸案の消費税率引き上げも先送りされている。これらの点から、今後の授業料等学生生徒等納付金の値上げはかなり厳しい。

こうした「学生生徒等数」と「学納金単価」の状況に鑑みて、「学生生徒等納付金」について、先行きこれが大きく伸長していくことは殆んど期待できないと見るべきであろう。

### 補助金

次に「補助金」についてはどうか。

既述のように私立大学等への「補助金」については、「私立大学等経常費補助金」がその中核を占める。同補助金は、「私立大学等の教育研究条件の維持向上、学生の修学上の経済的負担の軽減」等の観点から、私学事業団が国から補助金の交付を受け、これを財源として全額、学校法人に対して設置学校の経常的経費について補助するものである。

私立大学法人に対する補助金としてはこうした国からの補助金（「国庫補助金」）のほか、地方公共団体から付属学校を中心に交付される「地方公共団体補助金」がある。「補助金」全体に占める割合は前者が約六割、後者が約四割である。

補助金収入（国、地方合計）が帰属収入に占める割合は、一九八六（昭六一）年度以降では同年度（一四・一％）を除けば、ほぼ一二％前後と極めて安定している（最低はバブル崩壊直前で資産運用収入と帰属収入が膨らんだ一九九一〈平三〉年度の一一・四％）。これらの計数は「除く医歯系」ベースであるが、病院会計等事業収入の多い「医歯系法人」を含めた「全法人」ベースでも一〇〜一一％と安定している。

なお私立大学に対する国からの補助金（私学助成）については、予てより国立大学への運営費交付金との著しい格差の存在等から、私学団体等からは増額を求める声が強い。

ただ他方で我が国財政は極めて厳しい状況にあり、補助金増額の財源は乏しい。また、現在の私立大学の教育・研究等の質は個別大学ごとの差が大きく「玉石混淆」の状態である。このため、「経常費補助金」（特に「一般補助」）のように一定の算式で（ある程度傾斜はつけられるが）ほぼ自動的に各大学に配分される方式のものの増額は理解を得ることは難しいだろう。(29)

こうした状況下、文科省は暫く前から、教育研究に関する特色ある取組に応じ配分する「特別補助」において「私立大学等経営強化集中支援事業」を新設したほか、教育の質的転換、地域発展、産業界・他大学との連携、グローバル化等の改革に取り組む大学を重点的に支援する「私立大学等改革総合支援事業」の増額（一般補助、特別補助の内数）等を行っている。こうした形で同省は、個別大学ごとの取組に着目した補助の拡充に軸足を移しつつあるように窺われる。このような施策は文科省の立場からすれば、教育研究の質の保証や大学改革を促進していくためのものであり、補助金の本来的機能の一つである「政策誘導」策としては意味のあるものであろう。

ただ、見方を変えれば、これはこうした形で私学に対する国の関与や介入が増大していく、或いはそれに沿った形で個々の私学の教育研究・改革が方向づけられていくという見方も可能である。これは「私学」の本来のあるべき姿との関係で、本当に妥当なものなのか。こうした観点からの議論は私学全体にとっても、また個々の私学にとっても重要かもしれない。

いずれにしても、今後、私学財政が補助金増額で好転する可能性は低いと見ておくべきだろう。

## 5　消費支出の動向

次に消費支出について「人件費」、「教育研究経費」及び「管理経費」を見て行こう。

### 人件費

人件費は私大法人の支出項目中最大のウエイト（五四・八％、除く医歯系法人。二〇一四〈平二六〉年度）を占めており、その動向は私大経営に重大な影響を及ぼす。

この人件費に関して、図表２－３－７では次の事項について、いずれも一九八六（昭六一）年度を一〇〇とした指数をグラフ化した。

・人件費総額
・教員人件費、職員人件費
・専任教員数、専任職員数
・教員人件費単価[30]（「教員単価」）、職員人件費単価（「職員単価」）
・帰属収入

29　なお、学校法人に対する一般財源的な形での支援よりも、「給付型奨学金」のような、支援対象・目的等がより明確な支援策の方が多方面からの理解は受けやすいだろう。この制度は二〇一六（平二八）年一二月、文科省が発表したもので、国公私立大学生等が返済不要で利用できる奨学金制度。住民税非課税世帯の各学年２万人を対象に、月額二～四万円を支給。全国約五千の高校に各校一人以上割り振り、高校が本人の高い学業成績等を勘案し推薦。予算額は年間約二一〇億円。

・人件費比率（右軸）

この図表から読み取れる主な点は以下の通りである。

㋐教員人件費がかなり増加。これを「教員数」と「教員単価」に分解すると、「教員単価」は一九九八（平一〇）年度をピークとして緩やかに低下している一方、「教員数」はこの頃から増加のテンポを速めた後二〇〇六（平一八）年頃からは更に加速している。

㋑職員人件費は教員人件費に比べるとその上昇は緩やか。「職員単価」は、教員単価を上回る上昇を示していたが、二〇〇四（平一六）年度をピークとして緩やかに低下している。一方、「職員数」は二〇一〇（平二二）年度頃までは緩やかに増加していたが、二〇一一（平二三）年度頃からはかなり急速に増加している。

㋒この結果、人件費全体の増加のテンポは、一九九五（平七）年頃までは帰属収入のそれを下回っ

30　なお、「今日の私学財政」では教員数については、「専任」の者のみの数が公表され非常勤講師等の「兼務教員」の計数は公表されていない一方、「教員人件費」には兼務教員の人件費も含まれている。そのため、ここでは「教員人件費単価」については便宜的に、「教員人件費」を「専任教員数」で除したものを使用している。このため、「専任教員数」に対する「兼務教員数」のウエイトの変化で多少誤差が拡大する恐れがあるが、ここではこれらを考慮しない（以上の点は職員についても同様）。なお、本務教員の人件費総額に対する兼務教員の人件費総額の比率は、私大法人によって差があるが、大体一～二割前後とみられる。

図表 2-3-7　教職員人件費（人数、単価等。除く医歯系）

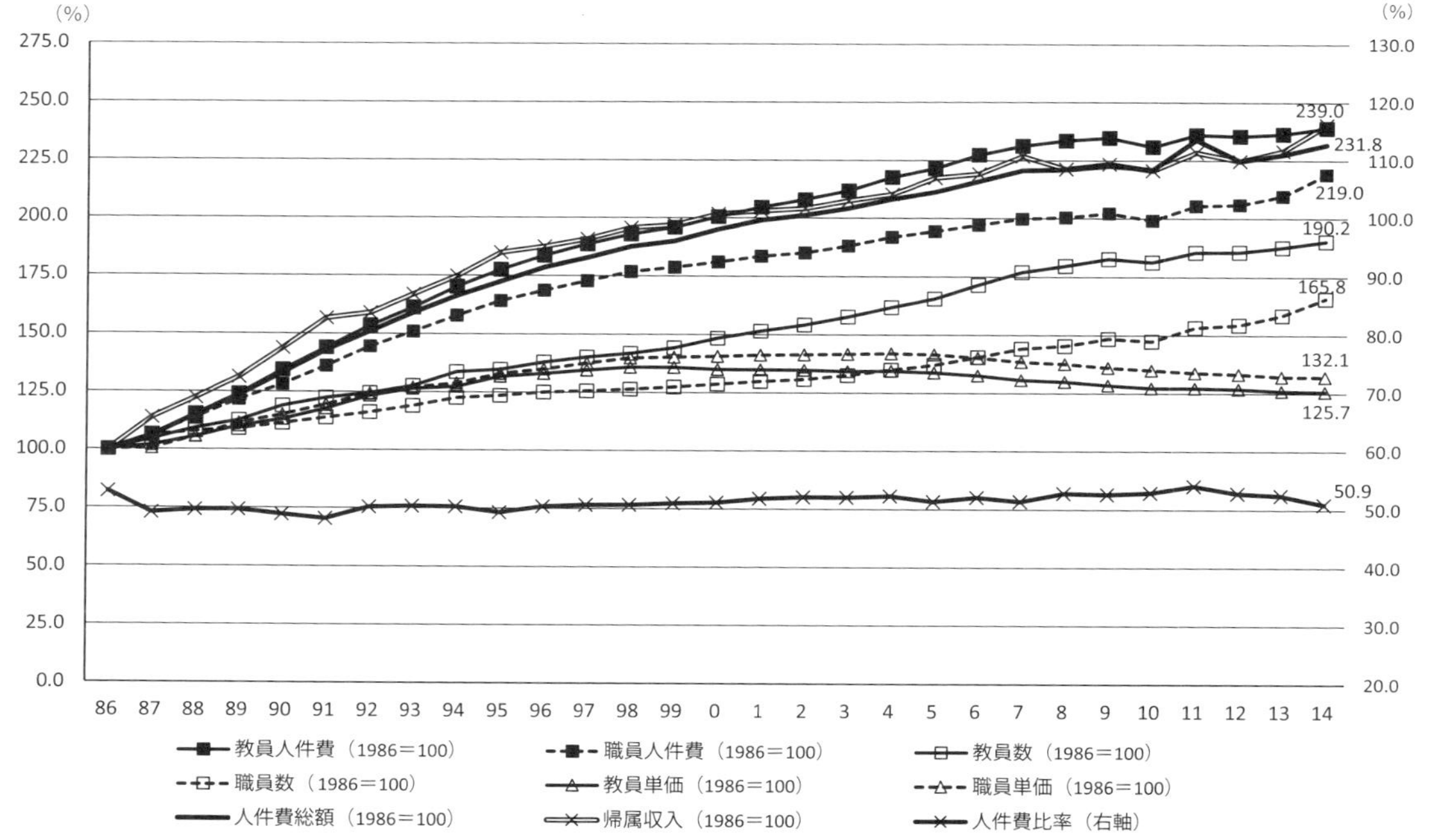


（資料）「今日の私学財政」（日本私立学校振興・共済事業団）より筆者作成

ていたが、その後は両者がかなり接近し、二〇〇八（平二〇）年度頃からはほぼ並走する形となっている。

㊁両者のこの関係は人件費比率の推移に反映されている。即ち、人件費比率（右軸）は一九九六（平八）年までは大体四九～五〇％を維持していたが、その後はじりじりと上昇。二〇〇二（平一四）年度以降は毎年五〇％強の水準にある。[31]

以上のように人件費は、総じて帰属収入と比較的近い動きを辿っているが、長期的には幾分上昇しており、これが帰属収支差額比率の低下にある程度影響を与えている。

今後の人件費の動向については、既述のように人件費が私大法人の最大の支出項目であることから私大法人経営の先行きに大きな影響を及ぼす。こうした観点を念頭に置いた場合、まず懸念されるのは、教員数・職員数とも近年かなり高い伸びを示している点である。

教員数・職員数の増加は教育の質の向上が求められている中では、ある程度は必要であろう。因みにS／T比率（専任教員一人当たり学生生徒等数）及びS／S比率（専任事務職員一人当たり学生生徒等数）は徐々に低下しており（S／T比率一九八六年〈昭六一〉年二九・七人→二〇一四〈平二六〉年二一・五人。S／S比率は同じく四六・〇人→三九・九人）、学生等に対する、よりきめ細かい教育サービスの提供に寄与している。

ただ、どの程度の人員増を図るかは、あくまで「収入」との兼ね合いの中で判断されるべきものであろう。既述のように学生生徒等納付金や補助金等私大法人の中核的収入源については今後これらが大きく伸長していくことは殆ど期待し難い。そして実はこの後述べる「教育研究経費」や「管理経費」等教育に直結する費目は急速に増加しつつある。教職員数をどこまで抑制するかは、教育や研究の質の確保等とも絡んで難しい問題であるが、カリキュラムの見直し、不要不急の事務の削減等、経営陣の知恵と努力が求められる。

一方、教職員の人件費単価については既に見たように一頃と比べると、緩やかに低下している。これは私大法人では、各種手当や賞与等の削減に踏み切る先が徐々に出始めていることがある程度関係していると見られる。しかし、こうした動きは、総体としてみればまだ一部に止まっている。むしろ私大法人の中には、近年は帰属収支の赤字が毎年のように続き資金繰りにも赤信号が点滅する中にあっても、なお教授のほか准教授・講師を含む専任教員全体の人件費単価（本俸、期末手当、各種手当のほか、雇用保険、労災保険等所定福利費等を含む）が一三百万円を超え人件費比率が八〇％近い（二〇一四〈平二六〉年度の「除く医歯系」平均は五〇・九％）というケースもある。こうした法人は果たして何年先まで存続できるのか。またこうした水準の人件費や給与単価は、学生や保護者等から理解を得られるのか。

右のようなケースは比較的少数なのかもしれない。しかし今後、私大法人の経営環境が一段と

31　なお、二〇一一（平二三）年度の人件費比率は、五四・〇％とやや上昇している。これは、教職員が将来退職した場合、支給すべき退職金に備えて設定される引当金である「退職給与引当金」について、「退職給与引当金繰入」に関する文科省通達を受けて繰入金の増額を図った私大法人が多いというやや特殊な要因による（なお「退職給与引当金繰入額」は、教員人件費、職員人件費とは別項目のため、これらの単価等には影響を及ぼさない）。

厳しさを増していくことが必至とみられる中、私大法人には人件費の厳格な管理と説明責任の履行とが厳しく求められて行くことは疑いが無い。

**教育研究経費・管理経費**

右のように、帰属収支差額比率の低下傾向には人件費比率の緩やかな上昇もある程度関係している。しかし、より重大な要因は教育研究経費比率と管理経費比率の上昇である。図表2－3－8では教育研究経費比率、管理経費比率、そして参考として人件費比率、帰属収支差額比率の計四つの指標をプロットした（これら四つの指標はいずれも「帰属収入」が分母）。

この図から明らかなように、教育研究経費比率と管理経費比率は上昇傾向にあるが、特に一九九〇年代末頃からそのテンポを速めている。これら二つの支出項目の伸びは帰属収入や消費支出の伸びを大きく上回っている。因みに、一九八六（昭六一）年度と二〇一四（平二六）年度とを比較すると、帰属収入二・四倍、消費支出二・八倍に対し、教育研究経費四・三倍、管理経費三・九倍である。

「教育研究経費」（消費収支ベース）に計上される項目は「学校法人会計基準」の様式では、「消耗品費」、「光熱水費」、「旅費交通費」、「奨学費」、「減価償却額」の五つが示されているが、それ以外にも「印刷製本費」「修繕費」、「賃借料」等数多くのものが含まれている。また「管理経費」（同）の項目は「奨学費」等を除けば、基本的には「教育研究経費」の費目とほぼ同じである。

「教育研究経費」の増加についてはまず減価償却関係費用の増加が目立つ。即ち、「減価償却額」

図表 2-3-8　帰属収支差額比率、人件費比率、教育研究経費比率等（除く医歯系）

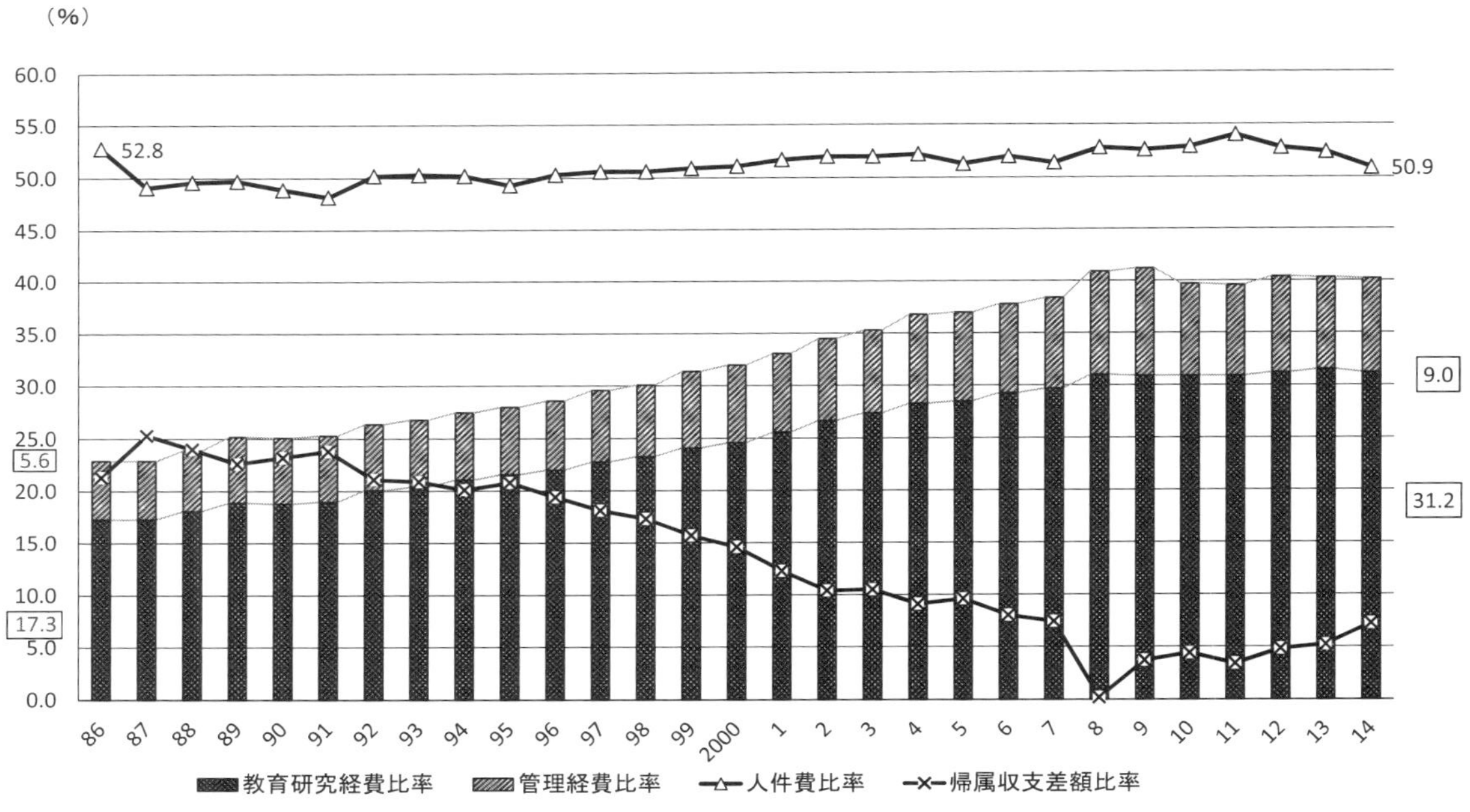


（資料）「今日の私学財政」（日本私立学校振興・共済事業団編）より筆者作成

は教育研究経費全体の三割（二〇一四〈平二六〉年度）を占めており、その伸びは教育研究経費全体の伸びを更に上回っている。因みに、一九八六〈昭六一〉年度と二〇一四〈平二六〉年度の対比では、教育研究経費総額が四・三倍（既出）、減価償却額が四・九倍である。また「管理経費」では減価償却額のウエイトは一割強で伸び率は管理経費総額が三・九倍（既出）、減価償却額が四・九倍である。

「減価償却」は建物や設備等、時の経過等によってその価値が減少していく資産（「減価償却資産」）について、その取得価額を一定の仮定に基づき利用可能期間（耐用年数）に亘って費用として計上するもので（旧「学校法人会計基準」第二六条第一項）、通常は「定額法」によってこれを行うものとされている（同第二項）。

「減価償却」によって計算された「減価償却額」は資金の支出を伴わないため、「資金収支」には計上されず、「消費収支」（新基準では「事業活動収支」）のみに計上される。

このように「減価償却額」は経費として計上される一方、資金の支出を伴わないため当該計上分の資金は内部留保として蓄積され、減価償却終了後に新資産に更新される際の原資となる。減価償却は既設の施設・設備についてある程度義務的な計上が求められているが、多くの私大法人では過去の第二次ベビーブーム対応等のための施設・設備拡充に伴う減価償却負担がかなりの水準に達している。一方、後に見るようにそれに見合う内部留保は必ずしも十分ではないケースが多い。このため、将来の施設・設備更新時に資金不足に陥る法人が少なからず出てくることが懸念される。

**【コラム4】 大学と入試広報**

最近、電車の車内広告で目立つもの。それは大学の入試PR広告である。多い時には一車両に10校近い広告が出ることもある。大学のPR広告（最近は旧帝大クラスも新聞広告を出している）は従来からの新聞・交通関係のほか、最近ではプロ野球の球場や、ラジオ、テレビ等でもよく見かける。それらの掲載費用はかなり高い。全国紙（首都圏）で全面広告を出すと大体1千万円前後、神宮球場等の外野で目立つところも大体年間1千万円以上。

この結果、中堅規模以上の私大の年間広報費関係予算は、数億～10億円以上となる（ある私大では2001年からの約10年間で広報費は2倍以上に膨張）。これらの多くに絡むのが最近超過残業問題で騒がれている某広告代理店である。

さて教育研究経費については減価償却額以外の費目の伸びも大きい。その背景には、「教育の質の向上」の要請への対応という点がある。即ち第1部でも見たように、戦後の我が国大学教育は、当初は「質」よりも「量」の確保に重点が置かれていた。このため、「マスプロ教育」という言葉に象徴されるように、学生等に対するきめ細かい教育サービスの提供は遅れていた。しかし、その後、入学者獲得競争が激化し始めると、教育サービスを如何に充実させるかが、学生確保や大学存続の大きなポイントとなり、そのための支出が増大することとなった。

その典型が奨学金制度の充実である。手元のデータで確認が可能な一九八九（平元）年度と二〇一四（平二六）年度の二五年間の比較では、「消費支出」の総額は二・二倍で、「教育研究経費支出」（資金収支ベース）は二・九倍になったが、その中で、「奨学費支出」（同）は実に八・八倍に急増している。この結果、「教育研究経費支出」（同）に占める「奨学費支出」（同）のウエイトは四・〇％から八・八％に急伸している。我が国経済の回復が遅れ、家計経済も厳しい状況下、奨学金制度がどれだけ充実しているかは学生募集の重要なポイントであり、各私大法人ともこの分野に積極的に資金の投入を行っている。

同様の観点からは、管理経費における「学生生徒等募集費」も重要度を増している。これは広報関連がその中心を占めている（コラム4参照）。

また管理経費については、以前は専任職員が担当していた業務の一部を外部に業務委託するケースが増えている。いわゆる「アウトソーシング」であり、会計、修繕、警備、清掃等である。委託業務へのシフトは管理経費を増加させる一方、その分、職員人件費の減少と人件費比率の低下をもたらす。人件費や人件費比率の動向を見る際は、こうした面にも留意する必要がある。

いずれにしても、一九八七（昭六二）年度以降二〇〇八（平二〇）年度の間における帰属収支差額比率の低下は、教育研究経費比率と管理経費比率の上昇が主因である。この間の寄与度を計算すると、この二一年間で帰属収支差額比率は二五・一％ポイント低下したが（二五・三％→〇・二％）、同時期に教育研究経費比率は一三・七％ポイント上昇（一七・三％→三一・〇％）、管理経費比率は四・三％ポイント上昇（五・六％→九・九％）。従って、両者を合計すると上昇率は一八・〇％ポイントで、帰属収支差額比率下落幅への寄与率は七一・七％（一八・〇／二五・一）に達する。

この間、人件費比率は三・七％ポイント上昇しているので（四九・一％→五二・八％）、これら三つの要因の寄与率は合計八六・五％に達する。

なお、教育研究経費比率及び管理経費比率は、二〇〇八（平二〇）年度以降は概ね横這いとなっている。しかし両比率の上昇は、教育の質の向上や入学者獲得のためにはある程度不可避のものであり、今後も中期的には両比率の上昇が続く公算が大きい。

以上、ここまでは、赤字私大法人数の増加に関連して、帰属収支差額比率の動向及びその変化の要因について見てきた。

これらを改めて要約すると以下の通りである。

㋐帰属収支差額比率は、（一九八六〈昭六一〉年度以降では）一九八七（昭六二）年度をピークとして二〇〇八（平二〇）年度までほぼ一貫して低下傾向にあった。

㋑帰属収入は、二〇〇〇（平一二）年度頃まではその約七割を占める「学生生徒等納付金」等を中心にかなりのピッチで増加していた。しかしその後は、「学生生徒等納付金」が学生数の伸び悩み等から次第に頭打ちとなっていること等から、帰属収入は総じて頭打ち傾向にある。

㋒一方、消費支出については、最大の項目である「人件費比率」は教職員数の増加等から幾分上昇しており、帰属収支差額比率の低下にある程度影響を与えている。この間、教育の質の充実に向けて「教育研究経費」の伸びが帰属収入を大きく上回っていることから「教育研究費比率」は急速に上昇している。同様に「管理経費比率」も「教育研究経費比率」ほどではないが、比較的高い伸びを示している。

㋓これらの結果、帰属収入と消費支出との関係は一九八六（昭六一）年度頃から二〇〇〇（平一二）年頃までは前者が後者をかなり上回り、帰属収支差額比率も比較的高い水準を維持していた。しかしその後は両者の差は急速に縮まり二〇〇八（平二〇）年度には帰属収支差額比率は殆どゼロまで低下、私大法人の経営はかなり厳しい状況に追い込まれている。これらの点が、（前出問題点①の）二〇〇〇（平一二）年度頃からの赤字法人比率上昇の主な理由・背景とみられる。

図表 2-3-9　2008～14 年度における帰属収支差額増加の要因分解（除く医歯系）

| | 収支項目 | 2008→14増加額（億円） | 同寄与度（%） | 同寄与率（%） | 同順位 |
|---|---|---|---|---|---|
| 収入 | 学生生徒納付金 | 873 | 33.3% | 2.3 | ② |
| | 手数料 | -12 | -0.4% | 0.0 | |
| | 寄付金 | 622 | 23.8% | 1.7 | ④ |
| | 補助金 | 250 | 9.5% | 0.7 | |
| | 資産運用収入 | -62 | -2.4% | -0.2 | |
| | 資産売却差額 | 530 | 20.2% | 1.4 | ① |
| | 事業収入 | 686 | 26.2% | 1.8 | ③ |
| | 雑収入 | 90 | 3.5% | 0.2 | |
| | 帰属収入合計 | 2,977 | 113.7% | 7.9 | |
| 支出 | 人件費 | 883 | -33.7% | -2.4 | |
| | 　教員人件費 | 281 | -10.7% | -0.7 | |
| | 　職員人件費 | 458 | -17.5% | -1.2 | |
| | 教育研究経費 | 1,002 | -38.3% | -2.7 | |
| | 　うち減価償却額 | 222 | -8.5% | -0.6 | |
| | 管理経費 | -62 | 2.4% | 0.2 | |
| | 　うち減価償却額 | 40 | -1.5% | -0.1 | |
| | 借入金等利息 | -50 | 1.9% | 0.1 | |
| | 資産処分差額 | -1,391 | 53.2% | 3.7 | ① |
| | 徴収不能引当金繰入額 | -21 | 0.8% | 0.1 | |
| | 消費支出の部合計 | 360 | -13.7% | -1.0 | |
| 帰属収支差額 | | 2,618 | 100.0% | 7.0 | |

（注）2008～2014年度の間の帰属収支差額増加額（2,618億円）を収入・支出項目によって要因分解したもの。
（資料）「今日の私学財政」（日本私立学校振興・共済事業団編）を基に筆者作成。

さてそれでは、問題点②、即ち、「二〇〇九（平二一）年度以降の赤字法人比率の緩やかな低下をどう見るべきか」という点についてはどうか。

この問題については、二〇〇八（平二〇）年度と二〇一四（平二六）年度との間における帰属集収支差額比率の変化は、収入・支出のどの項目の変化によってもたらされたのかを見る形で考えてみよう（図表2-3-9。いずれも「除く医歯系」）。

まず、二〇〇八（平二〇）年度から二〇一四（平二六）年度の六年間における帰属収支差額比率の上昇幅七・〇%ポイント（〇・二%→七・二%）は、金額的には、この間の帰属収支差額の増加額（二六一七・七億円）に相当する。この増加に収入、支出の各項目がどの程度寄与しているのかを見たのがこの図表である。なお、ここでは収入項目での増加は帰属収支差額の増加要因、減少はその減少要因である。一方、支出項目の増加は帰属収支差額の減少要因、減少はその増加要因である。

その結果は以下の通りである（①から④の番号は図表中の寄与度順番号に対応）。

①……帰属収支差額増加に最も寄与したのは資産運用関連項目である。即ち、支出面の「資産処分差額」（処分損）が大きく減少（▲一三九一億円）、また収入面では、資産運用収入（受取利息・配当金等）はやや減少したものの、資産売却差額（売却益）がかなり増加（五三〇億円）、これら三つで帰属収支差額比率を合計四・九％押し上げている。二〇〇八（平二〇）年の「リーマン・ショック」後、私大法人の保有有価証券は多額の含み損、売却損を生じていたが、その後の市況回復によって含み損等が徐々に縮小している（ないしは利益が発生している）ことが寄与している。

②……学生生徒等納付金（八七三億円増加）も帰属収支差額比率を二・三％ポイント押し上げている。学生生徒等数・一人当たり学生生徒等納付金が、いずれも僅かながら増加していることによるものである（前掲図表2－3－6参照）。

③・④……こうした中で目立つのは寄付金収入と事業収入の増加である。前者は六二二億円増加し、帰属収支差額比率を一・七％ポイント押し上げ、後者は六八六億円増加し同じく一・八％ポイント押し上げている。寄付金は二〇〇九（平二一）～二〇一三（平二五）年度の五年間の平均に比べ二〇一四（平二六）年度は一・七九倍に急増（六四五億円増加）。南関東、東海等のごく一部の小規模法人で大規模な現物寄付が行われた模様である。また事業収入も同じく一・四八倍に急増（五八七億円増加）している。いずれもかなり特殊な要因によるものとみられるが詳細は不明である。

なお、この間、人件費、教育研究経費はいずれも帰属収支差額の減少要因として作用している。帰属収支差額比率を前者は二・三五％ポイント、後者は一・六七％ポイントそれぞれ引き下げている。

以上は、二〇〇八（平二〇）年度と二〇一四（平二六）年度との比較であるが、二〇〇九（平二一）年度〜二〇一三（平二五）年度についても詳細は省くがほぼ同様の傾向が看取できる（寄付金・事業収入急増が無い分、帰属収支差額比率の上昇は小幅にとどまっている形）。

以上見たように、二〇〇八（平二〇）年度以降二〇一四（平二六）年度に至る帰属収支差額比率の上昇は主に、資産運用関係の好転と、寄付金収入及び事業収入のやや特殊な要因による増加が大方の要因を占めている。資産運用関係については、今後この好転がどこまで続くかは市況次第であるほか、寄付金・事業収入の増加も必ずしも永続的なものではなく、またごく一部の法人に止まっている可能性が大きい。この間、私大法人損益の中核を占める学生生徒等納付金の増加は比較的小幅にとどまっている一方、教育研究経費等は、学生生徒等納付金の増加を大きく上回る増加を続けている。

このため、二〇〇八（平二〇）年度から二〇一四（平二六）年度の間における帰属収支差額比率の上昇を以て、私大法人経営の本格的な回復とみることは早計と言えよう。

因みに本稿執筆中に発表された私学事業団の平成二八年度版「今日の私学財政（大学・短大編）」を基に、二〇一五（平二七）年度の「除く医歯系法人」ベースの「帰属収支差額比率」を計算すると四・七％と、前年度（七・二％）をかなり下回り、二〇一一（平二三）年度（三・四％）以来四年ぶりの低い水準となった。また同年度の「赤字法人比率」（全法人ベース）は三六・一％とこれも二〇一一（平二三）年度の四一・八％以来四年ぶりの高い水準となっている。これらをもたらした要因は今後更に分析を行う必要があるが、右に見たような一時的な要因がある程度剥落した可能性がある。

## 6 「消費収支差額比率」、消費収支差額構成比率と積立率の動向

ここまでは、私立大学法人の財務状況について、主として「消費収支」（今次学校法人会計基準改正後の名称は「事業活動収支」）を中心に見てきた。「消費収支」は毎年の損益状況を見たものであり、いわば「フロー」の計数である。しかし、「フロー」が蓄積された結果である「ストック」の状況も極めて重要である。この「ストック」の状況を表しているのが、第2章で触れた「貸借対照表」である。「貸借対照表」は、私大法人が期末時点で、どの位の体力或いは財務状況になっているかを「輪切り」にして見たものである。

「貸借対照表」に関し、ここでは二つの指標に着目する。一つは「消費収支差額構成比率」であり、もう一つは「積立率」である。いずれも、私大法人の収益状況の悪化が端的に表れているからである。なお、これらに加えて「消費収支差額比率」（筆者が独自に設定）を参考指標として説明する。

## 「消費収支差額比率」と消費収支差額構成比率

「帰属収支差額比率」は、私大法人の経営状況を判断するうえでは、一定の機能を果たす。しかし、私大法人は「ゴーイング・コンサーン」（永続的組織）である。即ち、短期的（或いは経常的）な収支の黒字を維持することだけではなく、先行き、半永久的にその活動を維持・継続していくための施設・設備の取得や将来のこれらの更新のための資金の確保・蓄積が極めて重要である。学校法人会計基準では、そのための仕掛けとして、第二九条（旧基準）に「基本金」制度を設け、「帰属収入」から予め「基本金組入れ」を行ったうえで、その残りの資金（＝消費収入）を以て、各年度の各種支出に充てるべし、ということを基本原則としている。従って、私大法人が「ゴーイング・コンサーン」であるとの観点からは、まず、「基本金組入れ後」の収支状況、即ち、「消費収支」の状況がどうなっているか、という点を見る必要がある。

こうした観点から筆者は「消費収支差額比率」という指標を独自に設定した。その定義式は以下の通りである。

消費収支差額比率＝（帰属収入－基本金組入額－消費支出）／帰属収入＝消費収支差額／帰属収入

この指標は、帰属収入からまず基本金組入れを行い、残額を消費支出に充当した後の収支である消費収支（差額）と、帰属収入との関係を見ようとするものである。

図表2-3-10　帰属収支差額比率・「消費収支差額比率」（いずれも除く医歯系）

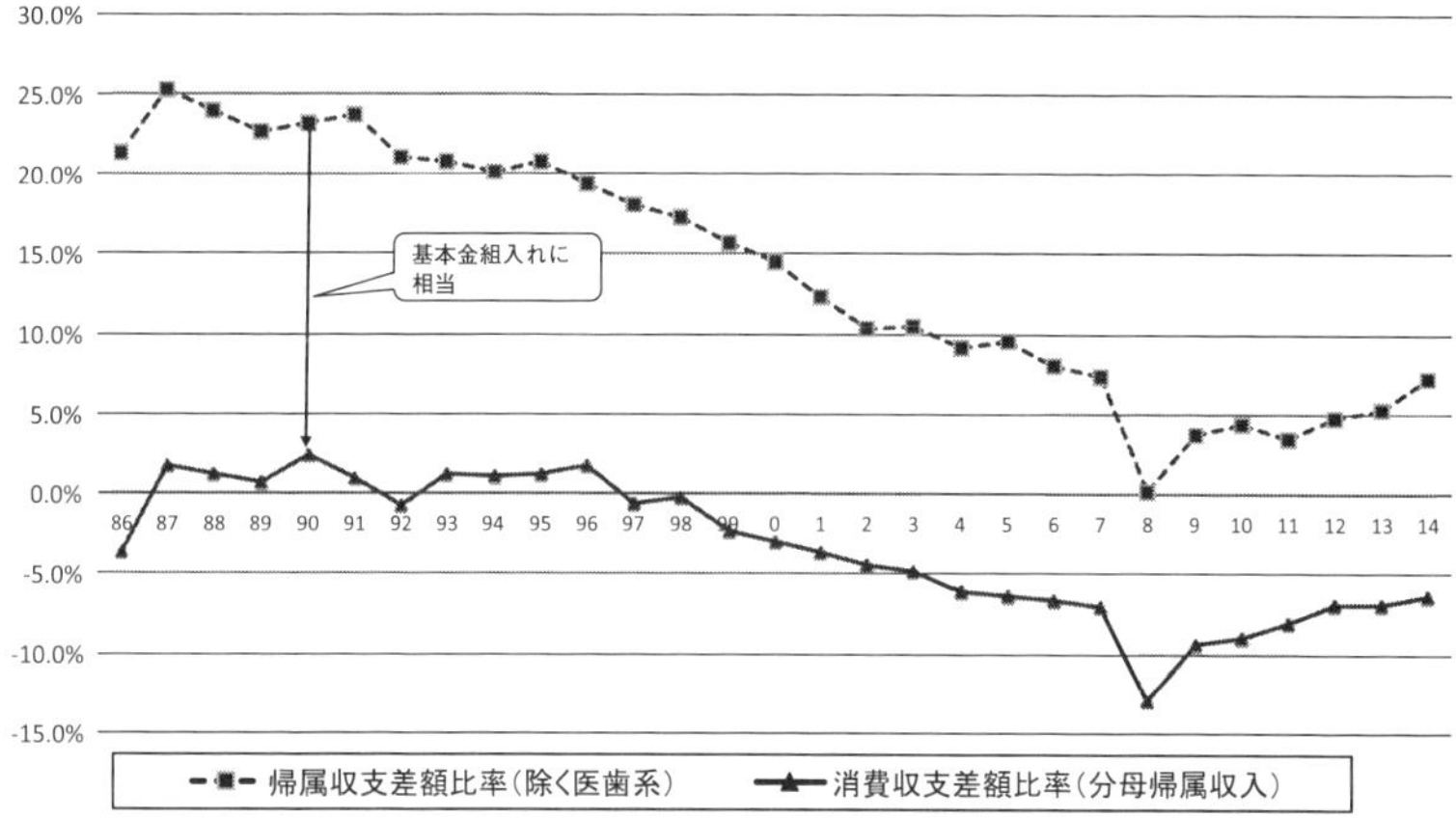


(注)「消費収支差額比率」=（消費収入－消費支出）/帰属収入と定義。
（資料）「今日の私学財政」（日本私立学校振興・共済事業団編）より筆者作成。

帰属収支差額比率と「消費収支差額比率」の推移を見たのが、図表２－３－10である。両者の数値の違いが「基本金組入比率」（基本金組入額／帰属収入）である。「帰属収支差額比率」と「消費収支差額比率」とは当然のことながら似通った動きを示している。しかし、やや子細に見ると両者の間隔は一九八六（昭和六二）年度は二四・九％であったが、その後は徐々に縮小、最近では一一～一三％前後と半分近くまで縮小している。このことは、帰属収入に対する基本金組入額の比率が相対的に低下していることを意味している。その背景には、私大法人の施設・設備の更新が峠を越えつつある、或いは資金繰り窮迫から施設・設備の更新を先送りしている（または将来の計画を延期・縮小している）等の可能性がある。

さてこの図表でより重要なことは、「消費収支差額比率」が一九九七（平九）年度以降は、恒常的にマイナスとなっており、しかも二〇〇八（平二〇）年度まではマイナス幅が拡大の一途を辿っていたことである（二〇〇九〈平二一〉年度以降は帰属収支差額比率と同じくやや反転しているが、依然マイナスが継続している）。

これは、私大法人（除く医歯系法人）の損益状況が、「帰属収支」（帰属収入─消費支出）では辛うじて黒字を維持しているが、より長期的な経営の継続（「ゴーイング・コンサーン」）の観点から必要な「基本金組入れ」を行った後のベースでは、ほぼ恒常的に「赤字」となっているということに他ならない。

「消費収支差額」の赤字が累積していくと、貸借対照表において「基本金」とともに「純資産」を構成する「消費収支差額」はその分減少していくこととなる（図表2‐2‐6及び同2‐2‐8参照）。貸借対照表の右側（＝総資金＝負債＋「純資産」〈基本金＋消費収支差額〉）に占める「消費収支差額」の構成比率を示すのが、「消費収支差額構成比率」（改正後学校法人会計基準では「繰越収支差額構成比率」）である。改めて定義式を示すと以下の通りである。

「消費収支差額構成比率」＝消費収支差額／総資金

ここで総資金＝負債＋基本金＋消費収支差額

この「消費収支差額構成比率」の推移を見たのが、図表2‐3‐11である。

「消費収支差額構成比率」は、フローベースの指標である「消費収支差額比率」がプラス（即ち同収支が黒字）傾向にあった一九九六（平八）年度頃までは、プラス方向で上昇を続けていた。し

図表 2-3-11　消費収支差額構成比率・積立率の推移（いずれも除く医歯系法人）

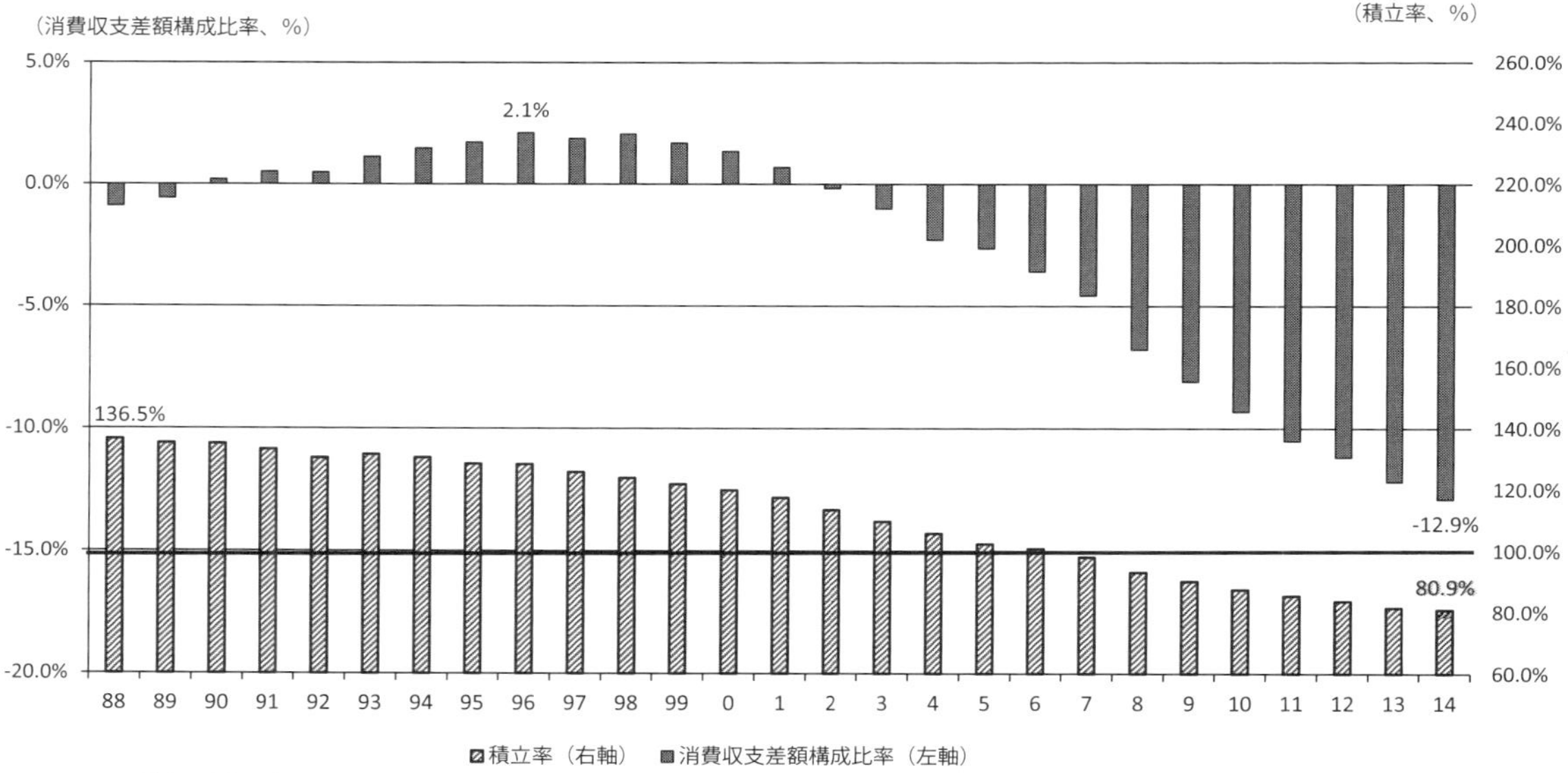


（注）1.消費収支差額構成比率＝消費収支差額/総資金（負債＋基本金+消費収支差額）
2.積立率＝運用資産/要積立額
運用資産＝現金預金+特定資産+有価証券（固定資産、流動資産）
要積立額＝減価償却累計額+退職給与引当金+第2号基本金+第3号基本金
（資料）「今日の私学財政」（日本私立学校振興・共済事業団編）より筆者作成

かし、「消費収支差額比率」（前掲図表2‐3‐10参照）がマイナス（赤字）となった翌一九九七（平九）年度以降は、「消費収支差額構成比率」も低下傾向となった。そして二〇〇二（平一四）年度以降はマイナスに突入し、その後も、消費収支差額が赤字を続けていることから、毎年そのマイナス幅を拡大させ、直近の二〇一四（平二六）年度には、▲一二・九％まで拡大している。

「消費収支差額構成比率」は、基本金の組入れ状況によってもある程度左右される。このため、この指標のマイナスが直ちに当該法人の資金繰りの逼迫を示すものではない。しかし他方で、この比率のマイナス幅拡大は、その分、純資産が減少・棄損され続けていることを意味し、財務の健全性や資金繰り確保の面で懸念されるものである。

この点に関しては「今日の私学財政」が収録しているデータが参考となる。

「今日の私学財政」では、調査回答全法人（直近の二〇一五〈平二七〉年度五四八法人〈全法人ベース〉）の「消費収支差額構成比率」について、計数の多寡によって一五の区分（マイナスの数値の区分は八区分）ごとの法人数及び全体に占める比率を公表している。一五区分のうち最低数値区分である「マイナス三五・一％以下」を見ると、一九九三（平五）年度は三六三法人中僅かに一一法人（全体の三・〇％）に過ぎなかったが、直近の二〇一五（平二七）年度では、実に一四四法人（全体の二六・三％）に上っている（なお全法人ベースの平均値は一九九三〈平五〉年度がマイナス二・二％。二〇一五〈平二七〉年度がマイナス二二・四％）。

かなり多くの私大法人は単なる「基本金の組入れ状況の変動」で説明されるレベルを遥かに超えた、より深刻的かつ構造的な赤字に陥りつつあると言えよう。

## 積立率

ところで、私大法人の消費収支差額の累積赤字拡大は当該法人の資金繰りにどういう形で影響を及ぼすのだろうか。

「赤字」とは、入ってくるお金（収入）よりも出ていくお金（支出）の方が多いことを意味する。例えば、学生生徒等納付金等収入があまり入ってこない（或いは減少している）状況にもかかわらず、施設・設備の取得更新や教職員の給与を従来通り行う（或いは拡大する）といったケースである。この場合、それらの代金や人件費の支払いは収入だけでは足りない。このような場合は、手元の現金預金を取り崩す（或いは保有有価証券を売却する）というのが最も手っ取り早い方法である（或いは、各種の引当金の見合いとして資産側に計上している各種の「特定資産」を取り崩すという方法もある）。

こうした面に関連し、現金預金や各種特定資産が、本来留保されているべき水準を維持しているか否かを見るのが、「積立率」である。

ここで「積立率」とは以下の定義式で与えられる指標である。

積立率＝運用資産／要積立額

運用資産＝現金預金＋特定資産＋有価証券（固定資産）＋有価証券（流動資産）

要積立額＝減価償却累計額＋退職給与引当金＋第二号基本金＋第三号基本金

「積立率」は、施設・設備の更新（減価償却累計額）や、教職員の退職金資金（退職給与引当金）等将来の確定的な債務や、新学部設置資金（第二号基本金）、更には奨学金の原資となる基金（第三号基本金）について、どの程度保有資産の裏付けがあるかを示す指標であり、今次学校法人会計基準改正時に新設されたものである。

既述の通り、「減価償却」は、建物や設備等、時の経過等によってその価値が減少していくもの（「減価償却資産」）について、その取得価額を一定の仮定に基づき利用可能期間（耐用年数）に亘って経費として計上するものである。一方、この減価償却は資金の支出を伴わないため、当該経費計上分の資金は内部留保として蓄積され、減価償却終了後に新資産に更新する際の原資となる。従って、通常は「減価償却」に見合う資金が貸借対照表の左側の資産の中に、「減価償却特定引当資産」や現金預金等の形で蓄積される。

また、「退職給与引当金」についても、貸借対照表の右側に負債として計上されるが、同時に左側の資産側にそれに見合う資金が「退職給与引当金特定資産」（あるいは現金預金）等の形で留保される。こうした仕組みは、「第二号基本金」や「第三号基本金」を計上した場合も同様である。

消費収支ベースの赤字が累積してくると、貸借対照表右側の「純資産」は減少する。貸借対照表はその定義通り、右側と左側がバランスする。右側の減少に伴って、左側も減少しなければならない。左側で減少するのが、「運用資産」（現金預金、特定資産、有価証券）である。この運用資産の減少が、積立率の低下となって表れる。

前掲図表2－3－11では、消費収支差額構成比率とともに、積立率の推移もプロットした。(32) ここからも読み取れるように、「積立率」（右軸）は一九八八（昭六三）年度以降二〇〇六（平一八）年度までは一〇〇%以上が確保されていた。しかしその後は、毎年かなり急速に低下し、直近の二〇一四（平二六）年度では八〇・九%[33]まで低下している。因みに、一九八六（昭六一）年度と二〇一四（平二六）年度を比較すると、「要積立額」は一兆八二九億円から八兆五五一九億円へ七兆四六九〇億円、率にして七・九〇倍に膨らんでいる。一方、運用資産は一兆八二三三億円から六兆九一九四億円へ五兆九六一億円、率にして三・七九倍の増加に止まっている（運用資産は従来は比較的コンスタントに増加していたが二〇〇八〈平二〇〉年秋の「リーマン・ショック」頃からは伸びがかなり鈍化）。

もとより、学校法人会計基準では、特定資産への繰り入れが強制されている訳ではない。また、私立大学連盟の「新学校法人会計基準の財務比率に関するガイドライン」が言うように、「全教職員が一斉に退職する可能性や、保有する全ての施設設備の更新が単年度で行われる可能性は低

32　一九八六（昭六一）、八七（昭六二）両年度については、「除く医歯系法人」については「第二号基本金」の計数が公表されていない。このため、図表2―3―11は、一九八八（昭六三）年度分の計数を始点としている。また、「減価償却累計額」については、「今日の私学財政」等に記載されている「減価償却比率」算出の際の定義では「図書を除く」ベースとなっている。このため、これとの整合性の観点からは、本来、「積立率」の「減価償却累計額」についても「図書を除くベース」とすべきと考えられる。しかし文科省の説明会資料や私大連資料はいずれも特に「図書を除く」との説明はない。このため、本書でも「図書」を含めたベースで計算した。

33　最近発表された直近の二〇一五（平二七）年度は八〇・二%。なお、積立率が「一九・九%未満」の私大は四七法人に上っている。

い。従ってどれだけの資金を確保するのが適切かは、個々の学校法人の状況に応じて判断する必要がある」ということも事実であろう。

しかし、前掲図表は、消費収支ベースでの赤字累積で資金繰りが次第に窮迫化していく中、手元の現金預金や有価証券、特定資産の取り崩しを余儀なくされる私大法人が少なくないことを窺わせる（積立率が一桁或いは数％まで下落している私大法人も少なくない）。「積立率」が全体として恒常的に低下を続け、しかも、その水準がかなり低位の法人が少なくないという状況は、かなり危うい状況というべきであろう。

## 第四号基本金関係の学校法人会計基準の改正

なお、これに関連して、最近、資金繰りが悪化している私大法人の経営陣を悩ませている要因が一つある。それは、今次学校法人会計基準の改正で新設された、第三四条（「重要な会計方針等の記載方法」）の第七項の規定である。同項は以下の通りである。

「当該会計年度の末日において第三〇条第一項第四号に掲げる金額に相当する資金を有していない場合には、その旨及び当該資金を確保するための対策を脚注として記載するものとする。」

ここで「第三〇条第一項第四号に掲げる金額」とはいわゆる「第四号基本金」を指すものであり、学校法人は第四号基本金に関し、「恒常的に保持すべき資金として別に文部科学大臣が定める額」を「基本金に組み入れるものとする」（同基準第三〇条第一項）とされている。その金額は具体的には、前年度における恒常的経費支出のうち、以下のものの決算額合計を一二（ヵ月）で割った金額が相当する。

・人件費―退職給与引当金繰入額―退職金
・教育研究経費―減価償却額
・管理経費―減価償却額
・借入金等利息

これは学校法人は、支出の主要項目については、それらの合計ベースで期末時点において一か月分の恒常的な運転資金を保持しなければならないということである。なおこれに対応する資金には、「随時換金性」と「元本保証確実性」が求められるため、通常は現金預金等が対象となる。(34)既述のように、私大法人の資金繰りが逼迫してくると、現金預金等の取り崩しを余儀なくされ、

34　従来、恒常的に保持する対象は「支払資金」であるとされ、「支払資金」とは「現金及びいつでも引き出すことができる預貯金をいう」とされていたが、一九八七（昭六二）年の改正（「恒常的に保持すべき資金の額について」〈昭和六二年八月三一日、文高法第二二四号〉）によって「資金」となった。ここで「資金」とは「支払資金に限定されない、より広い概念であり、他の金融資産を含むものと考えられる。（中略）運転資金の性格からみて随時換金性と、元本保証確実性が要求される」とされている（文科省・公認会計士協会問答集第一六号）。

更に事態が深刻化してくると、この「第四号基本金」に相当する資金の確保すら困難となってくる。仮にその金額が保持できない場合は、右に示したように新基準では貸借対照表の欄外に「その旨及び当該資金を確保するための対策」を脚注として明示することを求めている。当該法人にとってこのような脚注を付すことは、その法人の経営や資金繰りが極めて厳しい状況に追い込まれていることを内外に公表することに他ならない。

このため、このようなケースに陥りそうな場合、その法人はこれを何としてでも回避しようとする。その場合の方策として筆者の知るところでは、既に「第二号基本金引当特定資産」等他の名目で留保している他の資産を取り崩して「現金預金」に振り替える、或いは、金融機関から「長期運転資金」等の名目で借入を行って、現金預金の減少を抑える等がある。しかし、こうした手法で「脚注」を回避していることは、学校法人の決算を見ている専門家等が見れば大体把握できる。またいずれのやり方も所詮は「時間稼ぎ」に過ぎない。時間を稼いでいる間に、抜本的対策を打たなければ、その法人の運命もそれまでということになる。当該学校法人の経営者や教職員の覚悟が問われるところと言えよう。

## 7　規模別・地域別主要財務比率の動向

本章の最後に私大法人の財務状況に関し「規模別」と「地域別」の動向を見ておこう。

「今日の私学財政」（日本私立学校振興・共済事業団編）では、これらの計数を公表しているがいずれも「医歯系法人」を含む「全法人」ベースについてのみである。既述のように、「医歯系法人」

は他の一般的な私大法人と比べると、経営内容がかなり大きく異なっている。このため、医歯系法人を含む「全法人」ベースで分析を行う際、「規模別」や「地域別」等の形で区分を細分化していくと、その区分に属する法人数が比較的少数である中で、規模の大きい医歯系法人が含まれている場合には、当該区分の数字は大きく攪乱される。それ以外でも、「規模別」等の形で区分を細分化させていくと、既述のように、一部の大学法人が寄付金等の形で突然収入を大きく変化させた場合等はその区分の計数は大きく変動する。このため、「規模別」や「地域別」の分析結果については、ある程度幅を持ってみる必要がある。

なお、この「規模別」とは、学生生徒数（各私大法人が設置する大学や短大のほか付属学校に当該年度の五月一日現在で在籍する学生生徒等）の多寡で分類したものである。原データである「今日の私学財政」では八つに区分しているがここではより簡明に把握するために五つの区分に整理した。[35] これらを予め断ったうえで、一九八五（昭六〇）年と二〇一四（平二六）年を比較する形で分析を行う。

## 規模別主要財務比率の動向

35 「今日の私学財政」では、規模別区分を、①「～〇・五千人」、②「〇・五～一千人」、③「一～二千人」、④「二～三千人」、⑤「三～五千人」、⑥「五～八千人」、⑦「八～一〇千人」、⑧「一〇千人～」の八種に区分。本稿では、①と②と③を合体して、「～二千人」に、また⑥と⑦を合体して「五～一〇千人」とする形で五種に区分。

図表2-3-12を見ると次のような特徴が読み取れる。

まず「帰属収支差額比率」は一九八五（昭六〇）年度と二〇一四（平二六）年度の約三〇年間で一八・五%から六・五%へと約三分の一に低下したが、規模別で見ても全ての区分で二桁（一〇%ポイント以上）の低下を示している。中でも在籍学生生徒数が全五区分中最小の区分である「〜一千人」では、二〇一四（平二六）年度は一・八%（一部法人での寄付金急増の影響を調整済み。同図表脚注参照）と赤字一歩手前まで低下している。

こうした帰属収支差額比率大幅低下の主因は既にみたように「教育研究経費比率」の上昇であり、元々この比率の高かった「〜一千人」区分を除く全ての区分で一一〜二〇%ポイント上昇している。

この結果、「消費収支差額構成比率」は「〜一千人」及び「二〜三千人」区分では▲二〇%強まで低下している。このためこの二つの区分の「積立率」は一九八五（昭六〇）年度は一五〇%を維持していたが直近では七〇%を切る水準まで低下、経営体力の疲弊が顕著となっている。

また、「教員一人当たりの人件費」は規模間格差がかなり目立つが、「〜一千人」と「一〇千人〜」の間の格差（B/A）は、一九八五（昭六〇）年度の一・四三倍から二〇一四（平二六）年度では一・四九倍へと若干ではあるが拡大している（なお職員は一・五一倍から一・三六倍へやや縮小）。

この間、「教員一人当たり学生数」（いわゆるS/T比率）も規模間格差が目立つが格差はやや縮小している。即ち、一九八五（昭六〇）年度では「〜一千人」の区分では七・一人であるのに対し、「一〇千人以上」では三二・一人と実に四・五二倍の開きがあった。これが二〇一四（平二六）年度では、九・

図表 2-3-12　規模別主要財務比率（%）（全法人ベース）

| | 年 | 合計 | ～2千人(A) | 2～3千人 | 3～5千人 | 5～10千人 | 10千人～(B) | (B)/(A) |
|---|---|---|---|---|---|---|---|---|
| 帰属収支差額比率 | 1985 | 18.5 | 13.1 | 18.4 | 25.1 | 19.7 | 18.9 | |
| | 2014 | 6.5 | 1.8 | 6.4 | 5.2 | 5.7 | 5.9 | |
| | 差 | −12.0 | −11.3 | −12.0 | −19.9 | −14.0 | −13.0 | |
| 人件費比率 | 1985 | 49.6 | 43.4 | 45.0 | 50.7 | 53.4 | 51.2 | |
| | 2014 | 48.3 | 42.9 | 47.5 | 49.6 | 50.7 | 49.1 | |
| | 差 | −1.3 | −0.5 | 2.5 | −1.1 | −2.7 | −2.1 | |
| 教育研究経費比率 | 1985 | 24.0 | 35.1 | 27.4 | 15.3 | 19.2 | 22.8 | |
| | 2014 | 36.4 | 38.4 | 38.6 | 36.0 | 33.2 | 37.1 | |
| | 差 | 12.4 | 3.3 | 11.2 | 20.7 | 14.0 | 14.3 | |
| 管理経費比率 | 1985 | 4.8 | 4.5 | 6.0 | 5.1 | 4.5 | 4.8 | |
| | 2014 | 7.3 | 6.7 | 8.2 | 7.8 | 8.4 | 6.7 | |
| | 差 | 2.5 | 2.2 | 2.2 | 2.7 | 3.9 | 1.9 | |
| 積立率 | 1985 | 160.7 | 148.4 | 151.4 | 207.3 | 167.1 | 158.0 | |
| | 2014 | 74.8 | 68.0 | 67.6 | 77.9 | 79.8 | 75.3 | |
| | 差 | −85.9 | −80.4 | −83.8 | −129.4 | −87.3 | −82.7 | |
| 消費収支差額構成比率 | 1985 | −3.7 | −6.4 | −9.1 | −0.4 | −1.9 | −3.2 | |
| | 2014 | −16.6 | −21.5 | −21.0 | −14.6 | −13.4 | −16.5 | |
| | 差 | −12.9 | −15.1 | −11.9 | −14.2 | −11.5 | −13.3 | |
| 教員一人当たり人件費（単位百万円） | 1985 | 8.36 | 6.83 | 6.81 | 7.22 | 8.32 | 9.75 | 1.43 |
| | 2014 | 11.08 | 8.61 | 9.18 | 10.06 | 11.44 | 12.87 | 1.49 |
| | 差 | 2.72 | 1.78 | 2.37 | 2.84 | 3.12 | 3.12 | |
| 職員1人当たり人件費（同上） | 1985 | 5.20 | 4.14 | 4.23 | 5.24 | 5.62 | 6.26 | 1.51 |
| | 2014 | 7.59 | 6.64 | 6.34 | 7.35 | 7.64 | 9.02 | 1.36 |
| | 差 | 2.39 | 2.50 | 2.11 | 2.11 | 2.02 | 2.76 | |
| 教員一人当たり学生数（人） | 1985 | 24.6 | 7.1 | 15.2 | 25.0 | 26.4 | 32.1 | 4.52 |
| | 2014 | 19.5 | 9.7 | 13.3 | 17.3 | 21.4 | 25.1 | 2.59 |
| | 差 | −5.1 | 2.6 | −1.9 | −7.7 | −5.0 | −7.0 | |
| 職員一人当たり学生数（人） | 1985 | 21.7 | 3.0 | 10.1 | 45.9 | 33.6 | 31.7 | 10.57 |
| | 2014 | 19.5 | 6.5 | 9.5 | 19.3 | 25.6 | 30.9 | 4.75 |
| | 差 | −2.2 | 3.5 | −0.6 | −26.6 | −8.0 | −0.8 | |

（注）帰属収支差額比率の2014年「～2千人」は寄付金急増分調整後（調整前は10.2%）。なお他の項目については調整せず。なお「教員（職員）一人当たり人件費」は人件費総額（本俸の他、期末手当等各種手当や労働保険料等所定福利費を含む）を専任教員（職員）数で割ったもの。人件費総額には専任以外の教職員給与が含まれているため、計数が高めに出ている。
（資料）「今日の私学財政」（日本私立学校振興・共済事業団）より筆者作成。

七人対二五・一人と二・五六倍まで縮小した。小規模大学法人では、学生確保難等から事実上の「少人数教育」が実現する一方、大規模大学法人では嘗ての「マスプロ教育」ほどではないが、教員が大勢の学生を抱えるという図式は大きくは変わっていない。なおこれらの点は学生と職員との比率（いわゆるS／S比率）についてもほぼ同様の傾向にある。

**地域別主要財務比率の動向**

次に、地域別（「今日の私学財政」では「ブロック別」と呼称。全国を一一に区分）の主要財務比率の動向を見ておこう。

図表2－3－13を見ると以下のような点が読み取れる。

この図表では「帰属収支差額比率」、「積立率」、「消費収支差額構成比率」及び「人件費比率」の四項目について、前三者は比率の低い方から、そして「人件費比率」については比率の高い方から、それぞれ三地域について太線で囲った。

その結果、太線が比較的多くついているのは、「東北」（4つ）、「北海道」（2つ）、「甲信越」（同）、「北陸」（同）、「九州」（同）となっている。これらの地域は、既に図表2－1－6（地域区分の方法及び数等は若干異なる）でみた「志願者数」や「入学者数」減少率が大きい地域または「志願倍率」や「合格率」等の低下幅が大きい地域とほぼ重なっている（北陸を除く）。「志願者数や入学者数の減少」→「学生生徒等納付金収入の減少」→「帰属収支差額比率低下」→「消費収支差額構成比率・積立率低下」という形で、地方大学の経営が大きく圧迫されている状況が極めて明確に出ていると言えよう。

図表 2-3-13　地域別主要財務比率（全法人ベース、%）

| | | 全国 | 北海道 | 東北 | 北関東 | 南関東 | 甲信越 | 北陸 | 東海 | 近畿 | 中国 | 四国 | 九州 |
|---|---|---|---|---|---|---|---|---|---|---|---|---|---|
| ①帰属収支差額比率 | 1985 | 18.5 | 15.6 | 14.0 | 30.0 | 18.1 | 29.2 | 14.8 | 17.6 | 20.4 | 27.9 | 26.7 | 14.6 |
| | 2014 | 6.5 | 1.1 | 3.4 | 4.9 | 7.1 | 4.5 | 8.0 | 8.1 | 4.6 | 12.3 | 14.1 | 3.4 |
| | 差 | −12.0 | −14.5 | −10.6 | −25.1 | −11.0 | −24.7 | −6.8 | −9.5 | −15.8 | −15.6 | −12.6 | −11.2 |
| ②人件費比率 | 1985 | 49.6 | 56.0 | 52.0 | 47.5 | 48.6 | 39.0 | 40.6 | 52.0 | 51.0 | 45.3 | 48.4 | 54.0 |
| | 2014 | 48.3 | 57.5 | 51.0 | 49.1 | 46.7 | 50.4 | 44.9 | 49.1 | 50.4 | 48.5 | 48.2 | 53.3 |
| | 差 | −1.3 | 1.5 | −1.0 | 1.6 | −1.9 | 11.4 | 4.3 | −2.9 | −0.6 | 3.2 | −0.2 | −0.7 |
| ③積立率 | 1985 | 160.7 | 127.5 | 179.1 | 183.1 | 153.3 | 133.8 | 92.7 | 146.5 | 185.5 | 277.0 | 169.8 | 155.1 |
| | 2014 | 74.8 | 88.2 | 69.9 | 82.7 | 72.9 | 58.4 | 66.3 | 70.1 | 77.8 | 99.9 | 85.4 | 70.9 |
| | 差 | −85.9 | −39.3 | −109.2 | −100.4 | −80.4 | −75.4 | −26.4 | −76.4 | −107.7 | −177.1 | −84.4 | −84.2 |
| ④消費収支差額構成比率 | 1985 | −3.7 | −9.3 | −3.2 | −3.8 | −3.9 | −4.3 | −38.1 | −3.1 | −1.8 | −3.4 | −3.2 | −2.0 |
| | 2014 | −16.6 | −11.2 | −19.7 | −13.7 | −18.4 | −26.9 | −20.9 | −16.8 | −13.7 | −6.7 | −9.5 | −17.1 |
| | 差 | −12.9 | −1.9 | −16.5 | −9.9 | −14.5 | −22.6 | 17.2 | −13.7 | −11.9 | −3.3 | −6.3 | −15.1 |
| （参考）教育研究経費比率 | 1985 | 24.0 | 19.4 | 25.5 | 15.4 | 25.6 | 20.0 | 31.7 | 22.6 | 21.0 | 19.8 | 14.6 | 22.5 |
| | 2014 | 36.4 | 31.4 | 35.7 | 32.1 | 38.2 | 33.7 | 37.2 | 32.2 | 35.4 | 32.2 | 30.0 | 33.9 |
| | 差 | 12.4 | 12.0 | 10.2 | 16.7 | 12.6 | 13.7 | 5.5 | 9.6 | 14.4 | 12.4 | 15.4 | 11.4 |
| （参考）管理経費比率 | 1985 | 4.8 | 5.4 | 4.2 | 5.0 | 4.8 | 8.2 | 5.2 | 4.8 | 4.8 | 4.1 | 7.7 | 5.4 |
| | 2014 | 7.3 | 8.8 | 9.3 | 12.7 | 6.8 | 10.4 | 8.1 | 7.8 | 7.7 | 6.1 | 7.0 | 7.3 |
| | 差 | 2.5 | 3.4 | 5.1 | 7.7 | 2.0 | 2.2 | 2.9 | 3.0 | 2.9 | 2.0 | −0.7 | 1.9 |

（注）2014年の太線枠は①、③及び④については比率低位3地域を、②については比率高位3地域を示す。

（資料）「今日の私学財政」（日本私立学校振興・共済事業団）より筆者作成。

# 第4章　私大法人の資産運用について

## 1　学校法人会計基準に定める資産運用関係項目の種類

二〇〇八（平二〇）年の「リーマン・ショック」勃発による金融証券市場の混乱に伴って、私大法人の一部ではかなり大きな損失が発生し大きな経営問題となった。こうした例からも窺えるように、私大法人にとって「資産運用」は重要な経営課題の一つである。

まず本節では、学校法人会計基準の資産運用関係項目の概要を説明しよう。

（改正前）学校法人会計基準は、既述のように学校法人の収支状況を「資金収支」と「消費収支」の二つの側面から捉えているが、ここでは、「消費収支」を中心に説明する。

個別項目の説明に入る前に、「資産運用」の大まかなイメージを見ておきたい、「資産運用」から得られる投資収益には大きく分けて、「インカム・ゲイン」と「キャピタル・ゲイン（またはロス）」の二つの種類がある。ここで「インカム・ゲイン」とは、預貯金等で運用した場合の受取利息或いは株式投資に伴う配当等、預貯金や有価証券への運用によってある程度定期的・継続的に発生する収入を言う。一方、「キャピタル・ゲイン」とは、有価証券や不動産を売却した際に、帳簿価額よりも高い価額で売却を行った際に生じる差額（利益）を意味する（「キャピタル・ロス」は、逆に帳簿価額よりも低い価額で処分した際の差額（損失）を意味している）。このことを念頭に置いた上で、学校法人会計上の関係項目を見てみよう。

「消費収支」では学校法人の資産運用の経理について、次の項目を規定している。

**収入**

㋐資産運用収入

㋑資産売却差額

**支出**

㋒資産処分差額

ここでは㋐の「資産運用収入」が右の「インカム・ゲイン」であり、㋑が「キャピタル・ゲイン」、㋒が「キャピタル・ロス」にほぼ相当する。

なお、本書では右の㋐、㋑及び㋒の三つを合計した数字を「資産運用収入」（広義）と定義し、右の㋐の「資産運用収入」は「資産運用収入」（狭義）と呼ぶこととする。

これら三つの項目をより詳しく見て行くと、まず㋐の「資産運用収入」（狭義）については、「奨学基金運用収入」、「受取利息・配当金」、「施設設備利用料」の三つから構成されている。預貯金、有価証券等金融資産の受取利息・配当金については、「奨学基金」を運用して得られたものは「奨学基金運用収入」に、それ以外のものについては、「受取利息・配当金」に区分される。また、「施設設備利用料」については、学校法人が保有する施設設備等不動産の賃貸で得られた使用料収入等を計上する。なお、「施設設備利用料」は私大法人によっては比較的大きな収入源となっているケースもあるが、かなり例外的である。

次に㋑の「資産売却差額」は既述のように、学校法人が保有する有価証券や不動産を、帳簿価額よりも高い価額で売却した場合、その差額を計上する項目である（企業会計基準の「売却益」に相当）。一方、「支出」の項目である㋒の「資産処分差額」は学校法人保有の有価証券、不動産を帳簿価額よりも低い価額で処分した場合、その差額を計上するものである（企業会計基準の「売却損」に相当）。なお、有価証券を評価換えした場合の評価差額（有価証券評価損）も「資産処分差額」に計上する。

ここで有価証券の「評価換え」について触れておこう。「有価証券」はその価格が市況の変動により絶えず変化する。その場合、その価値をどう評価するかが問題となる。この問題に関し、学校法人会計基準第二七条（基準改正後も不変）は次のよう規定している。

「有価証券については、第二五条の規定により評価した価額と比較してその時価が著しく低くなった場合には、その回復が可能と認められるときを除き、時価によって評価するものとする。」

ここで「第二五条の規定により評価した価額」とは、「資産の評価は、取得価額をもってするものとする」（第二五条）との規定による価額（取得原価）を指しており、これは「取得原価主義」を基準とすることを示した条項である。第二七条の規定により、「その時価が著しく低くなり、その評価額（取得原価）までの回復の目途が立たない場合」には、資産の確実な価値を把握しこれを表示する観点から、「時価」によって評価することとなる。この場合の「著しい下落」とは、当該有価証券の時価の下落率が、㋐五〇％以上の場合は全てこれに該当する、㋑三〇％以上五〇％未満の場合には、「合理的な基準を設けて判断する」とされている。

## 2　私大法人の資産運用収入（広義）の状況

以上を確認したうえで、次に私大法人の資産運用収入（広義）の状況について図表2-4-1に沿って見て行こう。

この図表では、以下の三本のグラフを示した。

㋐帰属収支差額比率
㋑帰属収支差額比率（「資産運用収入」〈広義〉の全てを除く）
㋒帰属収支差額比率（資産売却差額・処分差額のみを除く）

㋐は通常の帰属収支差額比率のグラフである。㋑は「資産運用収入」（広義）の全額を除いたベースでの帰属収支差額比率を表している。そして㋒は、㋐から資産売却差額・処分差額のみを除いたベース（即ち資産運用収入〈狭義〉のみが含まれているベース）のグラフである。

この図表では、㋑と㋒との間の縦軸方向の幅の大小が資産運用収入（狭義）の大小を表している。また㋐と㋒については、㋐が㋒を上回っているときは、その分、資産売買損益（資産売却益と処分損の合計〈純額〉。以下同じ）がプラスであることを示す。逆に㋐が㋒を下回っているときは、その分、資産売買損益（同）がマイナスであることを示している。この図表から読み取れる主なポイントを時系列的に見て行くと以下の通りである。

図表 2-4-1　帰属収支差額比率（資産運用関係、除く医歯系法人）

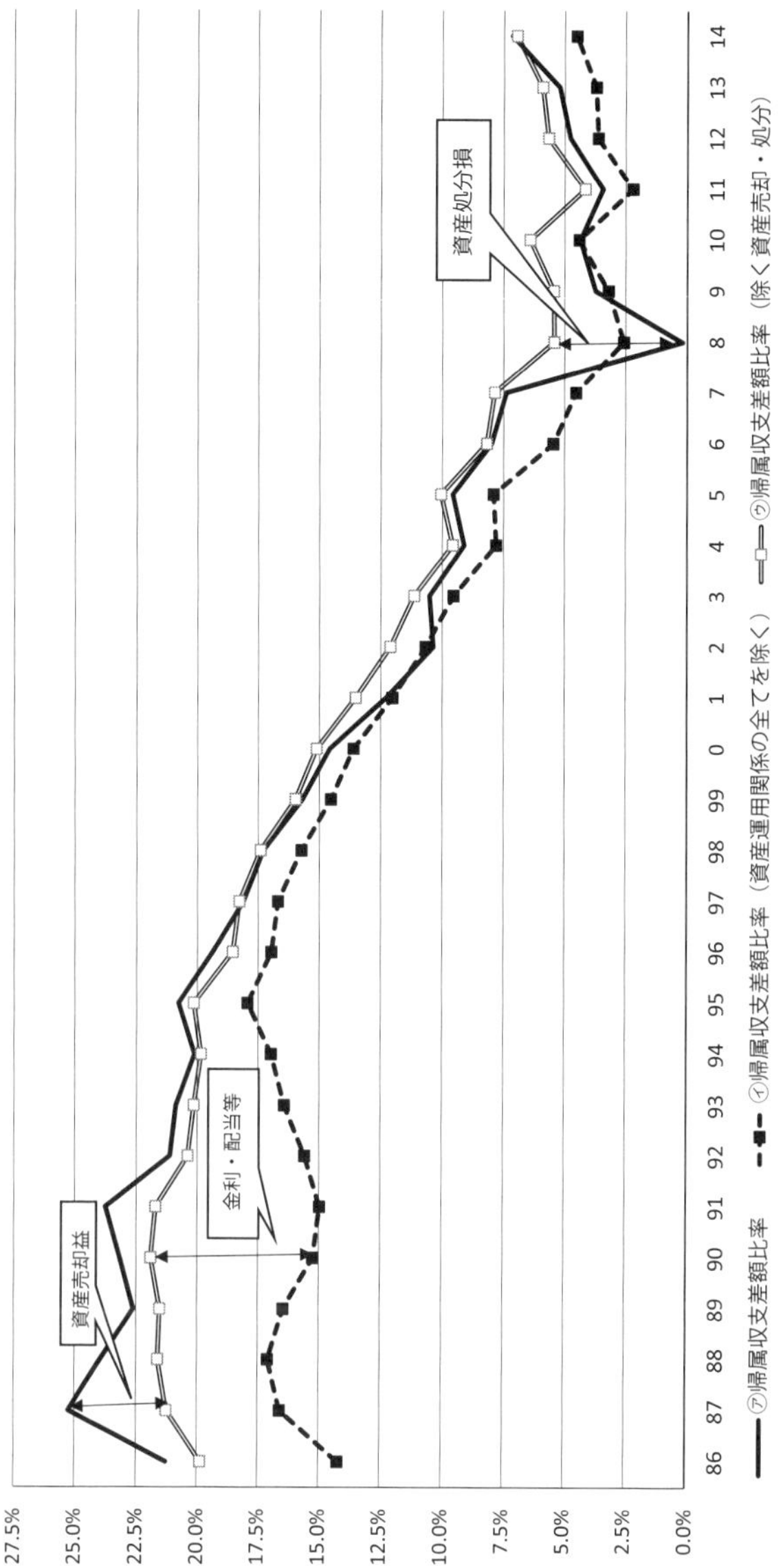


（資料）「今日の私学財政」（日本私立学校振興・共済事業団編）より筆者作成

（一九八〇年代後半から九〇年代初頭のバブル期）

①一九八六（昭六一）年度から一九九一（平三）年度頃までは、「資産運用収入」（広義）は、金利・配当等「資産運用収入」（狭義）を中心に帰属収支差額比率をかなり大きく押し上げていた。一九九一（平三）年度はこの押し上げ幅が八・八％ポイント（一五・〇％→二三・八％。うち「資産運用収入」〈狭義〉が六・七％ポイント、資産売買損益が二・一％ポイント）と最大となった。この時期は我が国経済が「バブル期」にあった。株価は急騰し、一九八九（平元）年一二月二九日大納会の日経平均株価終値は三万八九一五円と史上最高値を記録した。また国債や預貯金等の長短金利も、後述のように一〇年物長期国債の応募者利回りが七％近くまで上昇するなど極めて高い水準にあった。これらが「受取利息・配当金」や資産売却差額（売却益）を著しく増加させたのである。

**バブル崩壊と「リーマン・ショック」**

②しかし、その後は「バブル」崩壊とともに様相は一変した。具体的には、株式市場は一九九〇（平二）年初から急落局面に突入し、金利も大きく低下した。この結果資産運用に伴う利益も大幅に縮小した。

まず、「資産運用収入」（狭義）は、一九九六（平八）年度以降は、その押し上げ幅を一・五％前後と、ピーク時の四分の一以下に縮小させた。これは景気浮揚等を目的として日本銀行が大規模な金融緩和を実施し、預貯金金利や国債等の金利が急速に低下したことや企業収益悪化に伴う配当金減少等によるものである。

また株価下落は、当然のことながら、「資産売却差額」や「資産処分差額」面でも私大法人を痛撃した。一九九九（平一一）年度以降、これらの合計額（純額）である「資産売買損益」は「マイナス」（損失）に転落し、二〇〇一（平一三）年度以降の「ITバブル」崩壊後の局面では更にこれが拡大した。その後このマイナス幅はやや縮小したが、二〇〇八（平二〇）年秋の「リーマン・ショック」時の株価急落で再び大幅に拡大した。同年度の資産売却損失は帰属収支差額比率を五・二％ポイント引き下げ、その引き下げ幅は受取利息・配当金等資産運用収入によって幾分圧縮されたが、それでも資産運用関係項目全体では帰属収支差額比率を二・三％ポイント引き下げた。

**リーマン・ショック以降**

③二〇〇八（平二〇）年度の「リーマン・ショック」以降は、「資産売買損益」のマイナス幅は徐々に縮小しつつあり、二〇一四（平二六）年度には、一九九八（平一〇）年度以来一六年ぶりにプラスに転じた。これは「バブル崩壊」や「リーマン・ショック」による株価急落で保有有価証券の「帳簿価額」は「評価換え」によってかなり低下していたが、その後の市況反転を機にこれらが売却され売却益が生じたものとみられる。この結果、「資産運用収入」（広義）の帰属収支差額比率押し上げ幅も二〇一四（平二六）年度には二％強となった。

なお全体を通しては次のような点が注目される。

④「資産運用収入」（広義）は、帰属収支差額比率をある程度引き上げるが、その寄与度は収益

底上げへの期待が大きい割には、バブル期を除くとさほど大きくはない。逆に「リーマン・ショック」のような金融証券市場の混乱期には帰属収支差額比率を引下げることもある。

⑤「資産運用収入」（広義）のうちでは、「受取利息・配当金」等「資産運用収入」（狭義）の占める割合が高い。一九八六（昭六一）年度から二〇一四（平二六）年度の約三〇年間の通計では、「資産運用収入」（狭義）は、二兆四七八五億円の「益」で帰属収支差額比率を平均二・九％引き上げた。一方、「資産売買損益」は八九〇億円の「損失」で、帰属収支差額比率を平均▲〇・一％引き下げた。

⑥なお、図表中には記載していないが、バブル崩壊による激震から株式市況等がある程度落ち着きを見せ始めた一九九三（平五）年度以降直近の二〇一四（平二六）年度までの約二〇年間平均で見た場合、資産運用収入（広義）は五五四・七億円であり、運用資産平残（五兆六四〇八億円）に対する平均運用利回りは〇・九八三％である。

## 3　私大法人の資産運用の問題点

### （1）問題の所在

既述のように、私大法人の財政は、少子化等に伴う学生生徒等納付金等の伸び悩みの一方、教育研究経費等支出増加から厳しさを増しつつある。このような状況下、積極的な資産運用によって収入増を図ろうとする向きも少なくない。

しかし、積極的な資産運用はバブル期等にはかなり大きな収益をもたらす一方、バブル崩壊期や金融証券市場の混乱期には経営に甚大な影響を及ぼすことがある。後者の典型が二〇〇八（平成二〇）年秋の、「リーマン・ショック」後の株式市場・外国為替市場等の混乱に伴う幾つかの事例である。この混乱時には一部大手・中堅私大法人（一〇校前後）では、数十億～一〇〇億円前後に及ぶ巨額の損失（含み損を含む）が発生した。この結果、これらの法人では、理事会の経営責任の追及・理事長解任や、資金繰り悪化を補うための金融機関からの多額の借入等、経営が大きく混乱したケースが少なくなかった。

では、現状の私大法人の資産運用はどういう点に問題があるのか。

一言でいえば、「リスク管理体制」が極めて脆弱であるということである。具体的には以下のような点である。

①投資に関する意思決定プロセスや責任体制が極めて曖昧
②資産運用に関する基本方針や資産運用規程が未整備
③リスクの高い商品の商品特性はもとより、金融や証券に関する知識・理解が極めて乏しい

これまで報道されてきた幾つかの事例や裁判例では、右に挙げた点はほぼ共通し、また相互に絡み合っている。

①については、数億円或いは数十億円にも及ぶかなり巨額の投資が事実上、担当者（或いは精々その上司）のみで決定され、理事長や理事会はそれをただ追認するだけというケースが少なくない。

後に見るように私大法人については近年、大学改革等を巡ってその「ガバナンス」（意思決定・実行に係る責任・権限及び相互牽制）の在り方（或いは脆弱性）が問題となっている。その脆弱性が露呈する一つの典型がこの資産運用関係である。

②の資産運用規程に関しても整備が遅れていた。私大法人の管理運営の基本原則は各私大法人が定め、文科省が認可する「寄附行為」で規定される。「寄附行為」は私大法人運営の「基本法」と言えるものである。実は多くの場合、この「寄附行為」の中の、資産運用関連の条文は極めて曖昧な文言となっている。

即ち、多くの私大法人では、資産運用に関しては、「基本財産及び運用財産中の積立金は、確実な有価証券を購入し、又は確実な信託銀行に信託し……」となっている（傍線部筆者）。しかし、「確実な有価証券」とは具体的には何を指すのかは極めて曖昧である。この文言は、その昔、文部省の大学審議会が策定した「学校法人寄附行為作成例」（一九六三〈昭三八〉年三月一二日付文部省大学審議会決定）の文言を殆どそのまま準用したものである。こうした「寄附行為」上の「確実な有価証券」の定義の曖昧さは、その下部規定である各法人の資産運用規程にも継承され、後述の「仕組債」等への投資を誘発、それによって大きな損失を被る結果も少なくない。こうした点については、幾つかの裁判例でも争点の一つとなっている（後述）。

また③も重要である。多くの私大法人では、金融や証券に関する知識・経験を持つ役職員は極めて少ない。最近は資産運用に関して、専門の委員会を設置する、或いは理事会で定期的に報告を受け審議をする等の法人も少なくない。しかし、専門委員会や理事会のチェックと言っても、その構成員の大半は経済や金融については殆ど知識や経験の無い役職員で占められている。数十億から数百億円に達する運用資産を保有し、事実上「素人集団」である私大法人の多くは、証券会社や銀行にとっては、率直に言って「ネギを背負ったカモ」であろう。この場合、リスクの所在や大きさを殆ど理解しないまま多額の運用を決定し、結果的に巨額の損失を蒙ることとなる。

もっとも、ここで求められる「金融知識・経験」と言っても、案件によってかなり差がある。後述の「仕組債」の実際の事例では、要は「一米ドルが一〇五円以下の円高となる場合は損失が発生、それよりも円安になれば利益が発生する」ということ、そして一〇五円を超える円高が一円当たりいくらの損失を発生させるのかさえ理解していれば足りる。それはそれほど難しいことではない（もう一つのファクターである将来の為替相場については、どんなプロでも正確に予測することは不可能に近い）。このことすら理解しない経営陣が私大法人の資産運用方針を決めているということが問題なのである。

右に述べた①から③の点については、文科省の「学校法人運営調査委員会」（その概要については第3部で触れる）も私大法人に警鐘を鳴らしている。即ち、同委員会は、二〇〇九（平二一）年一月六日付で、「学校法人の資産運用について」（意見）を発表した。その要旨は以下の通りである。

①学校法人の資産運用については、効率性とともに安全性を重視する必要がある。特に、学校法人の運営は学生生徒等納付金、善意の浄財である寄付金、国民の税金である補助金によって支えられていることを忘れてはならない。

②近年、仕組債やデリバティブ取引関連金融商品等の運用が目立つが、これらは少ない資金で多額の利益を得うる反面、多大の損失を蒙るリスクもある。仕組債も必ずしも元本保証のあるものではない。

③学校法人は、現下の国際金融情勢等も十分踏まえ、元本が保証されない金融商品による資産運用については、その必要性やリスクを十分考慮し、特に慎重に行うべき。

④以上の諸点に鑑み、学校法人の資産運用については、その安全性の確保に十分留意し、必要な規定等の整備を行い、学校法人としての責任ある意思決定を行うとともに、執行管理についても規定等に基づいて適正に行う等、統制環境の確立に努める必要がある。

⑤具体的には、資産運用規程の整備等を通じ、安全性の重視等資産運用の基本方針、理事会・理事長、担当理事等資産運用関係者の権限と責任、具体的な意思決定手続き、理事会によるモニタリング、保有しうる有価証券や限度額等意思決定と執行管理の一層の適正化に努める必要がある。

以上の諸点は資産運用を行う組織にとってはいわば当然のことである。が、かなり多くの私大法人でこうした体制になっていないのが、わが国私大業界の現状と言えよう。

（2）仕組債のリスク

以上の点に関連し、ここでは最近、私大法人の間で運用が拡大している「仕組債」について考えてみよう。

「仕組債」とは、文字通り、一般的な債券には見られないような特別な「仕組み」を持つ債券である。この場合の「仕組み」とは、「スワップ」[36]や「オプション」[37]などのデリバティブ（金融派生商品）を利用することによって投資家や仕組債発行者のニーズに合うキャッシュフローを生み出そうとする構造を指す。こうした「仕組み」により満期やクーポン（利子）、償還金などを投資家や発行者のニーズに合わせて比較的自由に設定することが可能となる。

「仕組債」の大まかな概念は図表２－４－２の通りである。

仕組債には、仕組債の発行者のほかアレンジャーやスワップハウスなどの主体が関係する。主に海外で発行され、日本国内で販売会社により「外国債券」として販売（売り出し等）が行われる。ここで、「発行者」はアレンジャーによってアレンジされた仕組債を発行し資金調達を行う。発行者はリスクヘッジの目的でスワップハウスとの間でデリバティブ取引を行っている。アレンジャーは投資家のニーズを把握してどのような仕組債を発行するかについて発行者と調整（アレンジ）する。販売会社は仕組債の販売を行う証券会社であり、アレンジャーが務める場合もある。

36 「スワップ」とは金利（固定金利と変動金利）や通貨（円と外貨）を交換する取引をいう。スワップを利用することにより、金利が低下したときに受取利子が増加する（逆に金利が上昇したときには受取金利が減少する）等の仕組債を作ることが出来る。

37 「オプション」とは、予め予約した価格で一か月後、一年後など将来に売ったり買ったり出来る権利をいう。株価が予め定められた価格を下回った際に、この権利が行使されて償還金が減額される仕組債もある。

図表2-4-2　仕組債の構造（イメージ）

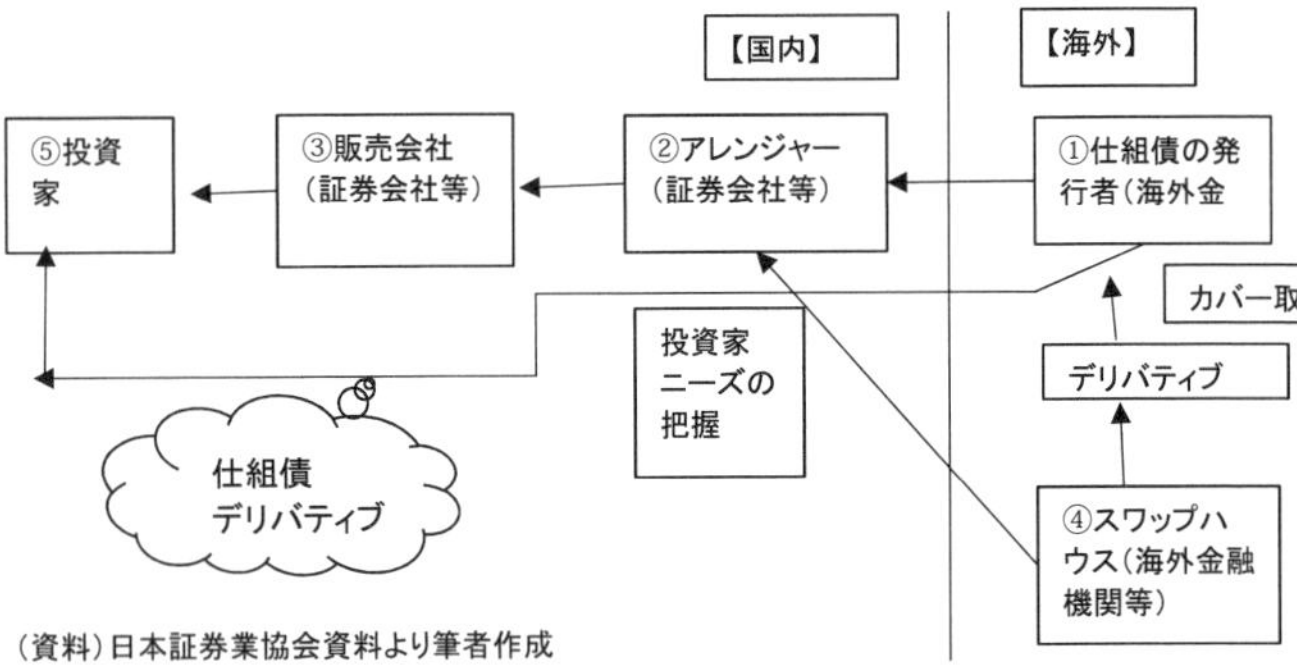


（資料）日本証券業協会資料より筆者作成

スワップハウスは、デリバティブ取引を活発に行う金融機関等である。

仕組債は、「信用リスク」（発行者の倒産等によって債券の利払いや元本の償還が不履行となるリスク）、「価格変動リスク」（満期償還まで保有せず債券を途中売却する場合に市場価格が購入価格を下回るリスク）、「為替変動リスク」（外貨建て債券の場合、当該外国為替相場の変動によって為替差損が発生するリスク）、「流動性リスク」（債券の流通市場が無い場合や市場環境の変化によって流動性〈換金性〉が著しく低くなる、または事実上売却できなくなるリスク）、「ソブリン・リスク」（債券発行国の政情不安等で債務が不履行となるリスク）等一般の債券が持つリスクのほかに、特有のリスクを持つことが多い。

例えば、予め定められた参照指標に基づきクーポン（利子）が決定される仕組債については、当該参照指標の変動によって投資家が受け取るクーポン（利子）が大きく減少する恐れがある。また予め定められた参照指標に基づき償還金額が決定される仕組債の場合は、当該参照指標の変動によって償還金額が変動することで、投資家が受け取る償還金に差損が生じる恐れがある。

これら以外にも仕組債の商品性によっては、参照指標（株価、株価指数、金利、為替相場、商品相場等）の変動によって、投資家が受け取る償還金に差損が生じたり、償還金の支払いに代えて株式等の有価証券の受け渡しにより償還される場合もある（以上は日本証券業協会資料等による）。

さてこれだけでは仕組債の「仕組み」を理解することは難しいかもしれない。そこで実際のケースを見てみよう。

実際の仕組債の事例

・発行形態…「早期償還条件付きユーロ円建て債」、払込・利息は円建て、償還は米ドル又は豪ドル。
・購入金額等…一〇億円、償還期限三〇年。クーポンは年二回。
・償還条件…二〇一〇年一〇月以降、毎利払い日に早期償還条件付き（償還は円建て）。
・クーポン…当初の三年間は年一二・〇％、以降二七年間は次の計算式で算出された値のうち低い方を適用。

㋐（A－B）×一・〇〇％。ここでAは当該利息支払い日の一米ドル当たりの円貨。B＝一〇五円。この算式が意味するところは一米ドルが当該利息支払い日に一〇五円以下の円高になると受取利息はゼロとなるということ。逆に円安となったときは例えば一〇六円だと一・〇〇％、一〇七円では二・〇〇％となる。

㋑（C－D）×一・〇〇％。ここでCは当該利息支払い日の一豪ドル当たりの円貨。D＝

八五円。この算式が意味するところは、一豪ドルが当該利息支払い日に八五円以下の円高になると受取利息はゼロとなるということ。逆に円安となったときは八六円で一・〇〇％、八七円で二・〇〇％となる。

・償還価格…一〇〇・〇〇（但し米ドルまたは豪ドル）

・自動償還…支払クーポン額が額面の三〇％に達したときに当該利息支払日に自動償還。

さてこうした仕組債を購入するとどうなるか。この仕組債を二〇〇七（平一九）年頃に購入すると、米ドル相場は大体一ドルが大体一一三円前後。それが翌二〇〇八（平二〇）年には一ドル九〇円前後まで円が急騰。その後も九〇～八〇円前後の円高で推移した（豪ドルもほぼ同様の動き）。このように円が急騰したのは、二〇〇八（平二〇）年秋の「リーマン・ショック」で世界経済が激震に見舞われる中、その中では比較的「安全」とみられていた「円」に海外資金等が流入したことによる。

右のような仕組債と類似の仕組債を購入したある私大法人は、購入当初は高金利によってかなりの利息を得ていたが、右のような急激な円高によって金利収入はゼロとなった。仮にこうした為替水準が先行きも続いた場合、向こう三〇年（償還期間は三〇年）近く金利収入ゼロの状態が続く恐れもあった。このため、同法人ではこの仕組債をやむなく売却したが、売却損は極めて大きなものとなった。が、実はこの法人はこうした仕組債を延べ数十本保有しており、他のデリバティブ関連商品も含めると、それまでの金利収入を合算しても、売却損・評価損は実に数十億円に達した。

### 仕組債のリスク

仕組債は、右のケースのように、購入当初暫くの期間は高金利を獲得できるなどの魅力を持つ。しかし、これは投資家を誘う一種の「撒き餌（まきえ）」に過ぎない。

仕組債には数多くの種類や商品があるが、ここでそれらに共通する仕組債の主なリスクを整理すると以下の通りである。

①資金の長期固定化リスク

右の事例のケースで仮に一定水準以上の円高が続いた場合、償還期間である三〇年間近く、受取金利がゼロということもありうる。この場合、かなりの評価損が発生し、期末決算の悪化要因となる。こうした場合でも、仕組債の購入者側にはこれを償還期限前に解約する権利は無い。このため、基本的には、数十年後の償還期までこれを保有せざるを得ない。この間、仮にその私大法人に校舎建設等他の重要な資金需要が生じてもこれを資金化することが出来ない。「仕組債（元本保証あり）」といったケースでも、その多くは償還期が数十年後に設定されている。このため、数十年後に元本が償還されてもその時の物価はインフレ等により、償還金の実質価値は極めて小さくなる可能性がある。

②購入者有利の市場環境となった場合の発行者側の「早期償還権」の存在

右の事例の場合、為替相場が参照指標を超える大幅な円安となると、計算式上は投資家側には高い金利収入が得られる筈である。しかし、こうした場合、発行者は「早期償還権」を行使し仕組債を償還する。このため、投資家は円安のメリットを殆ど享受できない。このように、仕組債の購入者（投資家）は、その仕組債の発行者に対し、発行者が債券を期限前に償還する権利（「コール」）を売却している。投資家は「コール」の売却により、「オプション料」を受け取り、それが「クーポン」（利率）に上乗せされているので、その分、表面上は一般債券よりも高い金利となっているのである。

③売買市場が存在しない

仕組債は基本的に売り手と買い手とが「相対」（あいたい）で行う取引である。従って、大勢の売り手と買い手とが自由に売買取引を行う「債券市場」のような市場が存在しない。このため既述の「流動性リスク」が顕現化し、①のようなケースでどうしても償還期限前にこれを処分しようとすると、莫大な解約手数料を取られることが多い。

以上のように、仕組債は金融商品の中でもかなりリスクの高い商品ということが出来るだろう。国立大学財務・経営センターの川崎成一氏によれば、「（仕組債のリスクは）年金積立金管理運営独立行政法人（ＧＰＩＦ）の推計による国内株式のリスクと同水準であり、債券運用の一つのカテゴリーとして行った仕組債が、実は商品内容如何によっては株式と同程度のリスク、もしくは更に高いリスクを負っている可能性を示すものである」（川崎〔二〇一〇〕）。

日本私立学校振興・共済事業団の「資産運用に関するアンケート調査」（二〇〇九〈平二一〉年三月）によれば、私立大学法人四四一法人中、「仕組債（元本保証あり）」に投資している法人は一八八（全体の四二・六％）、「仕組債（元本保証なし）」に投資している法人は一〇四（同二三・六％）に達していた。この調査は「リーマン・ショック」直後のものであり、相当数の法人がかなり大きな損失（評価損を含む）を発生させたものと見られる。

## 4　私大法人資産運用失敗関連の最近の判例

「リーマン・ショック」後の金融証券市場の混乱から派生した私大法人の資産運用失敗に関しては、幾つかの私大法人が証券会社を相手取って損害賠償請求訴訟を提起した。そこでの争点は主に、証券会社等の「説明義務」に関するものと、「適合性原則」に関するものの二つである。この点は重要であるので少し詳しく見て行こう。

### 証券会社等の説明義務

前者の証券会社等の「説明義務」とは、投資家に商品を勧誘する証券会社等は、投資家が自己責任原則の下で自主的な投資判断を行うことが出来るよう、取引についての重要な情報を提供し必要な説明を行わなければならないということである。具体的には、「金融商品取引法」第三七条の三第一項（契約締結前の書面の交付）等及び「金融商品の販売等に関する法律」（「金融商品販売法」）第三条（金融商品販売業者等の説明義務）及び同第五条（金融商品販売業者等の損害賠償責任）等でこれを定めている。

これに関しては、ある私大法人が外資系証券会社を相手取って起こした訴訟の例がある。この法人は二〇〇七（平一九）年にこの証券会社の勧誘で「通貨スワップ」（二当事者が異なる通貨間で将来のキャッシュフローを交換する取引）を始めた。しかしその後、世界的な金融危機の影響で運用に失敗し、これを解約するために約七六億円の解約精算金をこの証券会社に支払った。その後、同私大法人は、「リスクの大きい取引に違法に勧誘した」としてこの証券会社を被告として損害賠償請求訴訟を起こした。しかし、判決では「証券会社は取引内容について必要な説明をしており大学側も十分に理解していた。説明義務違反などは無い」として原告の請求を棄却した（二〇一五〈平二七〉年一月三一日付日本経済新聞による）。

## 「適合性原則」

さて、リスクのある金融商品への運用を行う私大法人にとって、より重要な示唆を与えるのは「適合性の原則」である。

以前から、証券取引についての投資勧誘に際しては、証券業者に対し、勧誘の相手方である投資家の意向、投資経験及び財産状況等に最も適合した投資が行われるよう注意を要求するという原則が、投資家保護の観点から主張されてきた。このような原則を一般的には「適合性原則」と呼んでいる。この原則は、当初は行政指導や業界の自主規制によって、証券業者に遵守が要請されるルールに過ぎなかった。しかし、バブル崩壊後多数生じたワラント債（新株引受権付社債）の投資勧誘を巡る証券業者と一般投資家との紛争についての裁判の中で、「適合性原則」が主張され、当時の判決でもこれを是認するものが見られた。その後この原則は、証券取引法の一部に規定されたが、その後同法が関連法とともに二〇〇七（平一九）年九月、「金融商品取引法」に改称・統合されたこと等によって、現在では、同法の第四〇条第一項（左記）等に引き継がれている（前田重行［二〇一四］）。

【金融商品取引法】――適合性の原則――

第四〇条　金融商品取引業者等は、業務の運営の状況が次の各号のいずれかに該当することのないように、その業務を行わなければならない。

一　金融商品取引行為について、顧客の知識、経験、財産の状況及び金融商品取引契約を締結する目的に照らして不適当と認められる勧誘を行って投資者の保護に欠けることとなっており、又は欠けることとなる恐れがあること。

二　前号に掲げるもののほか、業務に関して取得した顧客に関する情報の適正な取扱いを確保するための措置を講じていないと認められる状況、その他業務の運営の状況が公益に反し、又は投資者の保護に支障を生じるおそれがあるものとして内閣府令で定める状況にあること。

右の条項の制定に大きな影響を与えたのが、二〇〇五（平一七）年七月一四日の最高裁判決である（傍線部筆者）。

同判決は、証券会社の従業員が、顧客の意向と実情に反して、明らかに過大な危険を伴う取引を積極的に行う等、適合性原則から著しく逸脱した証券取引の勧誘をしてこれを行わせたときは、当該行為は不法行為責任(38)を構成するとして、証券取引の勧誘に関して適合性原則の適用を認めた。同時に当該違反が直ちに不法行為責任を発生させるのではなく、当該違反が適合性原則を著しく逸脱した場合において初めて生じるとして、適合性原則違反と不法行為責任との結びつきに関して、さらに要件をワンクッション追加した点で先駆的意義があるとされる（前田重行〔二〇一四〕等）。この「ワンクッション」が既述の金融商品取引法第四〇条第一項の「顧客の知識、経験、財産の状況及び金融商品取引契約を締結する目的に照らして」という文言に反映されたのである。

なお、「適合性原則」については、「狭義の適合性原則」と「広義の適合性原則」がある。「狭義の適合性原則」とは、一定の投資家に対しては、如何に説明を尽くしても一定の金融商品の販売・勧誘を行ってはならないという原則であり、右の金融商品取引法第四〇条第一号が定めていると解されている。また「広義の適合性原則」は、金融商品の投資勧誘を行う業者は投資家に対して、当該投資家の知識、投資経験、財産力、投資の目的等に照らし理解できるだけの説明をせずに販売をしてはならないとするもので、前述の「金融商品販売法」第三条（金融商品販売業者等の説明義務）等に根拠があるとされる。

さてこの「適合性原則」は私大法人の資産運用失敗に伴う損害賠償請求事件でも一つの争点となった。二〇一二（平二四）年二月二四日の大阪地裁判決である。

この事件は、ある私大法人（原告。以下「X」）が某証券会社（被告。以下「Y」）との間で「フラット為替取引」契約を締結したが、その後、為替相場の変動によって多大な損失が発生した。このため同取引を解約したところ、Yからは解約料として約一一億円を請求されこれを支払った。Xは、これらは適合性原則違反または説明義務違反等であるとして、Yに対し一二億円余りの損害賠償を求めたものである。

なおここでの「フラット為替取引」とは、デリバティブ取引の一種であり、この私大法人が締結したものは、以下のような内容となっていた（なお、本取引は市場を介して行われるものではなく、原告と被告との間での相対取引である）。

①予め合意した毎月の支払日に、被告は原告に対し金額A（二〇万豪ドルを、合意した参照為替レート〈毎月の支払日における為替レート〉により換算した円貨）を、また原告は被告に対し金額B（二〇万豪ドルを、一豪ドル当たり七四円で換算した円貨）をそれぞれ支払うものとし差額決済とする（なお期間は一〇年間）。

②この取引では、一豪ドル当たり七四円を分水嶺として、円高が進むほど原告が被告に支払う差額が増える形で損失が増え、しかもこの場合、レバレッジ（梃子）によって取引量が三倍になる条件が付されているため原告の損失が急拡大する。一方、円安に進むほど原告が被告から差額として受け取る金額が増えることとなり、一度でも九三円又はこれより円安になると、七四円またはこれより円高となった場合の交換がなくなることから、原告の差額の支払いは発生しないこ

38　民法第七〇九条（「故意または過失によって他人の権利または法律上保護される利益を侵害した者は、これによって生じた損害を賠償する責任を負う。」）に基づき発生する損害賠償責任を言う。

となり、原告の利得が大きくなる。

判決では、まず「説明義務違反」について以下の通り述べている。

㋐Yは、本件類似の金融商品の取引経験を有しないXに対して勧誘する際に、信義則上、Xの投資判断にとって重要な事項を説明すべき義務を負い、これに違反したときは、説明義務違反による不法行為責任が生じるというべきである。

㋑具体的には、本件取引は、為替変動により大きな損失が生じる可能性があること、中途解約する場合には多額の解約精算金が発生する可能性があることについて十分に理解できるよう説明すべき義務がある。

㋒（こうした点を勘案しても）原告は本件取引の為替リスク、即ち為替相場が一豪ドル当たり七四円又はこれより円高になった場合には、レバレッジにより大きな損失が生じることを理解していたということが出来、この点では被告の説明義務違反は認められない。

㋓原告は、「最大限五二億八千万円の損失が発生するとの説明は聞いていない」旨主張するが、当該金額は究極の円高となった場合の計算であるうえ、上記㋒の原告らの理解に基づいて計算すれば、どの程度の円高になればどの程度の損失を受けるのかは明らかである。（中略）したがってYがXに対して最大限五二億八千万円の損失を蒙るとの説明を行っていないことによって上記㋒の認定は左右されない。

㋔Xは、Yからの口頭による説明だけではなく、被告から提供された資料等を検討したうえで本件取引を決断した筈であって、これらの書類を十分検討したものと推認することが出来る。

㋕しかし、解約料に関する説明は、ポイントを落とした字で「時価の変動によっては、期中での合意解約に際し、受取超となることも、支払超となることもあります」と記載されているのみであって、これによっては、解約料の具体的算定方法或いは概算額について全く推測もできず、顧客が取引を継続すべきか、解約料を払っても解約の申し入れをすべきかを判断する資料とはなりえない。以上によれば、Yは原告に対し、解約料の発生を考慮した上で本件取引を行うかどうかを決定する判断材料を与えたとはいえず、中途解約の場合の解約手数料に関する説明は極めて不十分であったと言わざるを得ない。

以上のように、「説明義務」については、基本的な部分については、Yは説明義務を履行していたとして説明義務違反を認めなかったが、「解約手数料」についてはYの説明は極めて不十分としてこれに限って説明義務違反を認めた。

一方、「適合性原則」については以下のように判示した。

㋖Xの、本件取引に関する適合性を判断するに当たっては、本件取引の具体的な特性を踏まえて、これとの相関関係において、Xの投資経験、証券取引の知識、投資意向、財産状態等の諸要素を総合的に考慮する必要があるというべきである（最高裁平成一七年七月一四日第一小法廷判決・民集五九巻六号参照）。

㋗本件取引はハイリスク・ハイリターンのものであるが、他方、原告は為替と連動する仕組債等については既に投資経験がある。また理事は本件取引には一豪ドル当たり七四円より円高になると原告に損失が発生するリスクがあることは認識していたが、資源国であるオーストラリアの今後の展開等について調査した結果、一時的に一豪ドル当たり七四円を割る円高になったとしても、短期間で回復するであろうから、一〇年間継続すれば総計では利益が出ると判断したというのであり、為替リスクについては理解していた。

㋘また、原告の財産状況に照らし、原告が本件取引によって生じる損失に耐えられない経済状況であったとは認められない。

㋙以上によれば、原告がおよそ本件取引を自己責任で行う適性を欠き、取引から排除されるべきであった者とは言えず、原告の適合性原則違反の主張は理由がない。

既述のように、本判決は被告Yの説明義務違反を認定したが、同時に、右のような事情を考慮し、原告側の過失の存在を認め、八割の過失相殺を命ずる内容となった。当該部分の判旨は以下の通りである（傍線部筆者）。

「原告は、被告との間において、為替と連動するものも含む仕組債と呼ばれる社債を中心として、多額の資産運用を行っており、本件取引に際しても、理事らはY従業員からフラット為替取引について一通りの説明を受け、為替の変動により多額の損失を被る可能性があるということを理解したうえで本件取引を行ったと認められる。また、原告においては理事らが協議したうえで本件取引を行うことを決断したこと、（中略）経済学部の教授等より慎重に検討するための人材を有していたことなどの諸事情を考慮すると、本件取引において損失が発生したことについては、原告にも相当程度の過失が認められ、その過失割合は八割と認めるのが相当である」

以上の結果、判決は最終的に、原告側からの約一二億円の損害賠償請求については、解約手数料関係の被告の説明義務違反のみを認め、その他の部分については原告側過失に伴う過失相殺分を控除した約二割（約二億五千万円）のみの支払いを被告Yに命じ、原告のその他の請求を全て棄却した。同金額は、数十億円に達するX私大法人の運用失敗に伴う損失と比べると極めて僅かなものに止まった。

この判決では、二〇〇五（平一七）年七月の最高裁判決を引用しつつ、原告Xの投資経験、証券取引知識（理解）、財産状況等を総合的に判断した結果、原告の適合性原則違反の主張を斥けた。同私大法人は数百億円にも及ぶ資産運用を行う準大手ではあるが、この判決は、仮にそれより少額の資産運用を行う私大法人であっても、「適合性原則」違反を理由とした損害賠償請求訴訟で勝訴するのは極めて難しいことを示唆していると言えよう。

比較的多くの私大法人では、資産運用に関するリスク管理は客観的に見れば依然不十分であるにも関わらず、仕組債等デリバティブ取引を中心にかなり積極的にリスク・テイクを行っている。しかし、こうした状況下で仮に資産運用に失敗しても、それを証券会社の「説明義務」違反や「適合性原則」違反に求めようとしても、法論理的にはこれらが是認される可能性は極めて低い。換言すれば、私大法人の多くは（実態はともかくとしても）訴訟の世界では「素人」の投資家とは看做されないということである。私大法人には、資産運用に関するリスク管理体制強化と責任の明確化が改めて厳しく求められていると言えよう。

### 5　私大法人の資産運用利回りと市場金利・物価との関係

ここまで見てきたように、比較的多くの私大法人では資産運用に関し、仕組債等を中心にかなり積極的なリスク・テイクを行っているように窺われる。では、その運用利回りは平均するとどの位なのだろうか。そしてそれは、よりリスクの少ない商品（長期国債等）との比較でどの程度の優位性を持つものなのだろうか。これは、「リスク・テイク」と「リターン」の観点から中々興味深いテーマである。

もっとも、一口に「私大法人の運用利回り」と言っても、当然それは運用方針の違いを映じて法人ごとに区々であろう。従ってここでは、あくまで事業団の「今日の私学財政」から算出できる、私大法人の「平均的」運用利回りを中心に議論を進めることとしたい。

こうした観点から作成したのが、図表2－4－3である。ここでは、一九八六（昭六一）年度以降最近に至る次の指標を表示している（いずれも％）。

①資産運用利回り（太い実線）

ここで、資産運用利回り＝（資産運用収入＋資産売却差額―資産処分差額）／運用資産残高、であり、「資産運用収入（広義）」の利回りである。また「運用資産」＝現金預金＋特定資産＋固定資産の有価証券＋流動資産の有価証券である。

図表 2-4-3　資産運用利回りと金利・株価・物価

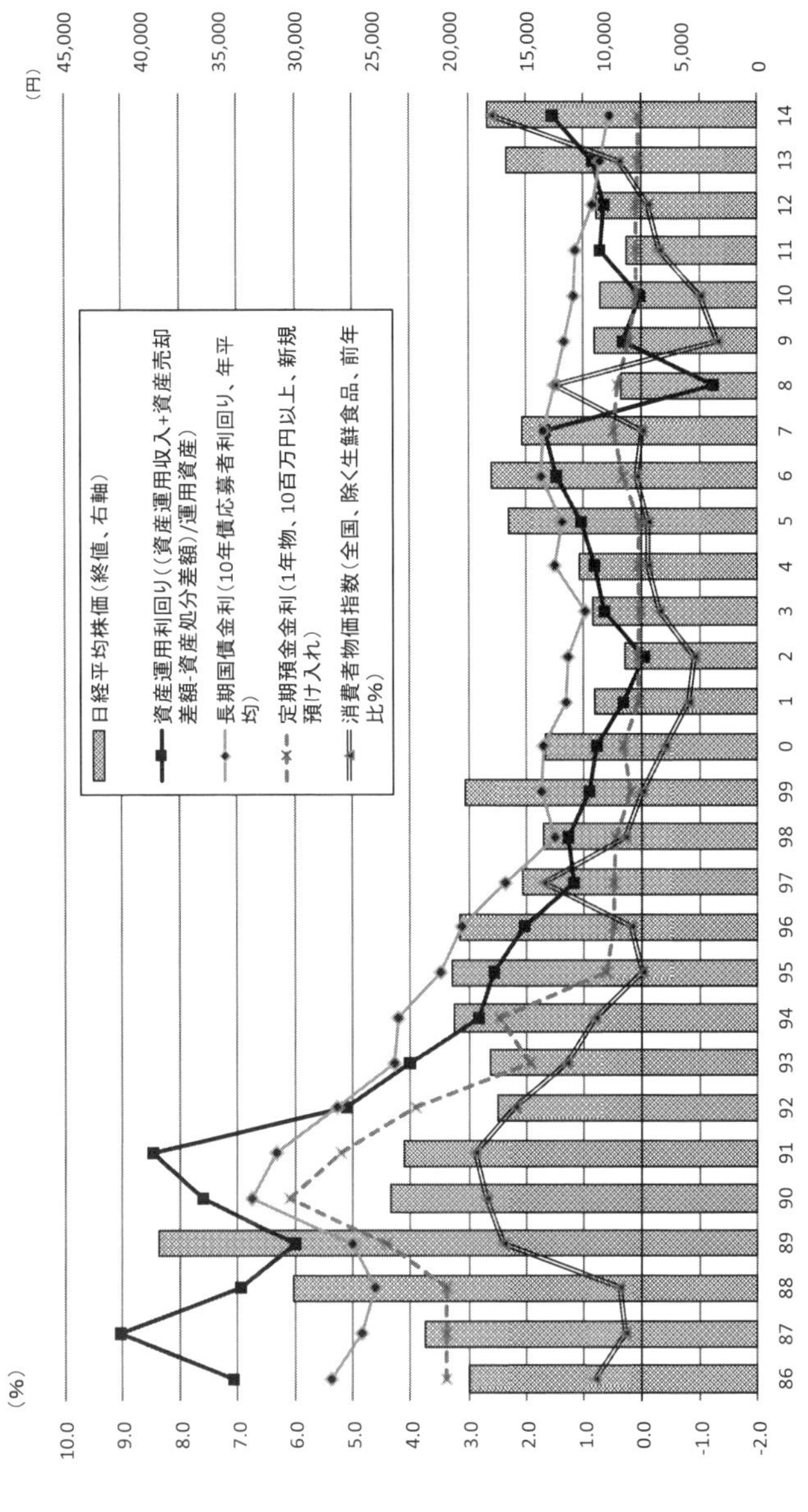


（資料）日本銀行データ等を基に筆者作成。

②長期国債金利（長期国債一〇年債応募者利回り、年平均、薄い実線）
③定期預金金利（一年物、一〇百万円以上、新規預け入れ分、点線）
④日経平均株価（各年末終値、棒グラフ）
⑤消費者物価指数（全国、除く生鮮食品、前年比、二重線）

この図表を見ると、「資産運用利回り」は当然のことながら、長期国債金利や株価の変動にほぼ沿った動きを示している。

具体的には、バブル経済真只中の一九八六（昭六一）～一九九一（平三）年度は、株価高騰やバブル鎮静化に向けた日本銀行の利上げ等による市場金利の上昇等を映じて、資産運用利回りは六・〇～九・〇%という極めて高い水準にあった。しかしバブル経済が崩壊した後は、運用利回りは急速に低下。二〇〇二（平一四）年度には、米国エンロン社やワールド・コム社の破綻等を契機とした前年のITバブル崩壊等を受けてマイナス（▲〇・一%）に転落した。その後株価の緩やかな回復を映じて運用利回りも徐々に上昇したが、二〇〇八（平二〇）年度には、「リーマン・ショック」による金融証券市場の動揺に伴う資産処分差額（売却損）の急増等から再びマイナス圏（▲一・二%）に突入した。その後はデフレ経済下の株式市場停滞等から資産運用利回りは一%を下回る水準で推移したが、二〇一四（平成二六）年度は資産売却差額（売却益）増加や同処分差額（売却損）減少等から一・五%まで上昇した。

さてここで重要な点が一つある。それはバブルが崩壊した一九九三（平五）年度以降直近の二〇一四（平二六）年度までの二一年間では、ごく一部の期間（二〇〇七〈平一九〉、二〇一三〈平二五〉及び二〇一四〈平二六〉年度）を除いて資産運用利回りは一〇年物国債の金利を下回っているという事実である。因みに一九九三（平五）年度以降二〇一四（平二六）年度までの二一年間の平均を算出してみると、資産運用利回りが一・一〇八％（毎年の利回りの単純平均値。なお各年の損益額による加重平均値は〇・九八三％）であるのに対し長期国債金利は一・八〇三％（単純平均値）である。

以上の分析は既述のようにあくまでも私大法人（除く医歯系）全体の平均値をベースとしている。このため運用方針の如何によってはより高い運用利回りを実現しているケースもあろう。しかし、ここでの含意は、敢えて株式や仕組債等のリスク性商品に投資を行わなくとも、長期国債（但し満期までの持ち切り）等に運用すれば、少くとも、この平均値程度の利回りが確保される可能性が高いということである（具体的運用方法はコラム5参照）。

なお、私大法人の資産運用について仕組債等リスク性の高い商品への運用が必要とする意見も比較的多く、その論拠の一つとして物価上昇に伴う、資産の実質的価値の棄損回避を挙げる論者も少なくない。

しかし、今一度図表2－4－3をご覧願いたい。この図表には一九八六（昭六一）年度以降の消費者物価指数（全国、除く生鮮食品）の前年度比変化率をプロットしてある。仮にコラム5に示したような長期国債と定期預金等によるポートフォリオを組んだ時の一九九三（平五）年度以降二〇一四（平二六）年度までの二一年間の資産運用利回りの平均はコラム5に示したように二・一六二％である。一方、この間の消費者物価指数（全国、除く生鮮食品）の平均値は〇・一六四％に

［コラム５］「安全性」と「リターン」両面に配慮した運用法

長期国債と定期預金等の運用でどの程度のリターンが確保できるのか。ここでその具体的な運用方法を考えてみよう。前提は以下の通りである。

【金利水準の前提】

・長期国債金利…1.80％（1993 ～ 2014 年度の平均）
・定期預金金利…0.41％（同）
・普通預金金利…0％

この条件の下で、現金・普通預金（日々の決済用）、定期預金（運用＋ある程度の流動性確保）、長期国債（運用）の三つの商品を、どういう比率で保有すれば本文で見た資産運用利回り（1.108％）を確保できるかを考える。ここでは日々の支払い等流動性確保の観点から現金・普通預金を全体の20％保有することとする。

そうするとこの設題を解く方程式は次のようになる。

a ＝長期国債のウエイト、 b ＝定期預金のウエイト

$1.80a + 0.41b= \geqq 1.108$

$a + b = 0.8$

これを解くと、

$a = 0.561$

$b = 0.239$

従って、例えば、保有資産を長期国債 60％、定期預金 20％、現金普通預金 20％の比率で保有すると運用利回りは 1.162％となり、本文で見た過去 22 年間の水準（1.108％）をかなり上回る（$1.80 \times 0.6 + 0.41 \times 0.2 = 1.162$）。

このポートフォリオ（資産選択）は、長期国債と定期預金等を中心とすることでリスク回避とリターン確保のバランスを取りつつ、日々の決済用資金も確保する形をとっており、あまり無理のないものと言えるのではないか。

過ぎない。換言すれば、右に示したような長期国債や定期預金等を中心とした資産運用であっても、中長期的には物価上昇による「目減り」は十分回避可能ということである。

なお以上の点については、あくまで過去二二年間の平均値で見た場合の計算値である。このため、例えば、バブル期のように株価が急騰している時期、最近のような長期国債金利が著しく低下している時期、或いは二〇〇八（平二〇）年度のように資源価格急騰で一時的に消費者物価が上昇した時期等では、こうした国債と定期預金中心のポートフォリオがベストとは必ずしも言い切れない。しかし、これら三つのケースは、程度の差や原因がそれぞれ異なってもいずれも、経済が「平時」ではないことを意味している。

そうした「非平時」の経済の下で、リスクの高い商品に投資を行うことは、平時にも増してリスクが高くなる可能性があることに留意する必要がある。

なお、長期国債への運用については、それに伴うリスクをどう考えるか（「リスク・フリー」の安全資産と言えるか）という問題がある。端的に言えば、わが国の財政破綻リスクをどう見るか、ということである。この点に関しては従来、国債は債務不履行リスクのない「安全資産」と看做されてきた。しかし現在では、わが国の国債発行残高は二〇一五（平二七）年度末で約八〇七兆円と名目GDP（国内総生産）比一六〇％に達する巨額の水準に達している（財務省調べ）。これは先進国中では断トツの最悪レベルであり、また歴史的にも戦時中の水準に近接している。「財政破綻」のリスクは徐々に高まっているという見方もでき、その意味では国債といえども、最早「安全資産」とは言い切れないのかもしれない。この点からは、「（国債投資にもリスクがあるなら）株式やデリバティブ取引等ハイリターンが期待できるものに運用した方が良い」という声も聞こえてきそうである。

しかし、「財政破綻」のリスクが徐々に高まっていると言っても、それが直ちに起きる可能性は極めて低いだろう。客観的に見れば、デリバティブ取引等と比較した場合のリスクは遥かに僅少である。また、我が国は消費税等増税の余地はかなり大きい（この点は為政者の決断如何だが）。この点に鑑みれば、財政破綻のリスクは比較的小さいということもできよう。従って国債は、安全性と一定のリターンの双方を具備する商品であり、中長期的には、私大法人のポートフォリオの重要な部分に位置付けられるべきものであろう。

## 6　バブル発生と崩壊のリスク――金融危機はもう起きないのか？

先に見た、幾つかの私大法人の資産運用の失敗は、「リーマン・ショック」による金融証券市場等の大きな動揺を引き金として起きたが、「リーマン・ショック」は、「百年に一度の大ショック」と言われている。このため、私大法人幹部の中には、「当分そうした大きなショックは起きないのでは」として、再びリスクの高い商品への投資を拡大する動きもある。では、金融証券市場の「大ショック」は当分起きないのだろうか。

「リーマン・ショック」は、元々は米国の不動産取引に関する「サブプライム・ローン」問題に起因する。「サブプライム・ローン」とは、通常では融資を受けられないような低所得者や、債務返済延滞等で信用度が低下した借り手等を対象とした不動産関連融資を指す。通常は彼らが融資を受けることは困難であったが、米国のＦＲＢ（連邦準備制度理事会）による金融緩和等によって金融機関の融資基準が大幅に弛緩したことで急激に膨張、「不動産バブル」が発生した。そしてバブルは頂点に達した段階で破裂し、サブプライム・ローン関連の「証券化商品」（ローン債権を様々な形に変換して証券にしたもの。ＭＢＳ〈住宅ローン担保証券〉やＣＤＯ〈債務担保証券〉等）を多く抱えていた米国金融機関で信用不安が発生し、これが世界的規模で連鎖・拡大したものである。

こうした、中央銀行による金融緩和や金融機関の融資姿勢弛緩、そしてこれらによる不動産騰貴でバブルが発生拡大したという点では、わが国の一九八〇年代後半のバブルと類似している。当時我が国は、一九八五（昭六〇）年九月の主要国の「プラザ合意」を受けて急激な円高傾向にあり「円高不況」が発生した。このため日本銀行は国内景気浮揚のため大規模な金融緩和を実施、これがバブル発生の大きな誘因となった。これらの点を考えると「リーマン・ショック」は世界的な規模で市場が動揺したという点ではわが国のバブルよりも影響は大きいが、その発生メカニズムにおいてはさほど珍しいものではない。

ところで、筆者は嘗て国私立大学経済学部等の教授職にあり、当時は「金融論」や「日本経済論」の講義を担当していた。それらの授業では、我が国のこの一九八〇年代後半以降におけるバブルの発生と崩壊を必ず取り上げた。この授業では、世界のバブルの歴史について書かれた、ジョン・K・ガルブレイス（米国ハーバード大学教授）の *A SHORT HISTORY OF FINANCIAL EUPHORIA*（邦訳名『バブルの物語』〈鈴木哲太郎訳、ダイヤモンド社〉初版は一九九一年発行）等を紹介した。この本では、大規模バブルとしては事実上「世界初」と言われる、オランダの「チューリップ事件」（一六三〇年代）等の事例を紹介している。同著で著者のガルブレイスは以下の点を強調している。

「私はこの小著を警告の書とするよう特に配慮した。頭脳に極度の変調をきたすほどの陶酔的熱病（ユーフォリア）は繰り返し起こる現象であり、それに取りつかれた個人、企業、経済界全体を危険にさらすのだ。」

「金融に関する記憶は極度に短い。その結果金融上の大失態（筆者注：「バブルの発生と崩壊」を指す）があっても、それはすぐ忘れられてしまう。そして、同一の状況が再現されても、それは新しい世代の人々からは、金融及び経済界における輝かしい革新的な発見であるとして大喝采を受ける」

「本書で述べることは、遺憾ながら、繰り返し起こるダメージの種が資本主義自体に内蔵されているということである」

この本の原著が書かれたのは一九九〇年である。当時我が国はバブルが崩壊しつつあり、株価や不動産価格等は急落局面に入りつつあった。ガルブレイスはその暫く前から日本経済のバブル化に警鐘を鳴らしていたと伝えられている。

「バブル」については二〇〇九（平二一）年に出版された、*THIS TIME IS DIFFERENT*（邦訳名『国家は破綻する』村井章子訳、日経BP社、二〇一一年発行）も興味深い。この本はカーメン・K・ラインハート（メリーランド大学教授）及びケネス・S・ロゴフ（ハーバード大学教授）両氏によって書かれたもので、過去約八〇〇年に亘る世界六六か国の政府・金融危機に関する大著である。これを読むと、前出のガルブレイスの警告が極めて的を射ていることが理解できる。そこでの教訓は、人間は何度か重大な失敗を犯し、その都度、ある程度は反省をするが、その反省は次第に忘れ去られ、何年か後には再び同じ過ちを犯す。そしてその度に、多くの人々や組織が悲劇に陥るということである。

さて、世界で初めての「バブル事件」は、既述のようにオランダの「チューリップ事件」である。

ではその次に欧州大陸で起きた大規模なバブル事件は、いつどこで、何を対象に起きたのか？

その答えは次の通りである。

「約百年後の一七三〇年頃。オランダ。ヒヤシンス」。

ここでも再び同じような狂乱と悲劇とが繰り返されたのである。

目を我が国私大法人の資産運用に戻そう。

既述のように、「リーマン・ショック」直後の二〇〇九（平二一）年三月時点では私大法人四四一法人中、一八八法人（全体の四二・六％）が「仕組債（元本保証あり）」に、また一〇四法人（同二三・六％）が「仕組債（元本保証なし）」に投資しており、これらの法人の中にはかなり大きな損失（評価損を含む）を発生させた法人も少なくないと見られる。しかし比較的最近の私学事業団調査（「学校法人の経営改善方策に関するアンケート」、二〇一三〈平二五〉年六月から二〇一四〈平二六〉年二月調査実施）でも、回答した四五四私大法人の実に四三％の法人が「仕組債・仕組預金に運用中」と回答している。「塀の中の懲りない面々」の感を禁じ得ない。

オランダの「チューリップ事件」から「ヒヤシンス事件」までは約百年。しかし、ガルブレイスは、「現代ではその間隔は約二〇年」としている。今日では、あまりにも様々な事件が起きるため、人々の記憶は極めて速い速度で消え失せるからである。そして新たな投資機会が出現すると、前回の記憶が多少残っている人でも、「今回は前回とは異なる」としてそれにのめり込む。前掲のラインハートとロゴフ共著による『国家は破綻する』の原題は、*THIS TIME IS DIFFERENT*（「今回は違う」）である。人々のそうした心理を極めて的確に表現していると言える。こうした点に鑑みれば、「プロローグ」で描いた中国の先行きのバブル崩壊による「チャイナ・ショック」勃発も決してあり得ない話ではない。

資産運用の失敗による損失発生は、仮に役員の引責辞任等で幕引きが図られたとしてもその傷跡は長く残る。ガバナンス体制の混乱、そして財務棄損による競争力の中長期的減衰である。私立大学法人は依然として大きな経営・財務リスクを内包していると言えよう。

## 7　米国大学の資産運用

さて本章の最後として、米国大学の資産運用について触れておこう。米国の大学は資産運用に積極的でかなり高いリターンを得ている。我が国で、「日本の私立大学も、より高い運用リターンを実現すべき」と主張される際は、有力な論拠の一つとしてこれが挙げられる。では、米国大学の資産運用が我々に与える示唆は何か。そうした問題意識を念頭に置きつつ、ここでは米国大学の運用の概容と高収益率の要因を見てみよう。

### （1）米国大学資産運用の概容

米国大学の資産運用の概容について、米国NACUBO（National Association of College and University Business Officers〈全米大学経営管理者協会〉。全米二一〇〇校以上の大学・カレッジの経営・財務等幹部が加盟）等による2015 NACUBO－Commonfund Study of Endowments® (NCSE) 等から見てみよう。なお、本調査は二〇一五年六月末日時点で基金（Endowment）残高百万ドル（約一億一五百万円、一ドル＝一一五円で換算。以下同じ）以上の米国大学八二八校中、前年度との比較が可能な八一二校について集計している。構成は私立大学五一一、州立大学三〇一である（一部にカナダ所在の大学を含むが本稿では「米国大学」と表記）。なおここでEndowmentとは、「寄付基金」と訳されることもある。しかし大学への寄付だけではなく、基金自体の投資収益、大学経常費余剰金繰り入れ等をも原資としていることから、ここでは「基金」と訳す。なお「二〇一五年度」は二〇一四年七月一日から二〇一五年六月末日である。

図表2-4-4　米国大学の基金残高規模別分布（2015年6月末）

| 基金残高別 | 回答大学数 | 構成比 | 基金残高計（百万ドル） | 邦貨換算額（億円） | 構成比 | 1校当たり（百万ドル） | 1校当たり（億円） |
|---|---|---|---|---|---|---|---|
| ①10億ドル以上（1150億円以上） | 94 | 11.6% | 395,282 | 454,574 | 74.7% | 4,205 | 4,836 |
| ②5～10億ドル未満（576～1150億円未満） | 77 | 9.5% | 55,472 | 63,793 | 10.5% | 720 | 828 |
| ③1～5億ドル未満（116～576億円未満） | 261 | 32.1% | 59,947 | 68,939 | 11.3% | 230 | 264 |
| ④50百万～1億ドル未満（58.6～116億円未満） | 167 | 20.6% | 12,463 | 14,332 | 2.4% | 75 | 86 |
| ⑤25百万～50百万ドル未満（28.8～58.6億円未満） | 117 | 14.4% | 4,388 | 5,046 | 0.8% | 38 | 43 |
| ⑥25百万ドル未満（28.8億円未満） | 96 | 11.8% | 1,480 | 1,702 | 0.3% | 15 | 18 |
| 合　　計 | 812 | 100.0% | 529,034 | 608,389 | 100.0% | 652 | 749 |
| うち州立大学 | 301 | 37.1% | 165,807 | 190,678 | 31.3% | 551 | 633 |
| 私立大学 | 511 | 62.9% | 363,226 | 417,710 | 68.7% | 711 | 817 |

（注）1米ドル＝115円で換算。（資料）NACUBO等資料より筆者作成。

①運用資産規模

二〇一五年六月末時点での全米八一二大学の基金残高の規模別分布は図表2－4－4の通りである。残高一〇億ドル（約一一五〇億円）の大手が九四校に達する一方で二五百万ドル（二八・八億円）未満の大学も九六校ある。これら八一二校の基金残高の単純平均は六億五二百万ドル[39]（約七四九億円）であるが、この数字は一〇億ドル以上の大手校によってかなり嵩上げされており、中央値は一億二二百万ドル（約一四〇億円）である。なお州立大学三〇一校の単純平均は五億五一万ドル（約六三三億円）、私立大学は同じく七億一一百万ドル（八一七億円）である。

これら八一二校のうち基金残高上位一〇校は図表2－4－5である。トップのハーバード大学は三六四・四八億ドル（約四兆一九一五億円）に達する。因みに、日本の私立大学法人の運用資産（定義は本章の第5節参照）残高は、「除く医歯

39　原資料では「六億四八百万ドル」としているが、ここでは八一二校の合計金額五二九〇億三四百万ドルを八一二で除す形で算出した数字を用いた。

図表 2-4-5　米国基金残高上位 10 校（2015 年 6 月末）

| | 大学名 | 基金残高（百万ドル） | 円換算額（億円） |
|---|---|---|---|
| 1 | ハーバード大学 | 36,448 | 41,915 |
| 2 | イェール大学 | 25,572 | 29,408 |
| 3 | テキサス・システム大 | 24,083 | 27,695 |
| 4 | プリンストン大学 | 22,723 | 26,131 |
| 5 | スタンフォード大学 | 22,222 | 25,555 |
| 6 | マサチューセッツ工科 | 13,474 | 15,495 |
| 7 | テキサスA&M大学 | 10,477 | 12,049 |
| 8 | ノースウェスタン大学 | 10,193 | 11,722 |
| 9 | ペンシルバニア大学 | 10,133 | 11,653 |
| 10 | ミシガン大学 | 9,952 | 11,445 |

（注）1米ドル＝115円で換算。
（資料）NACUBO等資料より筆者作成

系法人ベース」の五〇七法人で六兆九一九四億円、「全法人ベース」の五四四法人では九兆四四九〇億円（いずれも二〇一四〈平二六〉年度末）である。ハーバード大学の基金残高の巨大さが窺われる。

②収益率

次に収益率を見てみよう。まず図表２－４－６は、過去一年、同三年平均、同五年平均、同一〇年平均（以下、「過去」及び「平均」を省略）について、各期間別の収益率の推移をグラフ化したものである。当然のことながら「一年」等期間が短いものはその変動幅は大きい（「一年」は二〇〇二年以降二〇一五年までの一三年間で一五％以上が実に四回もある）。一方、「一〇年」では比較的緩やかな変動に止まっている。

短期と中長期の差が顕著なのが二〇〇九年度である。この時は「リーマン・ショック」勃発によって、「一年」は▲一八・七％と極めて大幅なマイナスを記録したが、「一〇年」では四・〇％と前年（六・五％）比二・

図表 2-4-6　米国大学資産運用収益率（%）

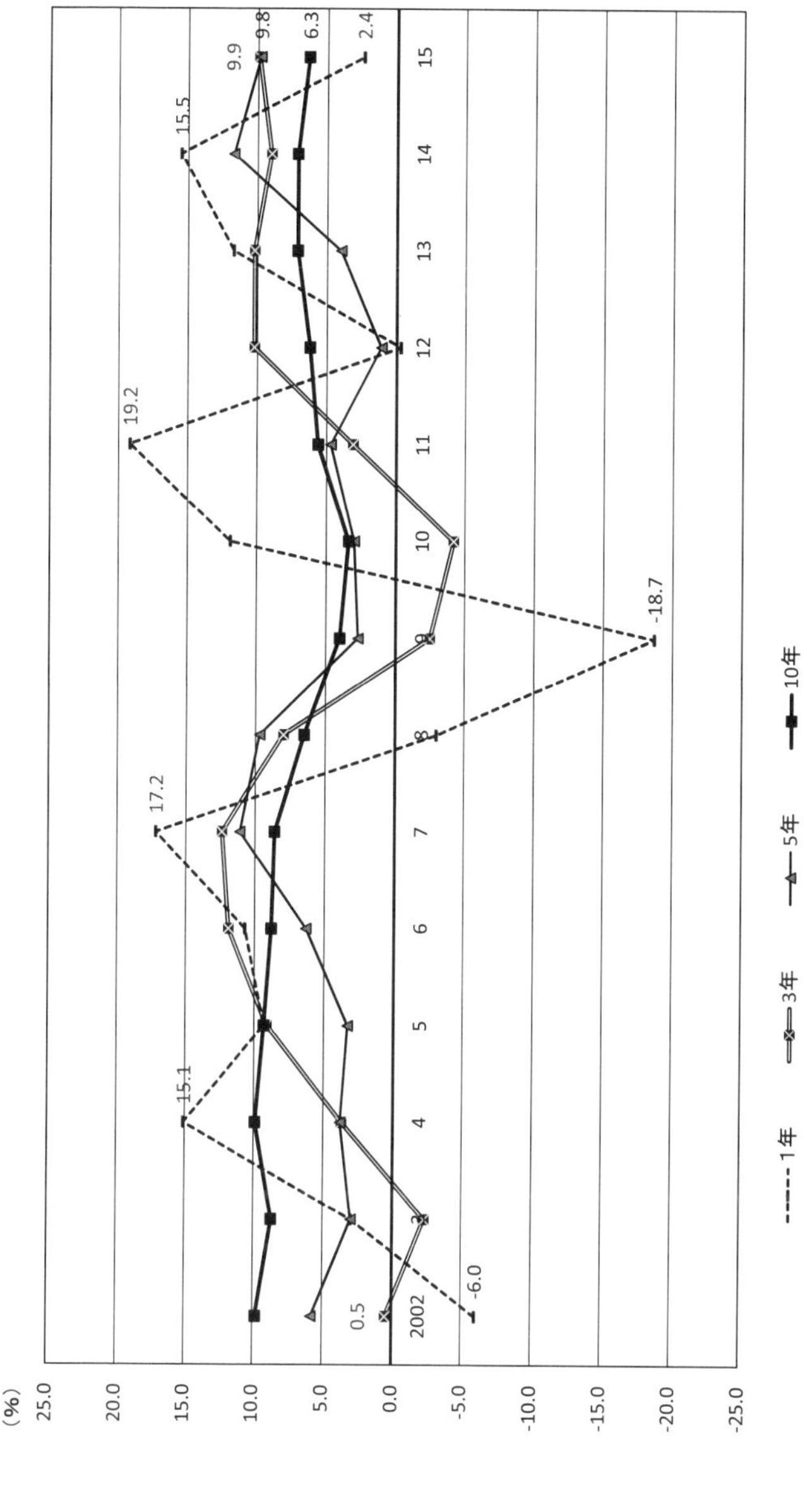


（資料）米国NACUBO資料より筆者作成

図表 2-4-7　米国大学基金規模・期間別収益率（2015 年度）

| 基金残高別 | 1年 | 3年 | 5年 | 10年 |
|---|---|---|---|---|
| ①10億ドル以上（1150億円以上） | 4.3 | 10.8 | 10.4 | 7.2 |
| ②5～10億ドル未満（576～1150億円未満） | 2.8 | 10.2 | 9.9 | 6.7 |
| ③1～5億ドル未満（116～576億円未満） | 2.0 | 9.7 | 9.5 | 6.2 |
| ④50百万～1億ドル未満（58.6～116億円未満） | 2.0 | 9.4 | 9.4 | 5.9 |
| ⑤25百万～50百万ドル未満（28.8～58.6億円未満） | 1.9 | 9.9 | 9.8 | 5.6 |
| ⑥25百万ドル未満（28.8億円未満） | 2.3 | 9.9 | 10.6 | 6.0 |
| 合　計 | 2.4 | 9.9 | 9.8 | 6.3 |

（資料）NACUBO等資料より筆者作成。

五％ポイントの低下に止まった。「一〇年」は翌二〇一〇年度に三・四％まで低下したが、二〇一一年度は五・六％と反転し、その後は六～七％の水準にある。この間、「三年」及び「五年」は「一年」と「一〇年」の中間的変動幅である。こうした米国大学の中長期の資産運用利回り（収益率）は、既にみた我が国私大法人の運用資産運用の平均利回り（一九九三〈平五〉～二〇一四〈平二六〉年度平均一・一〇八％〈単純平均値。加重平均値は〇・九八三％〉。）に比べるとかなり高い。

次にこの期間別収益率を二〇一五年度について基金残高規模別に見たのが図表2－4－7である。この図表で特徴的なのは、基金残高が大きい方が収益率がやや高い傾向はあるものの基金残高の大小が資産運用収益率にさほど大きな差はもたらしていないという点である。具体的には、基金残高が一〇億ドルを超える大手グループと二五百万ドル未満の小規模グループとでは、一年については二・〇％ポイントの差があるが、「三年」、「五年」、「一〇年」では最大一％ポイント強の差に止まり、「一年」を除けばいずれの期間・グループでも収益率は五～一〇％前後の高い水準にある（こうした米国大学の高運用利回りの背景については後述）。

③運用対象

次に運用対象について基金残高規模の大きい方から順に並べたのが図表2－4－8である。

ここで特徴的なのは、基金残高が大きいほど「オルタナティブ」への運用割合が高く、国内株式や固定利付債（国内外の債券）等伝統的な商品のウエイトは低いという点である。因みに、基金残高が一〇億ドルを超えるグループでは、国内株式が一三％、固定利付債が七％に止まる一方、「オ

図表2-4-8　米国大学基金残高別投資対象別比率（2015年度、構成比、％）

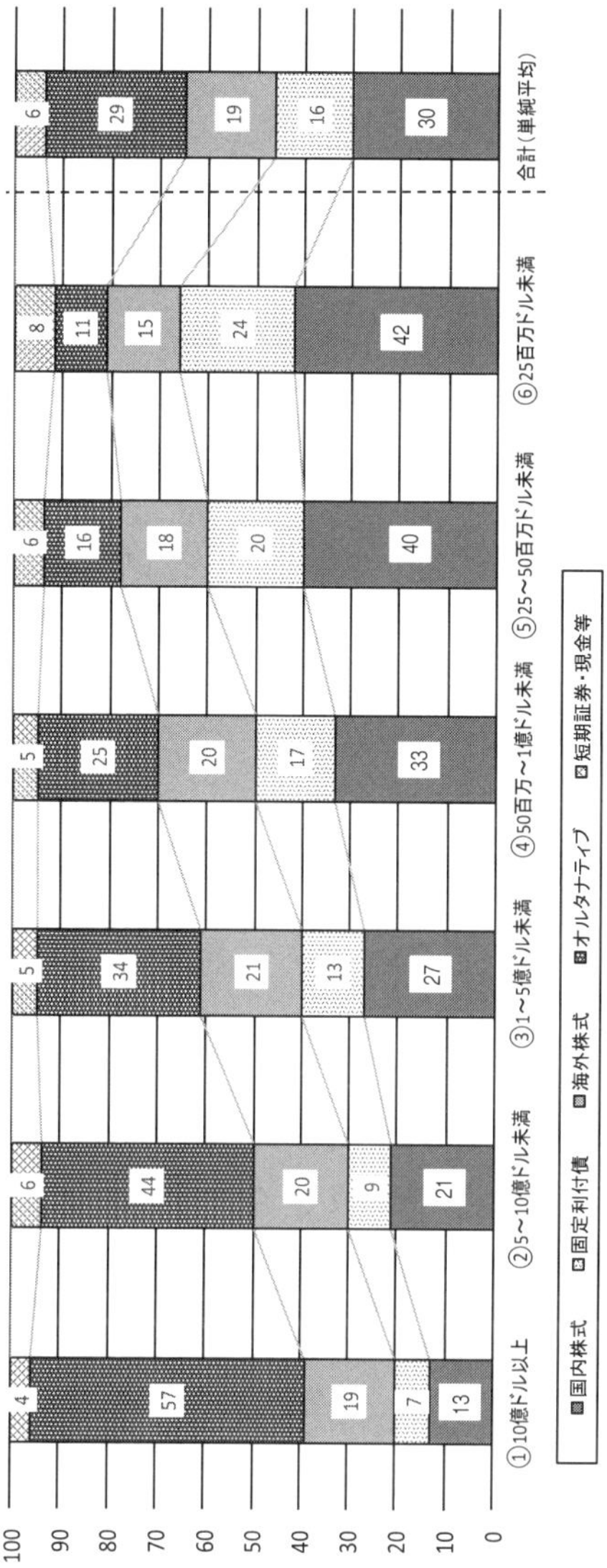


（注）「オルタナティブ」には以下のものが含まれる。プライベート・エクイティ（PE. これには、LBO、M&Aファンド、海外PEが含まれる）、市場性オルタナティブ（ヘッジファンド等）、ベンチャーキャピタル、不動産関連PE（キャンパス以外）、天然資源（石油、天然ガス、コモディティ〈国際一次産品〉、木材等）など。
（資料）NACUBO等資料より筆者作成。

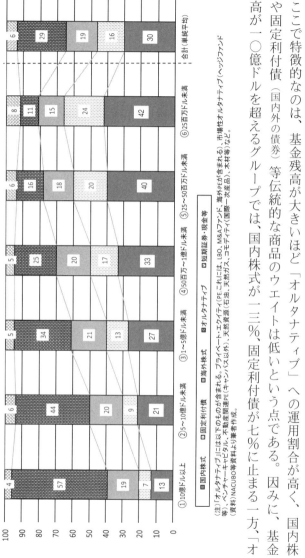

ルタナティブ」は五七％に達している。一方、基金残高が二五百万ドル未満の小規模グループではこれがほぼ逆転し、国内株式が四二％、固定利付債が二四％で、「オルタナティブ」は僅かに一一％に止まっている。

なお全八一二大学合計（単純平均）では、株式三〇％（加重平均では一六％。）、固定利付債一六％（同九％）、海外株式一九％（同一九％）、「オルタナティブ」二九％（同五二％）、短期証券・現金等が六％（同四％）となっている。

ここで「オルタナティブ」（Alternative Strategies、代替戦略投資）とは、一般的なポートフォリオ（資産選択）の基本的構成資産である現金、預金、債券、株式等の範疇に属さない投資対象の総称である。具体的には、㋐プライベート・エクイティ（PE。いわゆる「未公開株」。取引所で売買される公開株と異なり「私募」等の形で関係者間のみで取引される。ベンチャー企業等の有力な資金調達手段の一つ）、㋑「ヘッジファンド」（大きな資産を保有する投資家がアグレッシブな投資戦略で運用する私募ファンド）、㋒ベンチャーキャピタル（将来性はあるもののまだ経営基盤が弱く普通の金融機関では融資が困難なベンチャー企業に、株式の取得等を通じて資金を供給する投資主体）、㋓天然資源（石油、天然ガス、国際一次産品）等極めて広範囲な投資対象を指す。株式や債券等伝統的な金融商品とは異なる値動きするためリスク分散の観点から投資対象に組み込むケースが多い。

一方、オルタナティブの多くは、公開されている情報が少ないこと、また投資手法の複雑さや過去の実績を長期的に観察することが困難なケースが多いことから、投資対象としてはリスクが高いとされる。

なお米国大学（特に大手グループ）の運用が「オルタナティブ」に傾斜したのはさほど古いことではない。十数年前までは「株式」、「固定利付債」が中心であった。因みに二〇〇二年度では、残高一〇億ドル以上の大手グループでも、株式が四五・一％、固定利付債等二〇・五％、「オルタナティブ」は三三・九％で、この比率は二五百万ドル未満の小規模グループでも各々五五・四％、三二・〇％、一二・四％であった。なお同年度の全大学の単純平均は、各々五七・四％（加重平均では五〇・四％）、二六・九％（同二三・四％）、一四・一％（同二一・〇％）であった。二〇〇八（平二〇）年の「リーマン・ショック」等の影響で、投資対象の分散化が進んでいるように窺える。

④運用対象別収益率

次にこれらの運用対象が二〇一五年度の一年間で各々どの位の収益率を挙げたのかを、二〇一一年度（カッコ内）と比較しながら見たのが図表2－4－9である。

二〇一五年度（二〇一四年七月一日～二〇一五年六月三〇日）は全投資対象合計の収益率は二・四％で、このうち「国内株式」は米国株式市況が年前半を中心に比較的堅調であったことから、収益率は大方のグループで六～八％弱となり、全体でも六・四％となった。一方、海外株式は欧州や新興国の株価が軟調となったため、全てのグループでマイナスとなり、全体でもマイナス二・一％となった。この間、「オルタナティブ」は、国際商品市況（原油・食料品等を）が急落したこと等から収益率は全体では一・一％に止まったが、基金残高一〇億ドル以上の大手グループでは六・五％とかなり高い水準を確保した。

これをやや遡って二〇一一年度について見てみると、収益率は、「リーマン・ショック」後の世界景気や株式市場の回復等を反映して各投資対象とも極めて高い収益率を示し、全体でも一九・二%に達した。特に「国内株式」及び「海外株式」は各規模とも三〇%近い収益率を記録した。なお、残高一〇億ドル以上の大手グループと同二五百万ドル未満の小規模グループとでは、収益率（各投資対象合計）の差は二・五%に止まっている。その差は主にオルタナティブの部分（約七%ポイントの差）によるものであり、他の投資対象については、国内株式（四・五%ポイント）を除けば、総じてあまり大きな差はない。この点は二〇一五年度とほぼ同様である。

（2）米国大学基金高収益率の要因
さてこうした米国大学基金運用の高収益率の要因はどういうところにあるのか。筆者は以下の三点を指摘したい。

①分散投資と株式市場等の高パフォーマンス
既にみたように、米国大学基金の運用対象は極めて多岐に亘っているが、「国内株式」や「固定利付債」等伝統的な金融商品は、中規模グループ以下では引続き過半を占めるなど依然として最も重要な運用対象である（海外株式を含めると基金残高一〇億ドル以上の大手グループを除けば全ての基金残高区分で過半を占める）。中長期的に見ればこれら中核的な運用対象の高いパ

フォーマンスが高収益率を下支えしている。

即ち、まず米国株式市況は長期的に見れば極めて高い上昇率を維持しており、「国内株式」への投資は高いリターンをもたらしている。図表２－４－10は米国ニューヨーク市場のダウ平均株価と我が国の日経平均株価について、一九八〇（昭五五）年を一〇〇とした指数で比較したものである。米国ダウ平均株価は二〇〇二年の「ＩＴバブル」崩壊時や二〇〇八年の「リーマン・ショッ

図表 2-4-9　米国大学基金残高別投資対象別収益率（2015 年度の 1 年間、%）

（カッコ内は2011年度）

| 基金残高別 | 校数 | 収益率（合計） | 国内株式 | 固定利付債 | 海外株式 | オルタナティブ | 短期証券・現金等 |
|---|---|---|---|---|---|---|---|
| ①10億ドル以上（1150億円以上） | 94(73) | 4.3(20.1) | 7.0(32.3) | 0.5(6.6) | -0.9(29.0) | 6.5(16.9) | 0.1(6.1) |
| ②5～10億ドル未満（576～1150億円未満） | 77(66) | 2.8(18.8) | 7.8(31.2) | 0.3(6.8) | -1.5(28.6) | 3.2(16.4) | -0.3(3.1) |
| ③1～5億ドル未満（116～576億円未満） | 261(251) | 2.0(19.7) | 5.8(30.7) | 0.2(6.5) | -2.2(27.0) | 2.5(15.4) | 0.0(5.1) |
| ④50百万～1億ドル未満（58.6～116億円未満） | 167(162) | 2.0(19.3) | 6.7(30.2) | 0.0(6.4) | -2.5(27.6) | -1.6(13.9) | 0.1(3.6) |
| ⑤25百万～50百万ドル未満（28.8～58.6億円未満） | 117(134) | 1.9(19.4) | 5.9(28.5) | 0.1(6.1) | -2.4(26.5) | -1.6(12.0) | 0.0(2.2) |
| ⑥25百万ドル未満（28.8億円未満） | 96(137) | 2.3(17.6) | 6.5(27.8) | 0.7(6.6) | -2.7(25.7) | -6.5(9.5) | -0.3(4.0) |
| 合　計 | 812(823) | 2.4(19.2) | 6.4(30.1) | 0.2(6.5) | -2.1(27.2) | 1.1(14.1) | 0.0(4.2) |

（注）「オルタナティブ」には以下のものが含まれる。プライベート・エクイティ（PE.これには、LBO、M&Aファンド、海外PEが含まれる）、市場性オルタナティブ（ヘッジファンド等）、ベンチャー・キャピタル、不動産関連プライベート・エクイティ（キャンパス以外）、天然資源（石油、天然ガス、コモディティ〈国際一次産品〉、木材等）等。なおキャンパス関連不動産は「短期証券、現金等」に含まれる。

（資料）NACUBO等資料より筆者作成。

ク」時には急落したが、長期的に見ると極めて高い上昇率を示している（二〇一六年は一九八〇年に比べ実に一九・八倍に上昇）。この間、わが国日経平均株価は一九八〇年代後半の「バブル」期を除けば、米国と比較すると総じて低調で、二〇一六（平二八）年でも一九八〇（昭五五）年比僅かに二・六倍の伸びに止まっている。

また、「固定利付債」も多くの米国大学（特に基金残高が中規模以下の大学）でかなり重要な運用対象となっているが、「固定利付債」の中核である米国国債の金利は、低下傾向にあるとはいえ、依然我が国の国債金利よりもかなり高い水準を維持している（図表2‐4‐11。いずれも一〇年物長期国債）。これは、リスクの低い「固定利付債」への運用が比較的安定的な収益を生む結果に繋がっている。

こうした伝統的な金融商品が高パフォーマンスを示す中、「オルタナティブ」はリスク分散等の点で重要な地位を占めている。「オルタナティブ」は一〇数年前と比べるとシェアを大幅に拡大し基金残高一〇億ドル以上の大手グループでは過半を占め、その他のグループでもそのシェアはかなり高い。「オルタナティブ」はリスク分散の有力な手段であるとともに、資源価格や食料品価格等の上昇によって収益率引上げに貢献している。

②長期的な収益率重視の姿勢

我が国私大法人の資産運用と比較した場合の大きな特徴の一つは、米国大学基金の運用において最も重視されるのは。単年度（二一年）の収益率ではなく、「過去一〇年間平均」の収益率であるという点である。前掲のNACUBO等の資料では運用目標に関して、「もとより一年の収益

図表 2-4-10　日米の株価推移（1980 ＝ 100）

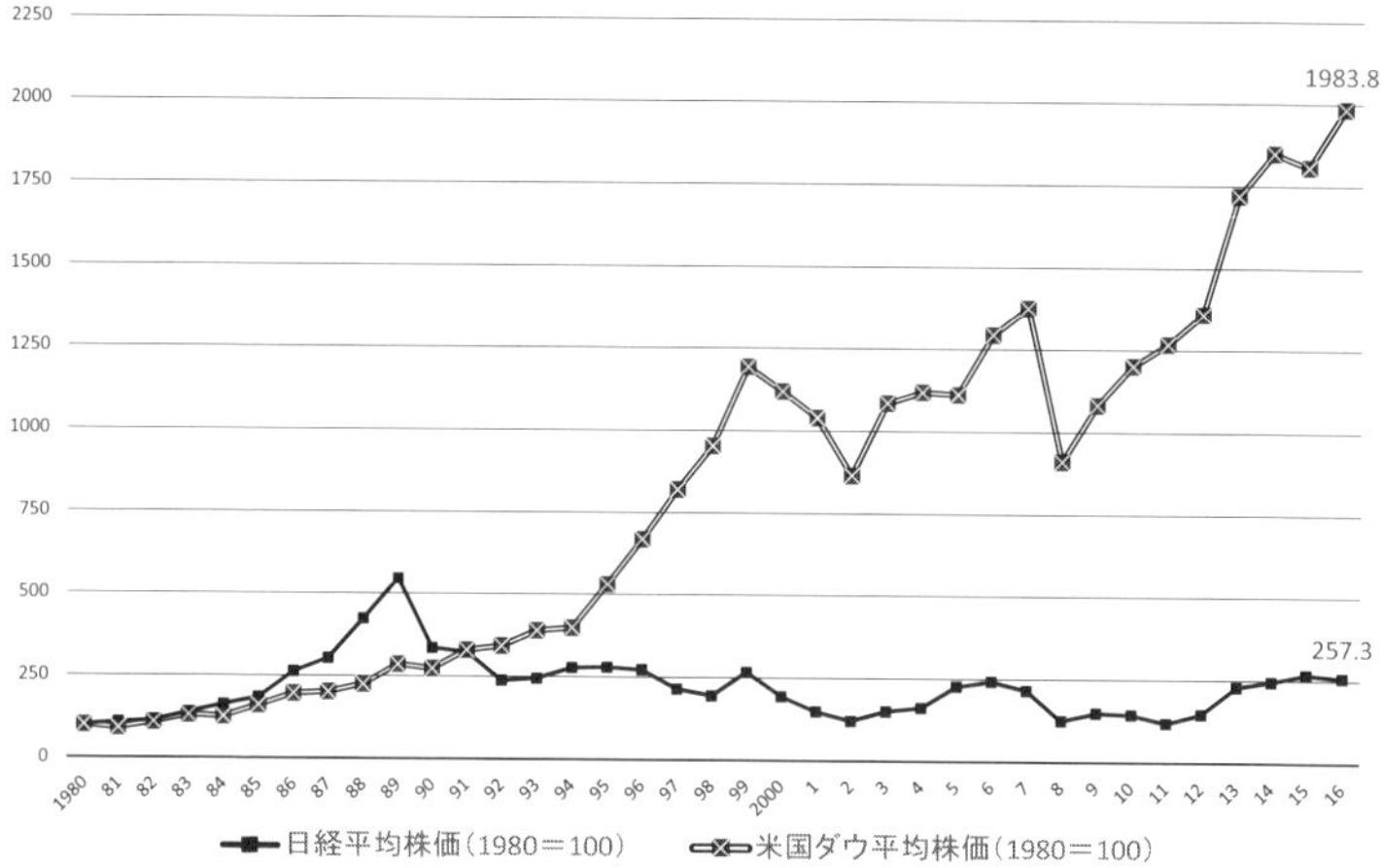


図表 2-4-11　日米の長期国債金利（10 年物）

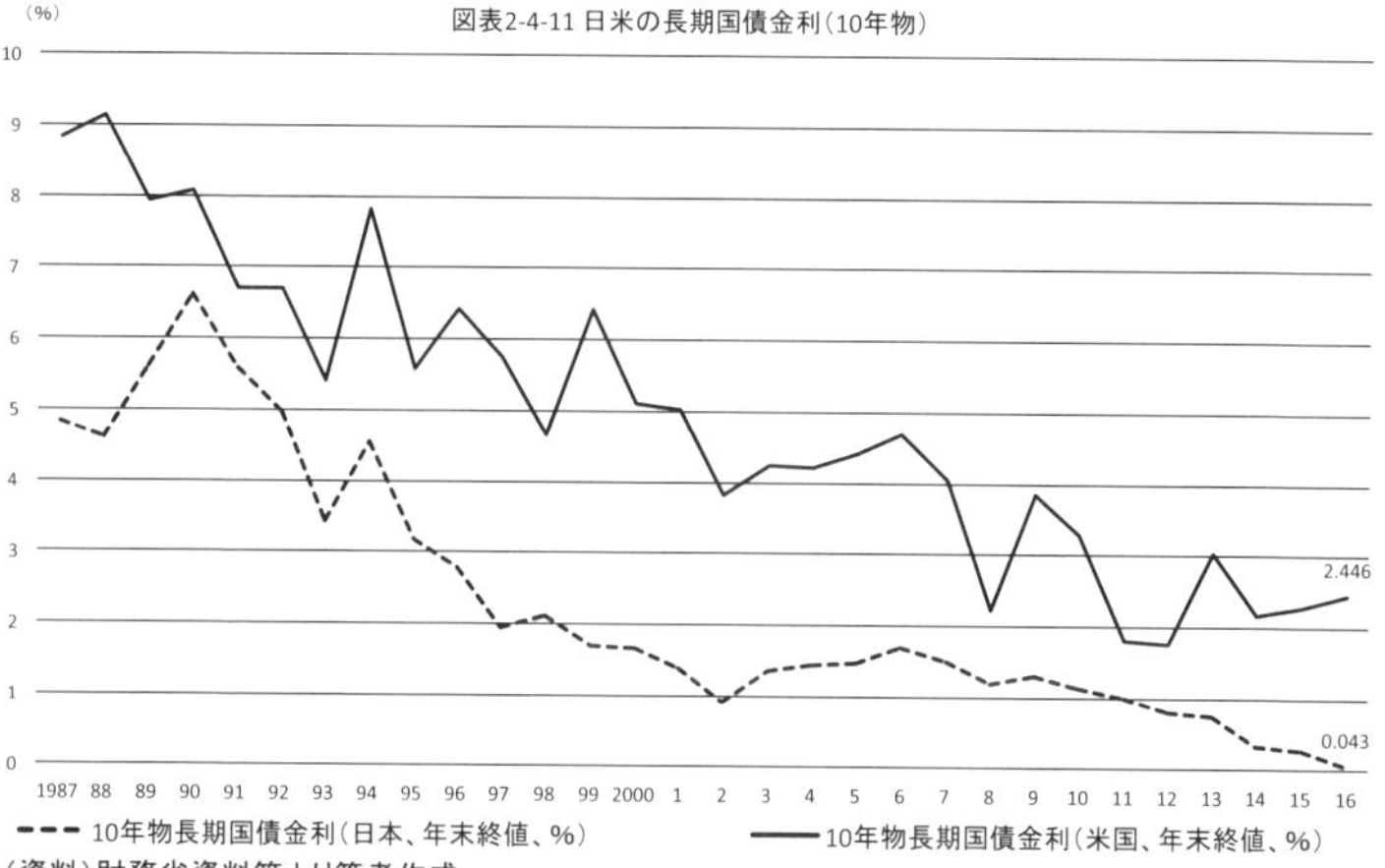


（資料）財務省資料等より筆者作成

率も重要であるが、大学基金の運用管理者の多くは長期的計画の策定においては一〇年平均の収益率を使用している」と述べている。

株式市況等は絶えず変動し、その変動幅は場合によっては「リーマン・ショック」のように極めて大きいものとなる。こうした市況の変動を受けて米国大学基金の収益率も、「一年」や「三年」程度のスパンでは大きく変動し、時には極めて大きなマイナスとなる（前掲図表2-4-6）。しかし米国では長期的収益重視の投資姿勢や「リスク」に対する認識の違いもあって、短期的変動変動に伴う損失発生については責任問題が発生することは稀である。この点、短期的収益に一喜一憂し、損失発生の責任追及が極めて厳しい我が国とは対照的である。

③外部専門家の活用

米国大学基金運用についてのもう一つの特徴は、その運用を投資顧問会社等外部の専門機関に委任する（いわゆるアウトソーシング）、或いはコンサルタントを学内の資金運用委員会の重要なメンバーとしているという点である。既にみたように、米国大学基金の運用対象は極めて多岐に亘っている。株式や債券への運用についてもリスクを軽減するためには、専門家の知識や経験が不可欠である。更に「オルタナティブ」への運用となると、極めて高度な知識と経験が必要となる。米国大学といえどもこうした面での人材が内部で確保できる大学は少ない。このため、多くの大学では投資顧問会社等への運用委託やコンサルタントを招聘している。今回のNACUBO等の報告書によれば、基金運用について、回答大学の四三％がアウトソーシングを行い、また八四％

がコンサルタントを利用している。これら顧問会社・運用会社は急拡大をしており、ある報道によると、「財団やファミリーオフィス、大学を対象とする運用会社は一〇年前の僅か数社から現在は八〇社近くに拡大しており」、「NACUBO等のデータを基にすると、高等教育機関による基金運用の二〇一五年の外部委託額は約一〇〇〇億ドルと、二〇一〇年〈約四〇〇億ドル強〉の二倍強に拡大している」（二〇一六年八月三〇日付ブルームバーグ）。

これら委託先の中には Commonfund（コモンファンド）も含まれている。このコモンファンドは一九七一年にフォード財団の寄付によって創設された非営利の資産運用法人で、その子会社とともに、大学基金や公的年金基金等の運用プログラム立案等を行っている（詳しくは https://www.commonfund.org/ を参照されたい）。我が国でもこれにヒントを得た組織として「大学資産共同運用機構」が最近設立された。既にみたように、わが国私大法人の中には、資産運用の管理体制が脆弱或いは専門家不在等の環境の下で、かなりリスクの高い運用対象に運用を行っている先が少なくない。こうした現状に鑑みれば、今回の同機構の設立は私大法人の運用体制面の不備を補うという面では前進であり、今後そうした問題を抱える私大法人にとっては、その利用も選択肢の一つとなるかもしれない。

しかしその場合でも、運用失敗の場合の責任は誰が負うのか、また仮にその責任を私大法人自身が負うこととなる場合、単年度での損益を問題視する我が国の風土の中で、私大法人は保護者や学生・卒業生等にどこまで納得のいく説明ができるのか等の問題は依然残る（なお関連する問題点については（3）で述べる）。

（3）我が国私大法人の資産運用への示唆と解決すべき問題点

以上のような、「分散投資」と「長期的な収益率重視」、そして「外部専門家の活用」が米国大学基金運用の大きな特徴である。しかし、これらは資産運用で高収益率を挙げるためのいわば「必要条件」である。仮にこれらが充足されたとしても、それが直ちに高い収益率を保証するわけではない。米国大学基金の高収益率を支えている最大の要因は、米国経済自体の極めて力強い成長力であり、またそれを体現する形で上昇を続ける米国株式市場や関連市場である。

因みに、一国の成長力を表す指標の一つに「潜在成長率」がある。これは、（正式な定義は別にして）やや感覚的に言えば、「一国の経済が持つ自然体での実力・成長力」である。この「潜在成長率」は、わが国経済産業省の「通商白書」（二〇一六年版）によれば、一九八〇年代後半（一九八六〜九一年）は日本が四・一％、米国が二・七％と我が国が米国をかなり上回っていた。しかしその後は、わが国が労働人口減少や資本投入の停滞等から潜在成長率は二〇〇〇年代入り以降一％を割り込み、最近では〇・四％程度まで落ち込んでいると見られる。一方、米国の潜在成長率は、一九九〇年代後半の三・七％からは低下しているものの、移民流入による労働力増加や生産性の伸び等から最近でも二％近い水準を維持している。これらを背景に米国株式市場は何度かの急落を経ながらも、中長期的には極めて高い上昇率を維持していることは既に見た通りである。

こうした中で、「外部専門家」を活用し、「分散投資」を進め、なおかつその結果の収益率を単年度ではなく「一〇年」スパンで評価すれば、高収益率が確保されるのはいわば当然であろう。逆に、国内経済に力強さが欠ける中、「外部専門家」もあまり活用せず、乏しい知識と経験の下

図表 2-4-12　大学の資産運用フロー

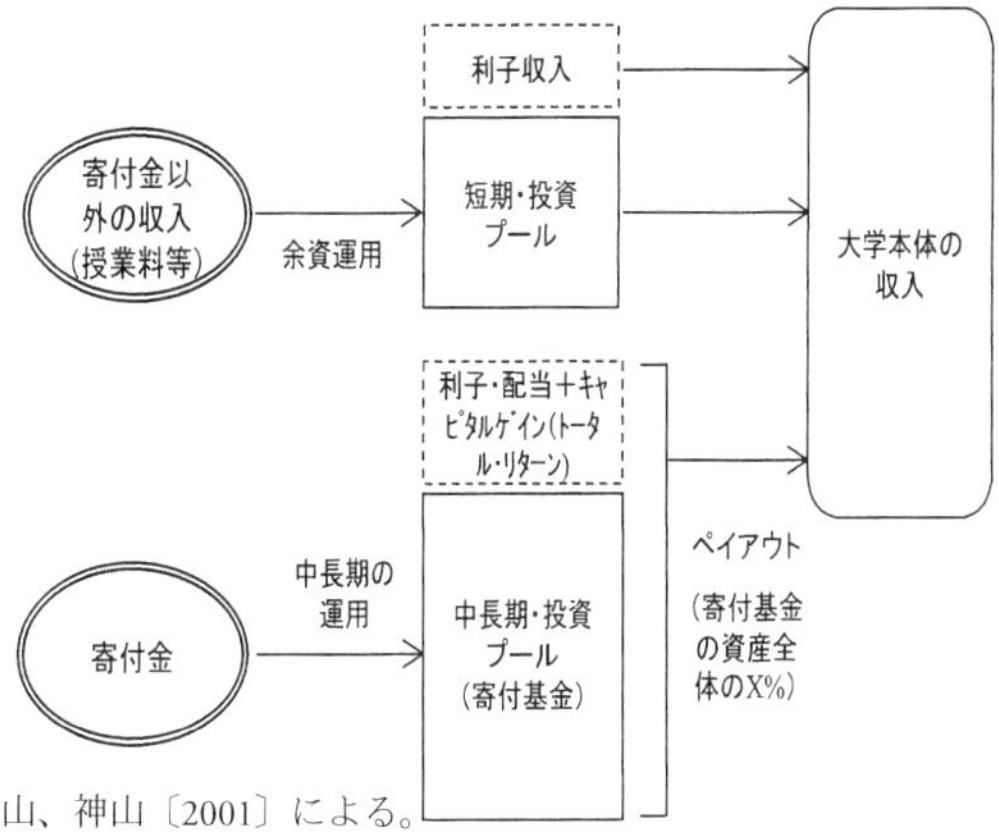


（資料）片山、神山〔2001〕による。

で「勘」だけを頼りに、「仕組債」のようなリスクの高い商品に運用しても、リスクの大きさに比べリターンの期待値は低く、良好なパフォーマンスを挙げることは困難と言えよう。

　なお我が国私大法人の資産運用については、こうした体制面等での問題に加え、解決すべき更に重要な問題が残されている。

　それは、我が国私大法人の資産運用の原資の大半が、授業料等「学生生徒等納付金」収入等に依存しているという点である。既述のように、米国大学基金の原資は大学への寄付、基金自体の運用収入等が中心である。授業料等の収入については、「授業料や事業収入、政府からの補助金など寄付金以外のほぼ全ての収入は短期の投資プールに振り向けられ、人件費の支払等運転資金として財務省短期証券など安全性の高い商品に投資される」（片山・神山〔二〇〇一〕）。即ち、図表2－4－12に見るように、「授業料収入等は財務省証券等短期の安全資産へ、寄付金等はリスク資産を中心に中長期投資へ」という形で明確に分別管理されているのである。

改めて述べるまでもなく、授業料等「学生生徒等納付金」や国・自治体からの補助金は、本来、学生の教育や教員の研究に充てられることを主眼に納付・支給されるものである。確かに私大法人の経営は一八歳人口の減少等から厳しい状況にある。しかし、それを理由にこれらの資金をリスクの高い商品に投資することは、極めて危険かつ不健全である。既述の文科省「学校法人運営調査委員会」の「学校法人の資産運用について」（二〇〇九（平二一）年一月六日付）は正にそうした点について厳しく警鐘を鳴らしている。

# 第5章　今後の私大法人の経営状況はどうなるのか

## ―二〇三〇年頃の私大経営は小規模大学を中心に危機的状況に―

ここまで私大の入学者確保状況や法人の経営・財務状況等を見てきた。本章では第2部の締め括りとして、今後の私大法人の経営状況について大まかな予測を行ってみよう。

この場合何年位先までを予測するかについては特に決め手はないがここでは今後約一五年先の「二〇三〇年」について予測を行うこととした。なお二〇三〇年は一八歳人口が一〇〇万人割れ寸前（一〇〇・八万人、翌二〇三一年には一〇〇万人割れ）まで減少するという節目の年でもある。

さて予測する主な事項は、①二〇三〇年時点で私大全体の入学者数は現状比どの程度減少しているのか、②その時点での規模別の入学者数及び入学定員充足率はどうなっているのか、③更にそれが帰属収入をどの程度変化させるのか、である。

### 予測方法の概要

（二〇三〇年の国公私立大学全体の入学者数予測）

さて、まず①の「二〇三〇年の私大全体の入学者数」を予測するために、私立大学のほか国公立大学も含めた二〇三〇年の大学全体の入学者数を予測する。

この点に関しては図表2－5－1で一九九二（平四）年以降の一八歳人口、志願者数（併願を含まず）、入学者数を示した（二〇一六〈平二八〉年までは実績）。この図を見ると近年では志願者数と入学者数とは非常に近接しており二〇三〇年までには志願者数＝入学者数の状態（いわゆる「全入」状態）となっていることはほぼ確実である。また志願者数は一八歳人口と対照すると、一八歳人口の減り方ほどではないにしても、ある程度一八歳人口の減少に沿った減少を示している。このためここでは、二〇一五年を起点としてその一五年前の二〇〇〇年から二〇一五年までの一八歳人口と志願者数の減少の相対関係が二〇一五年から二〇三〇年の間にも維持されるという形で二〇三〇年の志願者数を推計し、これを二〇三〇年の入学者数とした。その結果二〇三〇年の国公私立大学合計の志願者数（＝入学者数）は約六〇万四千人と、二〇一五年の志願者数（約六六万二千人）比▲八・六％減少する見込みとなる（詳細はコラム6の（1）参照）。なおこの二〇三〇年の入学者数を基に二〇三〇年の大学進学率（四年制大学のみ。既卒を含む）を試算すると六〇・〇％と二〇一六年（同五二・〇％）比八・〇％ポイント上昇する。近年の大学進学率の推移（前掲図表1－1－1参照）等から見てもこの入学者数の予測値は比較的無理のないものと思われる。

（二〇三〇年の私立大学の入学者数予測）

次に二〇三〇年の私立大学入学者数については、私立大学の入学者数も二〇一五年から二〇三〇年の間、国公私立大学合計の志願者数減少率と同率（前記の▲八・六％。なお二〇一六〈平二八〉年比では▲八・八％減少）で減少すると仮定すると約四四・五万人となる（コラム6の（2）参照）。

図表 2-5-1　2030 年入学者数予測（国公私立大学合計）

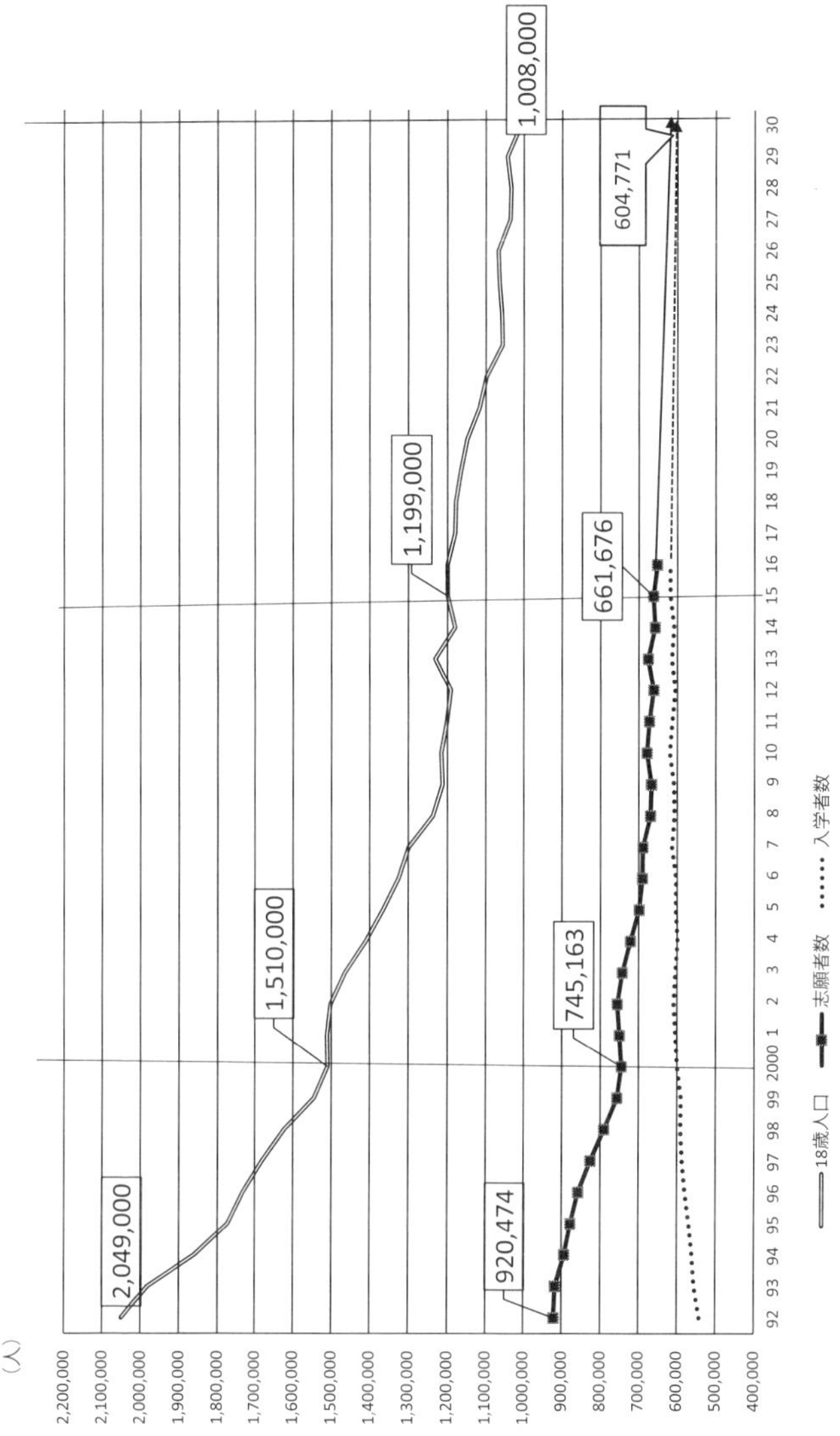


（資料）筆者作成

（二〇三〇年の私大規模別入学者数・定員充足率予測）

ここでは二〇三〇年の私大数及び入学定員合計は二〇一六年と不変と前提。その上で二〇〇三年から二〇一六年までの入学定員規模別の一校当たり入学者数の減少率が二〇一六年から二〇三〇年までの間も維持されると想定。これに基づき算出された二〇三〇年の一校当たり入学者数に校数をかけてグループ毎の入学者数を算出。その合計値と右で見た二〇三〇年の私大全体の入学者数減少との比率を各グループの計数にかけ合わせる形でグループ毎の入学者数を推計。このグループ毎の入学者数と入学定員を比較し入学定員充足率を算出（コラム6の（3）参照）。

**予測結果の概要**

さて予測の結果を「入学者数」と「入学定員充足率」についてそれぞれ規模別にみて行こう（なお、既述のようにこの予測については幾つかの前提を置いており予測結果についてはある程度幅を持ってみる必要がある）。

（入学者数等）

規模別の一校当たり入学者数の予測結果は図表2－5－2の通りである。ここでは「合計」を一番左にそして規模の小さいグループから順に並べ、それぞれ二〇〇三年の入学者数を一〇〇として二〇一六年（実績値）と二〇三〇年の予測値を表示している。

ここで特徴的なのは二〇一六年から二〇三〇年の間の入学者数の減少率は最小規模（入学定員

【コラム 6】 2030 年の入学者数等の推計方法

(1) 2030 年の国公立大学全体の入学者数

18 歳人口は 2000 年の 151.0 万人から 2015 年は 119.9 万人に約▲20.6%減少(①)。一方、志願者数はこの間、745,163 人から 661,676 人に約▲11.2%減少(②)。②/①= 0.514(③)。

また、2030 年の 18 歳人口は 100.8 万人。2015 年(119.9 万人 ,) 比減少率は▲15.9%(④)。この結果、2030 年の志願者数(入学者数と同値と前提)は 2015 年の志願者数に対し、④×③=▲8.6%減少(⑤)の 604,471 人。

661,676 × (1-0.086) = 604,771 人(⑥)

(2) 2030 年の私大入学者数

私立大学の入学者数も 2015 年から 2030 年の間、国公私立大学合計の志願者数減少率と同率(▲8.6%)で減少と仮定。この結果、2030 年の私大の志願者数(=入学者数)は、

(2015 年の私大入学者数) 487,064 人×(1-0.086) = 445,176 人

なお、直近値である 2016 年の 488,209 人比では▲8.8%の減少となる。

(3) 2030 年の私大規模別入学者数、入学定員充足率

入学定員別のグループごとに 2003 年と 2016 年の 13 年間の 1 校当たり入学者数の変化率を算出。これを 14 年間分(2016 年から 2030 年)に換算。その結果から 2030 年の 1 校当たり入学者数を推計。これをそれぞれのグループの校数に掛け合わせ、その結果得られた各グループ合計の入学者数と(2)の私大合計の 2030 年の入学者数推計値(445,176 人)との間で調整し、グループ毎の入学者数を推計。

具体的には例えば入学定員が「300 人未満」のグループの 1 校当たり入学者数は、2003 年の 184.2 人から 2016 年は 154.5 人とこの 13 年間で 0.839 倍に減少。これを 14 年間(2016 年から 2030 年)に換算すると 0.826 倍。これを同グループの 2016 年の 1 校当たり入学者数に掛けると 127.7 人。これを同グループの校数に掛けて全グループの合計値(473,579 人)を算出。この合計値と(2)の 2030 年の私大合計の入学者数(445,176 人)との比率(0.94)を掛けると、入学定員「300 人未満」のグループの 2030 年の入学者数は 26,413 人と、2016 年(33,998 人)比▲22.3%の減少となる(1 校当たり入学者数も同じ減少率)。

これとこのグループの入学定員(37,383 人)との比率が入学定員充足率(70.7%)となる。

図表 2-5-2　規模別 1 校当たり入学者数予測（2003 年＝ 100）

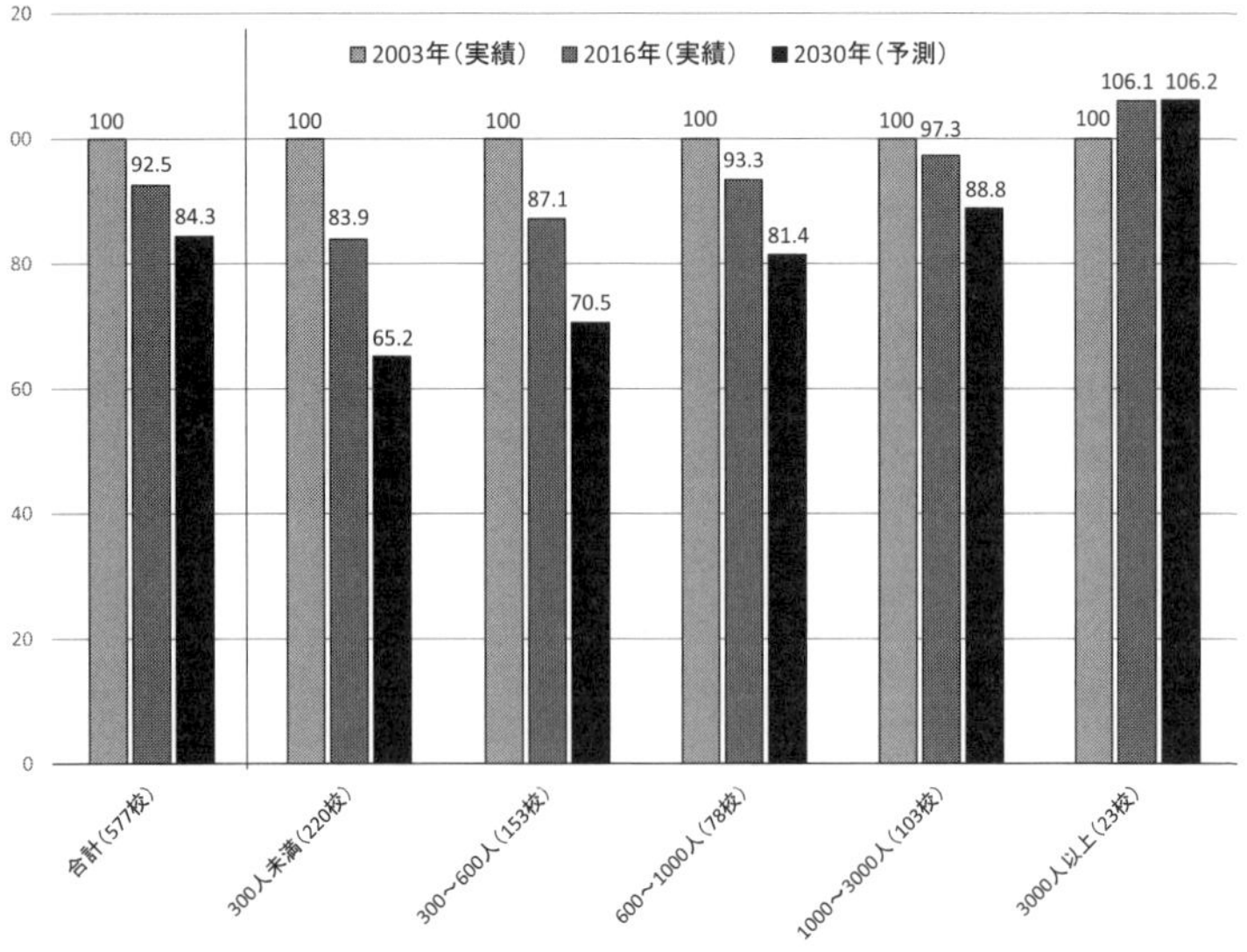


（資料）筆者作成

三〇〇人未満）で最大となり、その減少率は規模が大きくなるほど縮小し、最大規模グループ（同三〇〇〇人以上）のみがプラスとなっているという点である。

即ち、入学定員が「三〇〇人未満」の最小グループ（二二〇校）では二〇三〇年の入学者数は二〇一六年比▲二二・三％減少し二〇〇三年を一〇〇とした数値では六五・二まで落ち込む。以下、「三〇〇～六〇〇人未満」（一五三校）校）では▲一九・〇％減少し七〇・五に、「六〇〇～一〇〇〇人未満」（七八校）では▲一二・八％減少し八一・四に、「一〇〇〇～三〇〇〇人未満」（一〇三校）では▲八・七％減少し八八・八に低下する。そして「三〇〇〇人以上」（二三校）のみがプラス〇・一％増加し一〇六・二と二〇一六年（一〇六・一）比ほぼ横這いに止まる。

図表2-5-3　規模別入学定員充足率予測（%）

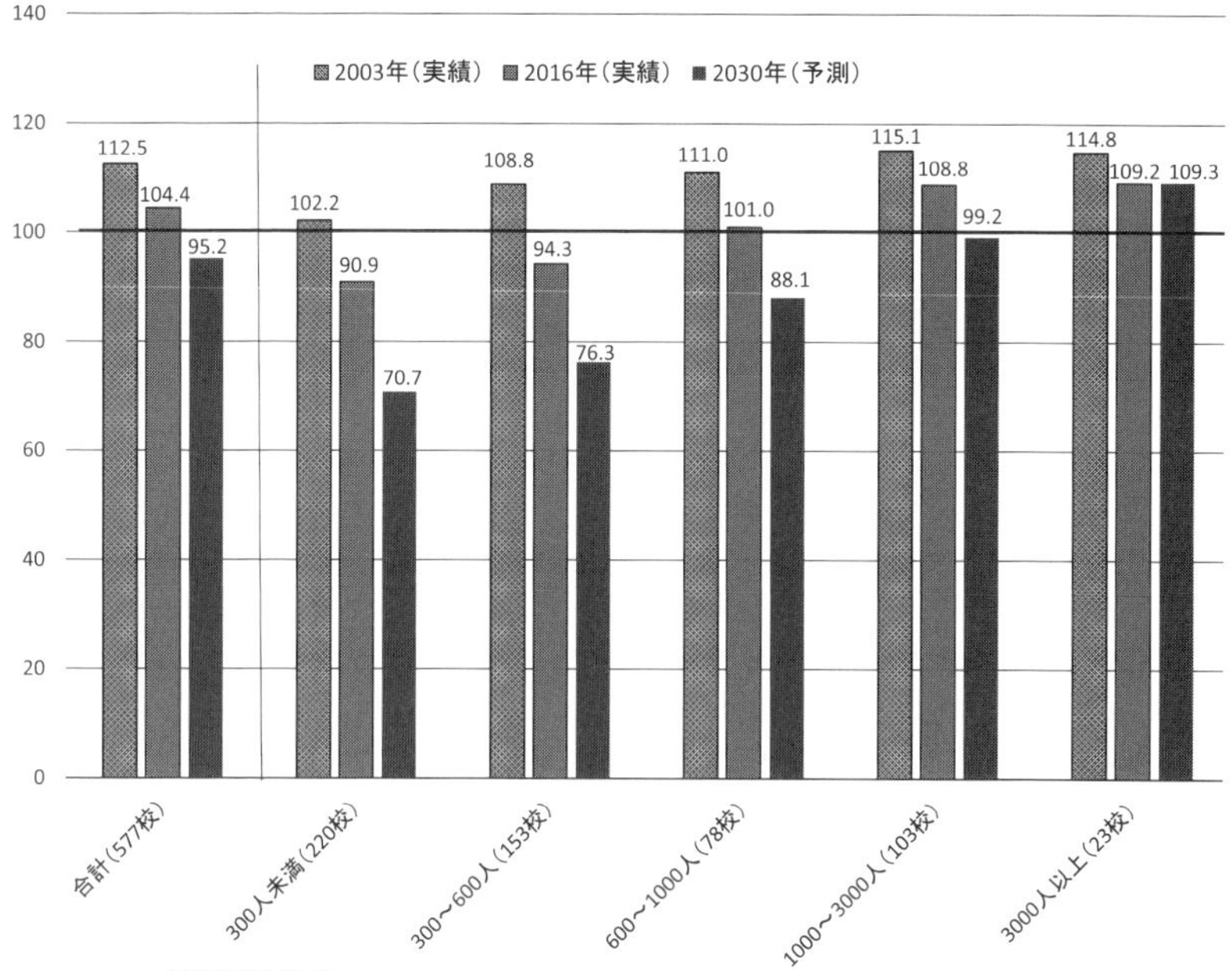


（資料）筆者作成

これは二〇三〇年にかけても入学者市場の規模が縮小を続ける中で、二〇〇三年から二〇一六年の間で観察された「小規模大学から規模の大きい大学（特に入学定員三〇〇〇人以上の大規模大学）への入学者のシフト」傾向が今後も同じテンポで続くとの前提を置いていることによるものである。このシフト傾向については第1章で分析・確認をしたところであり、また先般の文科省の「入学定員管理」強化措置を眺めた大規模大学等の「駆け込み定員増申請」等から見ても、先行き大きな変化が出てくる可能性は乏しい。

（入学定員充足率）

入学定員充足率の予測結果を規模

別に見たのが図表2－5－3である。「合計」や規模別の並べ方は前掲図表2－5－2と同じである。

ここでの特徴点は前掲図表2－5－2と同様、規模が小さくなればなるほど入学定員充足率の低下が顕著である一方、大規模大学では現状と殆ど不変となっている点である。

即ち、入学定員が最小の「三〇〇人未満」のグループ（二二〇校）では二〇三〇年の入学定員充足率は七〇・七％と二〇一六年実績値（九〇・九％）比▲二〇・二％ポイントも低下する。以下、「三〇〇～六〇〇人未満」（一五三校）は七六・三％（二〇一六年実績値九四・三％比▲一八・〇％ポイント低下）、「六〇〇～一〇〇〇人未満」（七八校）は八八・一％（同一〇一・〇％比▲一二・九％ポイント低下）、「一〇〇〇～三〇〇〇人未満」（一〇三校）は九九・二％（同一〇八・八％比▲九・六％ポイント低下）となっている。そして「三〇〇〇人以上」（二三校）のみが一〇九・三％と二〇一六年実績（一〇九・二％）比プラス〇・一％ポイントの上昇となっている。

**帰属収入への影響**

では、こうした入学者数の減少は私大法人の財政、特に帰属収入にどの程度のインパクトを及ぼすのだろうか。

しかし残念ながら、入学定員規模別入学者数のデータと私大法人の実員規模別財務状況とを対応させた統計は公表されていない。また、後者の「実員規模別財務状況」については「医歯系法人」も含んだ「全法人ベース」のみ公表されている。「医歯系法人」は既述のように帰属収入に占める「事業収入」のウェイトが著しく高く、その分、「学生生徒等納付金」等のウェイトは低くなる。このため、右で検討したような入学者数減少の影響はかなり小さく出ることとなる。

これらの点に鑑みここでは、「除く医歯系」ベースで推計する。(40)

まず入学者数の減少は、学生数の減少を通じて授業料等学生生徒等納付金、手数料（入試検定料が大半）、補助金の三つを減少させる。「除く医歯系」ベースでは、帰属収入に占めるこれら三つの費目の占める割合は八四％（二〇一四年度）である。

二〇三〇年の私大入学者数は右の予測によれば二〇一六年に比べ平均▲八・八％減少する。このため二〇三〇年の帰属収入は（二〇一六年と二〇一四年の帰属収入が同水準と仮定すると）二〇一四年比平均▲七・四％（▲八・八％×八四％）減少する。特に最小グループ（「三〇〇人未満」）では▲一八・七％減少し、以下「三〇〇～六〇〇人未満」▲一六・〇％、「六〇〇～一〇〇〇人未満」▲一〇・八％、「一〇〇〇～三〇〇〇人未満」▲七・三％、「三〇〇〇人以上」プラス〇・一％となる。

以上を総括すると以下の通りである。

---

40　なお入学定員規模別の五つの区分と実員規模別の五つの区分とは各区分に含まれる大学・法人及びその数は異なるが、ここでは便宜上大まかには対応していると仮定する（例：入学定員の最小グループに属する大学は実員規模別の最小グループの法人に属する）。なお、入学定員別及び実員規模別の大学数及び法人数（カッコ内）は規模の小さい方から順に、①二二〇大学（一七六法人）、②一五三大学（九九法人）、③七八大学（一一二法人）、④一〇三大学（八五法人）、⑤二三大学（七二法人）であり合計は五七七大学（五四四法人）である（大学数は二〇一六年度、法人数は二〇一四年度）。なお法人数は「医歯系」を含む「全法人」ベースで、大学数も医歯系大学を含んでいる。

①二〇三〇年までの一四年間で私大入学者数は現在（二〇一六年）比▲八・八％減少。
②その中では小規模大学（法人）への影響が甚大。
㋐小規模大学（入学定員「三〇〇人未満」二二〇校及び「三〇〇〜六〇〇人未満」一五三校）の入学者数は現在（二〇一六年）比いずれも約二割減少。
㋑その結果、これら二つのグループの二〇三〇年の入学定員充足率は現在（二〇一六年）比約二〇％ポイント低下し、七〇〜七六％まで低下。
㋒このため小規模グループの法人の二〇三〇年の帰属収入は現状比平均▲一六〜一九％減少。

現状でも小規模法人の経営は総じてかなり厳しい状況にある。入学者確保難が続く中で人件費等経費の削減等で辛うじて存続している先も少なくない。こうした状況下で今後一〇数年のうちに入学者数や帰属収入が現在よりも二割前後も減少した場合、生き残りは極めて厳しくなる。特に、この「二割」前後の減少率はあくまで「平均値」でありこれよりも減少率が大きくなる法人も数多く出てくる可能性が大きい。このため事態は危機的状況となる恐れが大きい。

私大法人にとっては、今後の一〇数年が「正念場」であり、この間の経営・教学両面に亘る改革努力の如何が「生死」をかなり左右することとなるだろう。

一方、第3部で見るように、こうした危機的事態に対する文科省の「備え」の整備は大きく遅れており、この点極めて憂慮されるところである。

# 第3部　「私大問題」への文科省の対応と今後の展望

## 構造調整問題としての「私大問題」

ここまでは、私立大学を中心とする高等教育行政の変遷等（第1部）、私大入学者市場と私大法人経営の現況及びこれらの今後の見通し等（第2部）を見てきた。それらから窺われるのは、①私大市場は需要（一八歳人口あるいは大学進学希望者数）が趨勢的・構造的な減少過程にあり一種の「構造不況業種」化していること、②そして通常、「構造不況業種」的な業種では供給が減少・削減されいずれかの時点では需給が均衡するが、私大業界では逆に供給（大学数、定員）が恒常的に増加し、需給バランスは大きく崩れつつある（特に中小私大）という点である。

従って、一部に破綻や募集停止を余儀なくされた私大法人が出ているとはいえ、現状はまだ調整圧力は特に大きなものとしては表面化していないが、私大業界もいずれ遠くない時点で大規模な構造調整を強いられる可能性は極めて高いと見られる（情報開示の不徹底等の「情報の非対称性」[41]等、構造調整圧力を妨げている要因は残っているが、それも需給の不均衡から生ずる大規模な構造調整圧力の前では限定的にしか作用しないだろう）。筆者は、こうした今後の私大市場の構造調整問題を「私大問題」と総称することとしたい。

では、国（文科省）はこの「私大問題」をどう捉え、どう取り組んでいるのだろうか。そしてそれらに潜む問題点は何か。第3部では、これらの点について筆者の理解を基に整理をしてみたい。

## 「私大問題」への文科省の捉え方

まず、この「私大問題」を文科省はどう捉えているのだろうか。

この問題に対する同省の公式的な見解は特段公表されていない。しかし、事態が次第に悪化しているとの認識は当然持っているだろう。「事態が悪化している」要因は、一八歳人口の減少が続いているという「需要面」の問題もさることながら、大学数や定員の増加等「供給面」の問題も大きい。大学数や定員の増加については、文科省としては中々悩ましい問題であろう。大学業界全体の規模が増大していくことは、当然需給バランスを更に崩れさせ（特に中小私大）、「私大問題」の解決を一層困難化させる。しかし、大学・学部の新増設・定員増申請は、高等教育を受ける機会への社会的ニーズの増大をある程度反映したものでもあり、その限りにおいては（特段の問題がある場合以外は）これを阻止すべき理由は無いということになる（また、後述のように「私学の自主性尊重」という微妙な点も関係する）。

また、文科省としては、こうした「規模拡大」は「規制緩和」の流れとも結びついていることも悩ましいところだろう。即ち、一九九〇年代後半以降、「規制緩和」は政府・与党、財界等では、政治や経済・社会運営のいわば「基本的原理」として圧倒的な重みを持っている。既にみたように、嘗て我が国の高等教育行政においては、一九七〇年代半ばから八〇年代半ばまでの約一〇年間は、それまでの「規模拡大期」への反省等から、「教育の質」の重視等の観点から、大学数や定員数については「抑制方針」が取られていた。しかし、「規制緩和」の流れが怒涛のように入ってきた一九九〇年代以降は、「抑制方針」の撤廃を余儀なくされ、一九六〇年代以降の規模拡大期に似た「レッセフェール」型の高等教育行政に回帰している。以来、大学・学部等の新増設や定員増の認可申請も特に問題を含む案件以外はほぼ例外なく認可されている。その結果、大学設置審等では新設大学の定員大幅未充足や教育の質劣化等の「歪み」について、極めて厳しい状況が報告されていることは既にみた通りである。

従って、教育行政を預かる同省としては本来、教育の質や私学経営健全性の確保の観点から、規制緩和の速度や内容の見直しを図るべきところかもしれない。

しかし、こうした「歪み」の問題はあっても、「規制緩和」は政府・与党や財界等を通底する基本原則である。ましてや同省は必ずしも「有力官庁」とは目されず、政権中枢に対する影響力は極めて限られている。このため文科省としては、この大きな流れには極力抗わないということがベストの選択ということになる。

また、文科省にとっては、「私学の自主性尊重」ということも重要な原則である。

41　経済取引を行う当事者間で各々が保有する情報の量や質に格差があること。詳しくは後述第4章2及び同4の（4）を参照。

私立学校制度は、「私学の自主性への信頼を基礎に、行政の関与を最低限に抑制する制度として定着している」（「解散命令等に係る課題を踏まえた今後の対応の在り方について」、二〇一三〈平二五〉年八月、大学設置・学校法人審議会学校法人分科会報告）。このため、大学・学部等の新増設や定員増等の申請等も含めて、学校法人の運営は当該学校法人自身の自主的な判断と責任の下に行われるべきものであって、行政の関与は最大限抑制することが求められるということになる。この結果、「私学の自主性尊重」と「行政の関与の抑制」が、「私大問題」への同省の基本的スタンスとなる。

なお、こうしたスタンスを取ることは、実は同省にとっては、「居心地の良い」ものかもしれない。なぜならば、「私大問題」に本格的に対応する、即ち、個々の私大法人の教育や経営状況を絶えず詳細に調査・把握し、それらに応じた対策を個別に講じていく（場合によっては公的資金投入も視野に入れる）等の対応を取ろうとすれば、膨大な人員・組織と予算そしてエネルギーを必要とする。これは、金融業界を所管する大蔵省（現財務省、金融庁）の体制を見れば明らかであろう。文科省には現状、そうした人員・組織や予算は当然具備されておらず、またそれらを要求するエネルギーも乏しい。このような「台所事情」からすれば、「私大の自主性尊重」という看板は、文科省としては「私大問題」について社会からも特段突っ込んだ対応を求められず、極めて好都合のものとなる。従って文科省としては、私学問題への関与は指導・助言等に極力限定し、その中で落ちこぼれてくる私大が募集停止や破綻（更に場合によっては解散）という形で市場から退場する際の「退場口」をある程度整備しておくということが最も無難な対応策となっていく。

以上を整理すると文科省の「私大問題」への基本的スタンスは以下の通りである。

これらの多くは、後に見るように、同省高等教育局のプロジェクトチームの報告書等に色濃く浸み出ている。

①私大数・定員数増大や規制緩和については基本的には容認する。
②「私大問題」は、あくまでも私学自身の「自助努力」による解決を大前提とする。
③文科省は私学の自主的な解決に向けた努力を促すための指導・助言に徹する。
④文科省は自主的努力でも問題が解決しない学校法人が市場から少しでも円滑に退場できるよう在学生の転学支援等修学機会の確保を第一に「退場口」の整備を進めておく。
⑤なお「公的資金投入」等による学校法人の「救済」は行わない（この点は後述）。

# 第2章　私大の自助努力支援

右で述べたような、文科省の基本的スタンスを、「私大の自助努力支援」と「退場口の整備」に分けて各々に関連する事項を図式化したのが、図表3‐2‐1である。

まず本章では、「私大の自助努力支援」について概観する。これは、1ガバナンス改革支援と、2文科省等による指導・助言、の二つから成る。このうち、「1ガバナンス改革支援」は、私大が教育の質の維持向上や経営改善に向けて自ら判断し決定・実行できる体制を構築できるよう法制面の整備を進めようとするものである。また、「2文科省等による指導・助言」は、個々の私大法人による、教育や経営の改善に向けた自主的努力を促す方向で文科省や私学事業団が指導・助言を行うものである（なお、このほか、私立大学の教育の質の維持向上や経営改善等を促すための手段として「第三者評価」〈認証評価〉があるがここでは立入らない）。

## 1　ガバナンス改革支援

### （1）「ガバナンス」の意味と学校法人の法律体系

近年の大学改革における最も重要なキーワードの一つがこの「ガバナンス改革」である。「ガバナンス」という言葉は論者によりかなり多義的に使用される。筆者は以下のように定義したい。

図表 3-2-1 「私大問題」に対する文科省の対応（概念図）

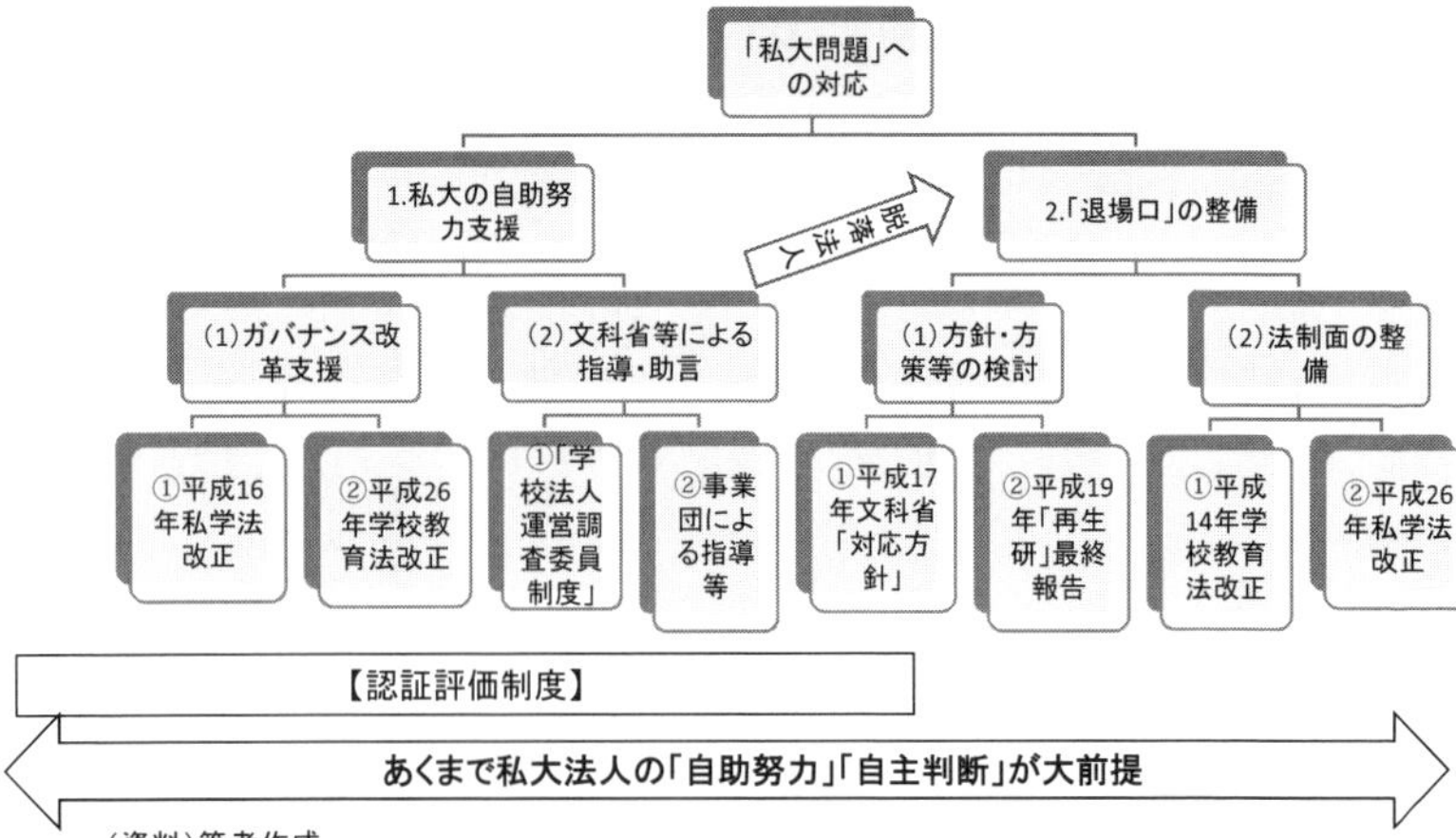


（資料）筆者作成

「組織における意思決定と実行に係る権限・責任体制及びそれらに対するチェック機能」

要は、組織の中で、誰が意思決定を行うのか、その意思決定の実行はどう担保されるのか、そしてその決定や実行が妥当なものかをチェックするシステムが整備されているか、ということである。これは一般企業等では比較的理解される原理であり、その更なる整備に向けた努力も続けられている（例えば、最近における「コーポレートガバナンス・コード」の策定など。同コードは、上場企業が守るべき行動規範を示した企業統治の指針。二〇一五年三月、金融庁と東京証券取引所が取り纏め、同年六月から適用開始）。

しかし、一般企業等と比較すると、私立大学のガバナンスはかなり複雑・特異な構造を持つ。その大きな原因は、教育・研究を統括する部門（「教学」）と経営を統括する部門（「経営」）とが各々異なる法律で

図表 3-2-2　私立大学のガバナンス構造

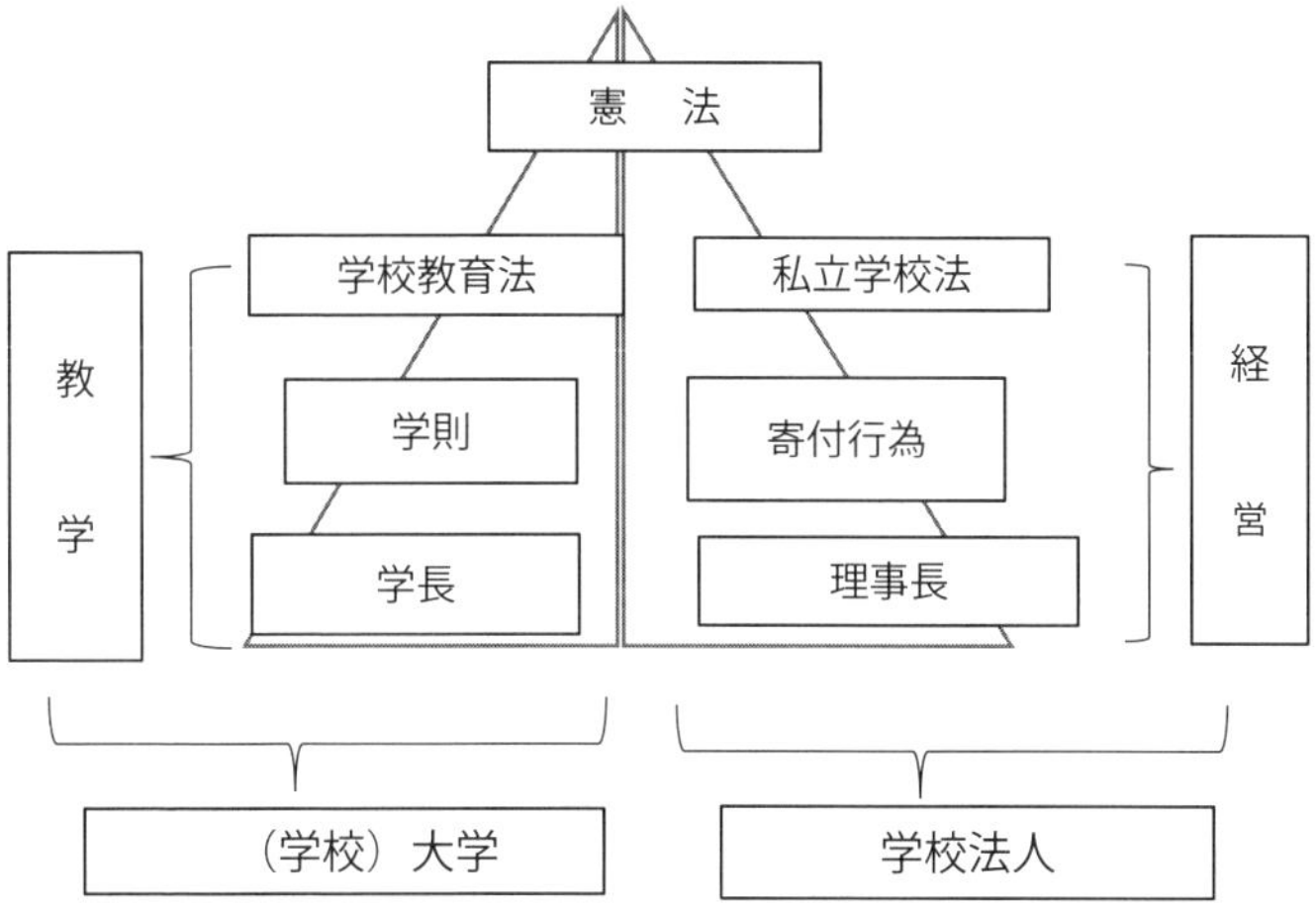


（資料）筆者作成

律せられているという点にある（図表3－2－2）。

即ち、「経営」については、「私立学校法」が「学校法人」の意思決定組織等に関する事項（理事長、理事会、監事、評議員会等）について規定する。各学校法人はこれを遵守しつつ、更に自法人の実情に即した組織・権限構造等を「寄附行為」という形で具体化する。そしてこれらに基づき、理事長や理事会等がその学校法人の経営を行う。一方、「教学」については「学校教育法」が、教育研究の組織としての「大学」等に係る事項（学長、学部長、教授会等）について規定する。各大学はこれを遵守しつつ、各大学独自の「学則」を定める。これらに沿って、学長は当該大学の教育研究活動を推進する。

このように私立大学は、本来は一つの組織であるにもかかわらず、異なる法律体系で別々に規律される。このため「理事長」と「学長」という二つの意思決定機関・実行系列が存在するという一種の「二重構造」にある。これが大学の「ガバナンス問題」を複雑化させている大きな要因である。[42]

こうした大学（特に私立大学）の「ガバナンス」強化・改革の必要性については注42の中教審大学分科会答申以前にも、各種の審議会答申等で指摘されてきた。例えば、「二一世紀の大学像と今後の改革支援について」（一九九八〈平一〇〉年一〇月大学審議会答申）では、大学ガバナンスの在り方について幅広い提言を行っている。また、二〇一二（平二四）年八月の中教審答申「新たな未来を築くための大学教育の質的転換に向けて」においても、「実効性ある全学的なガバナンスと財政基盤の確立が求められる」としている。さらに大学のガバナンス強化を求める声は財界からも強まっている。代表的なものとしては、経済同友会の「私立大学におけるガバナンス改革――高等教育の質の向上を目指して――」（二〇一二〈平二四〉年三月発表）がある。その中では、理事会の権限及び経営・監督機能の強化、学長等の権限強化、教授会の機能・役割の明確化等数々の提言を行っている。

これらを受けて、私立大学のガバナンス改革に関する法整備が、以下に見るように、経営面（私学法改正）・教学面（学校教育法改正）両面で進められている。

（2）二〇〇四（平一六）年の私学法改正

私立大学の「経営」に関する事項は私学法で規定されている。その私学法は一九四九（昭二四）

年の公布後特段大きな改正は無かったが、二〇〇四（平一六）年重要な改正が行われた。改正の趣旨は、「学校法人を巡る近年の状況等に適切に対応するとともに、様々な課題に対して主体的かつ機動的に対処できる体制にしていくこと」（「私立学校法の一部を改正する法律等の施行について」〈平成一六年七月二三日付文科省事務次官通知〉、以下「次官通知」）である。主な改正点は以下の通りである。

（ア）学校法人の管理運営制度の改善

①理事制度の改善

㋐学校法人に理事会を置くこととし、理事会は学校法人の業務を決し、理事の職務の執行を監督することに改正された（第三六条）。

……平成一六年改正前の私学法には、理事会に関する特段の規程は無かった。当時は殆どの学校法人が各々の寄付行為で理事会を設置していたが、その機能や権限も様々であった。このため私学法を改正し、理事会を必置の機関とし、業務を決する最終機関とした。併せて理事の職務を

42　この点に関して二〇一四（平二六）年二月一二日中教審大学分科会「大学のガバナンス改革の推進について」でも、「大学内でガバナンスが効果的に機能していない原因」として、「教学面と経営面とで別々の法体系によって規定されている各機関が、それぞれどのような関係にあるのか、十分理解されていないところから生じている場合も少なくない」と指摘している。もっとも、私立大学のガバナンスが十分機能しない要因はこれに限らない。古くからの「大学の自治」の伝統とこれに由来する教授会の強い権限意識、そして従来は一八歳人口の増加等から、特殊なケースを除けば特段「ガバナンス」が問題視されることは余り無かったこと等各種の要因が複雑に絡み合っている。

監督する機能を付与した。

㋑理事長は学校法人を代表し、その業務を総理することとされた（第三七条第一項）

㋒理事（理事長を除く）は、寄附行為の定めるところにより、学校法人を代表し、理事長を補佐して学校法人を掌理する等とされた（第三七条第二項）

……平成一六年改正前私学法では、全ての理事が平等に代表権を有することを原則としたうえで、寄附行為によりこれを制限できることとしていた。しかし実態的には、殆どの学校法人が代表権を理事長や一部の理事に限定して付与していたことから、より実態に即した制度とすることとされた。併せて、執行機関としての理事と意思決定機関としての理事会の機能区分を明確化する観点から、原則として理事長のみが代表権を有することとされた。そのうえで、必要に応じ、寄附行為で定めた場合には、他の理事も代表権を有することが可能な制度とした。

㋓理事のうちには、その選任の際現に当該法人の役員又は職員でない者（「外部理事」）を一名以上選出することとされた（第三八条第五項。なお後述の「外部監事」も同条が規定）。

……外部理事については、「学校法人の運営に多様な意見を取り入れ、経営機能の強化に資する」（「次官通知」）ことを目的として導入された。

②監事制度の改善

㋐監事の職務として新たに、学校法人の業務又は財産の状況について、毎会計年度監査報告書を作成し、当該年度終了後二月以内に理事会及び評議員会に提出することを加えるほか、これに付随する関係事項の整備を行った（第三七条第三項）。

㋑監事は評議員会の同意を得て理事長が選任することとされた（第三八条第四項）。

㋒監事のうちには、その選任の際現に当該学校法人の役員又は職員でない者（「外部監事」）を一名以上選任することとされ（第三八条第五項）。


……既述のように、「ガバナンス」の充実については、単に「意思決定」の権限・責任体制の確立等のみでそれが強化される訳ではなく、意思決定や実行の妥当性のチェックが極めて重要である。如何に優れた理事長や理事会であっても、時として妥当性に疑問符の付く決定を行う可能性がある。そうした場合に、理事会とはやや距離を置いた立場から「物申す」ことは極めて重要な意味を持つ。「監事制度」はこの点で重要な役割を果たすことが期待される。しかし監事について従来は第三五条で、「学校法人には、役員として理事五人以上及び監事二人以上を置かなければならない」とあるのみで、その任期や選任・解任の手続き等については特段の規定は無く、学校法人の判断によって寄附行為において定める等となっていた。しかし理事の業務等を監査する監事が理事長や理事によって選任される場合があるなど不適当な取扱いの例が見られた。このため、平成一六年改正では、第三〇条第一項第五号において、「役員の定数、任期、選任及び解任の方法その他役員に関する規定」を寄附行為の必要的記載事項とするとともに、第三八条第四項において監事の選任方法を「評議員会の同意を得て理事長が選任する」旨規定した。

なお、監事による監査の対象範囲について「次官通知」は、「財務に関する部分に限られるものではなく、学校法人の運営全般が対象となることに留意されたい」旨述べている。「監事制度」を如何にして実効あるものにしていくのか、特に「教学事項」にどこまで踏み込んで監査を行うのか（行えるのか）。これは、単に法制上の問題にとどまらず、経営・教学両面の改革に向けた各学校法人の真剣度が問われる重要な点と言えよう。

③評議員会制度の改善

㋐事業計画については、理事長においてあらかじめ評議員会の意見を聞かなければならないこととされた（第四二条第一項第二号）。

㋑理事長は、毎会計年度終了後二月以内に決算とともに事業の実績を評議員会に報告し、その意見を求めなければならないこととされた（第四六条）。

……「評議員会制度」も「監事制度」と並ぶチェック機能の一つとして期待されている。「あらかじめ評議員会の意見を聞かなければならない」事項としては、平成一六年改正前の私学法でも、予算・借入金、寄付行為変更、合併、解散等が列挙されていたが、同年改正で「事業計画」が追加された。当該改正は、「評議員会が、理事会の行う学校法人の業務の決定に際し、当該決定が適切なものであるか判断し的確な意見を述べるとともに、学校法人の公共性を高めるために必要なチェックができるようにするためのものである」（「次官通知」）。

……なお、評議員会について次官通知は、「諮問機関としての位置づけを原則としつつ寄附行為の定めにより重要事項の決定について評議員会の議決を要することとできる現行制度について今回変更するものではない」としたうえで、「議決を要することとした場合」に評議員会が理事会決定と異なる議決を行った場合については、「議決を要するとしている場合についても、理事会が業務の決定を行うに当たり、評議員会の意思を確認する方法として同意の議決を必要としているという性質のものであり、学校法人の運営についての最終的な責任は理事会が負うものである点に留意されたい」（「次官通知」）としている。

このように寄付行為で、事項によってはこれを「評議員会の議決を要することとできる」事項とすることが出来ることとされている。しかしその場合、評議員会と理事会とが異なる議決を行った場合どうするのかという問題がある。また最近、評議員会自体を正式な議決機関にしようとの議論もある。これらの点については第4章3で検討する。

（イ）財務情報の公開

㋐学校法人は、毎会計年度終了後二月以内に、財産目録、貸借対照表及び収支計算書のほか、事業報告書を作成しなければならないこととされた（第四七条第一項）。

㋑学校法人は、これらの書類及び監事の作成する監査報告書を各事務所に備えて置き、在学者その他の利害関係人から請求があった場合には、正当な理由がある場合を除いて、これを閲覧に供しなければならないこととされた（第四七条第二項）。

……当該改正について「次官通知」では、「学校法人が公共性の高い法人としての説明責任を果たし、関係者の理解と協力を一層得られるようにしていく観点から、従前より義務付けられている財務書類の作成及び事務所への備え置きに加えて、新たに一定の書類を関係者への閲覧に供することを義務付けたものである」、「今回の改正内容は（中略）学校法人に義務付けるべき最低限の内容を規定したものであり、（中略）各学校法人においては法律に規定する内容に加え、（中略）より積極的な対応が期待されている」としている。

後述のように、右の条項で求められている財務情報の公開については、殆どの私大法人でこれに基づいて公開が行われている。しかし、公開方法、公開の対象者、教育関連も含めた公開情報の範囲等の点で依然不十分なものに止まっている（後述、第4章2参照）。

### （3）二〇一四（平二六）の年学校教育法改正

このように、「経営」（或いは学校法人）関係のガバナンス改革は私学法の改正によって進められている。しかし、政府や財界がより問題視しているのは、むしろ「教学」分野における「ガバナンス強化」、特に学長のリーダーシップ強化及びこれを確保するための「教授会」の役割の明確化である。この点について政府としてのスタンスを明確に打ち出したのが、二〇一三（平二五）年五月二八日の教育再生実行会議第三次提言「これからの大学教育の在り方について」である。同提言は、「学長が全学的なリーダーシップをとれる体制の整備を進める。（中略）学長選考方法等の在り方も検討する。また教授会の役割を明確化する。（中略）監事の業務監査機能の強化等について学校教育法等の法令改正の検討を行う」としている。

これを受けて、中教審大学分科会は、二〇一四（平二六）年二月一二日、「大学のガバナンス改革の推進について」を答申した。同答申は、学長のリーダーシップ強化を中心に、①学長のリーダーシップ確立（総括副学長設置等学長補佐体制の強化、学長裁量経費の確保等）、②学長・学部長の選考方法・業績評価、③監事の役割強化、④教授会の役割の明確化等、教育再生実行会議第三次提言にほぼ沿った内容となっている。

さらに既述のように、財界からも私立大学のガバナンス強化を求める声が強まっている。即ち経済同友会は、二〇一二(平二四)年三月、「私立大学におけるガバナンス改革――高等教育の質の向上を目指して――」を発表、私立大学の現状について、「教育・研究機関としての大学の重要性は高まっているが、我が国の大学はその役割を十分果たしているとは言えず、高等教育の質の保証・向上等に向けた改革は、これまでの施策や各界からの提言にも拘らず進んでいない。これは大学のガバナンス構造に問題があることに起因する」としている。そこには、我が国の経済・社会が大きな曲がり角に直面する現在、優れた人材の養成は最重要課題の一つであるが、肝心の大学教育が期待に応えていないという財界の「強い苛立ち」が滲み出ている。その「強い苛立ち」は、現状の私立大学の経営・教学両面に亘る、極めて突っ込んだ形で一〇の提言として表れている。その中で最も強調されていると見られるのは「教授会の機能・役割の明確化」である。これについては同提言では、「教員や教授会の合意が組織決定の前提となるという慣行は好ましくない」、「大学ガバナンス改革では、教授会に大きく依存している現状のガバナンス構造を見直し、最高意思決定機関である理事会の経営・監督機能の強化、並びに執行部門のトップである学長の権限強化が鍵となる」としたうえで、学校教育法第九三条第一項について以下のような具体的改正案を示している(次に見る二〇一四〈平二六〉年の学校教育法改正が、文言こそやや異なるとはいえ、右の同友会提言にほぼ沿った内容となっている点は興味深い)。

学校教育法第九三条第一項「大学には、重要な事項を審議するため、教授会を置かなければならない」を削除し、「大学には、教授会を置く。教授会は、教育・研究に関する学長の諮問機関とする。」に変更する。

これらを受けて、二〇一四（平二六）年六月、「学校教育法及び国立大学法人法の一部を改正する法律」が公布され、同年八月、文科省高等教育局長名等による関連通知（以下「通知」）が発出された。以下、学校教育法改正に係る部分ついてその主要点を見て行く。

①副学長の職務（第九二条第四項）

副学長の職務はこれまでは、「学長の職務を助ける」と規定されていた。今回、学長の補佐体制を強化するため、学長の指示を受けた範囲内において、副学長が自らの権限で校務を処理することを可能とすることでより円滑かつ柔軟な大学運営を可能にするため、その職務を「学長を助け、命を受けて校務をつかさどる」に改正された。

……これは、前掲中教審大学分科会答申が謳う「学長補佐体制の強化」、特に、「総括副学長」の設置を念頭に置いたものである。「総括副学長」とは米国の多くの大学で設置されているProvost（プロボスト）であり、これは「大学全体の予算、人事、組織改編の調整権を持ち、学長を統括的に補佐する副学長」（同答申）と説明されている。

しかし、わが国の大学において、学長機能の枢要な部分、特に予算、人事権を保有・行使する

№２のポストを新設することがどの程度必要とされているのかは疑問無しとしない。むしろこれらの権限については、現在、多くの学長が教授会の顔色を伺いつつ日々苦労しながら行使しているのが実情で、仮に統括副学長を置いても、こうした状態には殆ど変化はないだろう。なお、米国大学の学長の職務のうち最も重要なものは、周知のように多くの場合、寄付金獲得等外部での活動であり（福留〔二〇一三〕）、外部活動等で多忙な学長に代わって教育学術全般について責任を持つのがプロボストであるとされている。確かに我が国の幾つかの大学でも、学長が外部活動等で多忙のため同種のポストを置く大学もあるがかなり例外的である。彼我の大学の実情が大きく異なる中で、米国の大学制度を模倣しても余り意味があるようには思えない。

②教授会の役割の明確化（第九三条）

今次学校教育法改正の最も重要な点は教授会の位置づけ・機能を明確化したことである。即ち、従来の学校教育法第九三条は、「大学には、重要な事項を審議するため、教授会を置かなければならない」と規定されていた。しかし、この「重要な事項」については、「今の教授会は教育研究に関する事項に留まらず、大学の運営に関する様々な事項や、さらには学校法人の経営に関する事項まで関与する傾向にあり組織決定の迅速性を阻害するほか、組織決定の際に教授会の合意が前提となっている場合は、決定権限が実質的に教授会にあるということにもなりかねない」（前掲経済同友会提言）という強い懸念が示されていた。このため今回の改正では、教授会は、教育研究に関する事項について審議する機関であり、また、決定権者である学長等に対して、意見を述べる関係にあることを明確化するためとして、以下の通り改正された。

㋐教授会は、学生の入学、卒業及び課程の修了、学位の授与その他の教育研究に関する重要な事項で教授会の意見を聴くことが必要であると学長が定めるものについて、学長が決定を行うに当たり意見を述べることとされた（第九三条第二項）。

㋑教授会は、学長等がつかさどる教育研究に関する事項について審議し、及び学長等の求めに応じ、意見を述べることができることとされた（第九三条第三項）。

……今回の改正では、教学事項の決定権はあくまで学長にあり、教授会は幾つかの事項について「意見を述べる」等の機能を持つことが明記された。そのうえで、教授会は第九三条第二項第一号（「学生の入学、卒業及び課程の修了」）及び第二号（「学位の授与」）並びに第三号（「前二号に掲げるもののほか、教育研究に関する重要な事項で、教授会の意見を聴くことが必要なものとして学長が定めるもの」）については、「教授会は意見を述べる義務が課されている」（「通知」）。併せて、「学長に対しても、教授会に意見を述べさせる義務を課しているものと解されるが、学長は、教授会の意見に拘束されるものではない」（同）ことが確認されている。

……なお、この第三号の「教育研究に関する重要な事項」が何を含んでいるのかについて同通知は、「教育課程の編成、教員の教育研究業績の審査等が含まれており、その他学長が教授会の意見を聴くことが必要である事項を定める際には、教授会の意見を聴いて定めること」としている。そのうえで、「これらの事項の中には、経営に深く関わる事項が含まれる場合も考えられるが、経営に関する事項は、国立大学法人の学長、（中略）、学校法人の理事長等において決定されるべきであり、学校教育法に基づいて設置される教授会はあくまでも教育研究に関する専門的な観点から意見を述べるものである」としている。

……また、同条第三項では、「(教授会は)学長等がつかさどる教育研究に関する事項について審議し」とされているが、この場合の「審議」について同通知は、「字義どおり、論議・検討することを意味し、決定権を含意するものではない」としている。これは従来、学校教育法第九三条の「重要な事項を審議する」の「審議」が決定権をも包含するものであるとの解釈がされる場合があったことに鑑み、これを含まないことを明確にしたものである。

……今次学校教育法改正の主要点は以上であるが、同通知では更に学長と教授会の関係について、「仮に、各大学において、大学の校務に最終的な責任を負う学長の決定が、教授会の判断によって拘束されるような仕組みとなっている場合には、権限と責任の不一致が生じた事態であると考えられるため、責任を負う者が最終決定権を行使する仕組みに見直すべき」とした。そのうえで、各大学に法律の施行日(平成二七年四月一日)までに内部規則の総点検・見直しを求めた(なお、文科省は総点検の結果についての調査を実施し、その結果を公表している)。

以上、今回の学校教育法改正の主要点を概観した。学長のリーダーシップ確立と教授会の役割の明確化という大きな課題に対しては、法制面では一定の前進があったと見てよいだろう。しかし、これで事態が大きく好転するのか。現実は中々厳しいのかもしれない(教授会についてはコラム7)。

【コラム7】 法改正で教授会の「力」は縮減されたのか？

2014（平26）年の学校教育法改正で教授会の役割が明確化された。これは従来、教授会が大学の教学や更には経営について実質的にかなり強い影響力を行使していたことを是正する目的で行われたものである。

しかし、この改正でその「影響力」は本当に縮減されたのか。

ある私大では、数年前に理事会で、人件費抑制や教員の若返り等を目的として「翌年度以降新規に採用される教員から定年は従来の70歳から65歳に改める」旨議決された。しかし、この改正の適用外である既採用の教員にも将来これが適用されること等を恐れたためか教授会は強く反発した。多くの学部教授会でこの理事会決定に「反対」の決議が行われ、「決議書」がそれらの学部長から理事長に手交された。

理事会は当初の議決通りこれを実行する方針であった。しかし反対する学部はその後の教員採用について「定年制が決着していないので募集活動は行えない」として募集活動を事実上停止した。

理事長は苦慮したが、この事態を放置すると翌年度の新任教員の確保や授業確保に大きな支障が出ることから、最終的にはこの理事会決定の実施を凍結することとした。その後、この大学では70歳定年は何らの変更もなく継続されているという。

教授会はこうした形で授業や学生を事実上、「人質」に取ることで自らの要求を貫徹することが可能である。また、最近ある大手私大法人では教職員の一時金の減額を決定したが、教職員側の強い反対で事実上これを撤回した。法改正後も、教授会等の影響力は実質的には殆ど変わっておらず、大学改革は依然進まない。

## 2 文科省等による指導・助言

次に文科省等による指導・助言の枠組みについて見てみよう。既にみた私学法・学校教育法の改正は私大法人等に法的な「縛り」をかけるものである。しかしそれだけで、「私大問題」が解決するわけではなく、当局が、個別法人の経営状況等を絶えず把握し、然るべく対応することが必要である。こうした観点から文科省は私学事業団とも協力しながら個別法人毎に調査を行い、指導・助言を行っている。その中核を占めるのが文科省の「学校法人運営調査委員制度」による実地調査等と、私学事業団による指導・助言である。[43]

### (1) 学校法人運営調査委員制度

「学校法人運営調査委員制度」（図表3－2－3）について文科省組織規則第四五条は次

図表 3-2-3　文科省等による学校法人への指導等の枠組み

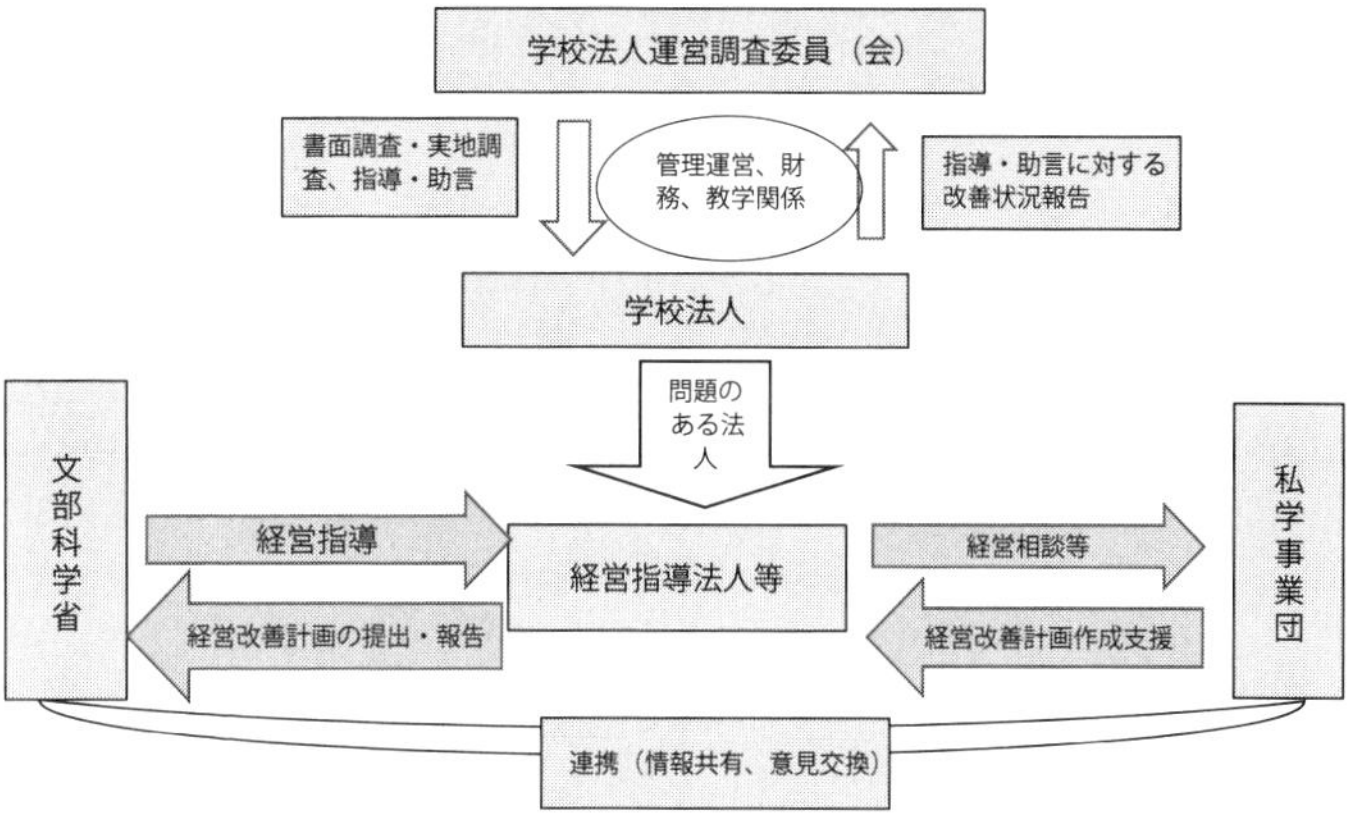


（資料）文科省資料等を基に筆者作成

のように定める。

「高等教育局に、（中略）学校法人運営調査委員を置くことができる。

4　学校法人運営調査委員は、命を受けて、文部科学大臣が所轄庁である学校法人の経営について特に指定された事項に関する調査、指導及び助言に当たる。」

同制度の概要は以下の通りである。

43　なおこのほか、大学等の設置認可等の後の設置計画の履行状況等を調査する「設置計画履行状況等調査」（「アフターケア」）がある。これは大学等の設置等の認可や届出の後において、文科省令等に基づき、認可又は届出時の留意事項への対応状況、学生の入学状況及び教員の就任状況など設置計画の履行状況等についての報告を求め、その状況に応じて必要な指導・助言（「改善意見」、「是正意見」、「警告」）を行うことにより、設置計画の確実な履行を担保しようとするものである。毎年度の調査結果については文科省から公表されている。

①目的等

学校法人の管理運営の組織及びその活動状況、財務状況等について、実態を調査するとともに、必要な指導、助言を行い、学校法人の健全な経営の確保に資することを目的とする（昭和五九年度設置）。

②運営調査事項

㋐学校法人の管理運営の組織及びその活動状況に関すること（役員、評議員の就任状況、理事会、評議員会の開催・審議状況等）

㋑学校法人の財務に関すること（経年的財務・会計処理・収益事業実施の各状況等）

㋒その他学校法人の業務の執行状況等に関すること（業務の執行状況、経営方針、設置している大学等の教育等の状況等）

③運営調査の方法等

㋐学校法人ごとに学校法人運営調査委員及び事務官をもって書類審査、実地調査等の方法により実施

㋑それら運営調査事項を踏まえ、学校法人運営調査委員会を開催し、必要に応じて指導、助言すべき事項を当該学校法人に対して通知

④運営調査対象法人

文科省所轄の全学校法人が対象。平成二七年度は五〇法人について実地調査を実施（同年度より調査法人数を従来の三〇法人から五〇法人に拡大）。なお一九八四（昭五九）年度の制度発足以来、延べ約

図表3-2-4　定量的な経営判断指標に基づく経営状態の区分（法人全体）平成27年度～

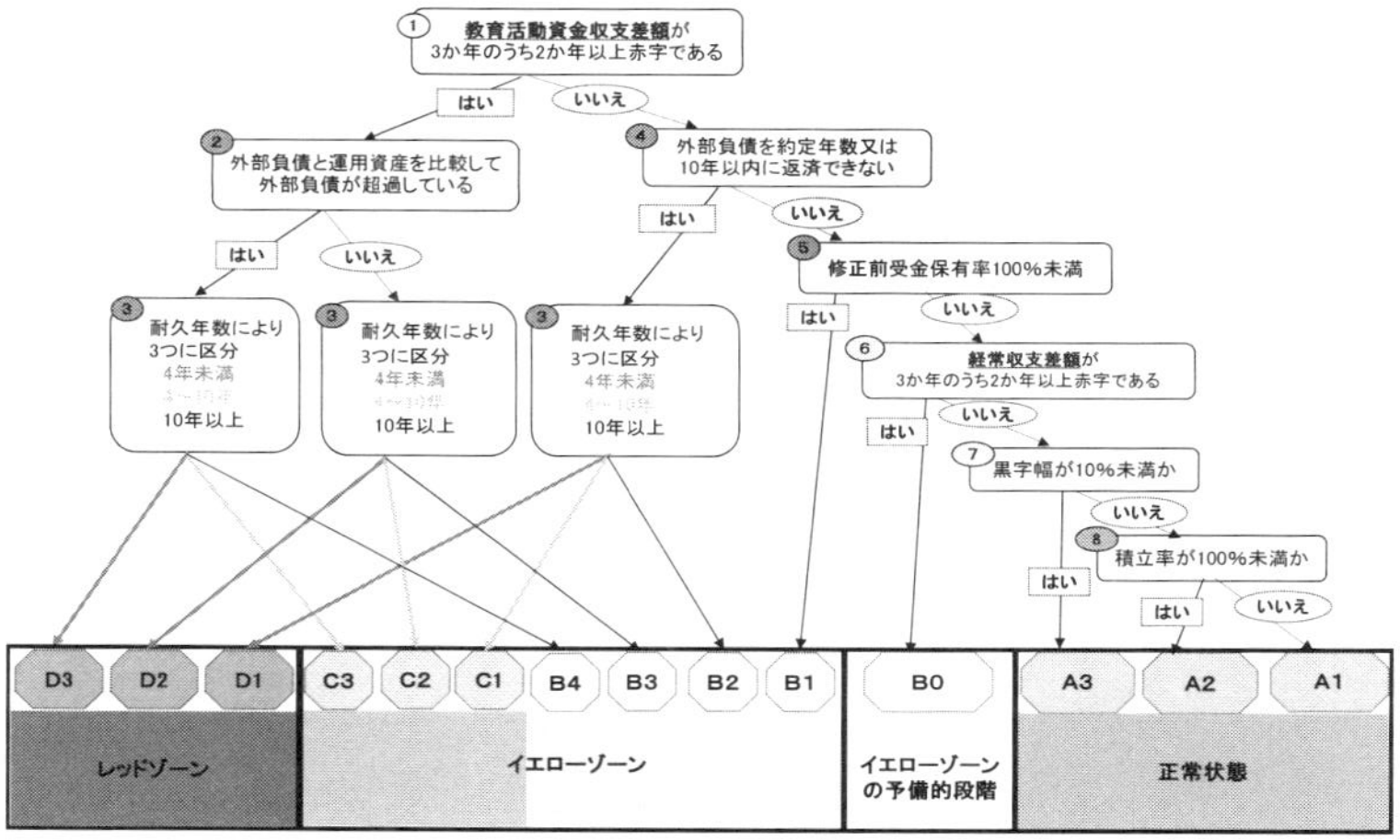


① **教育活動資金収支差額**
一般に学校法人の破綻は資金ショートにより起こると考えられるため、経営悪化の兆候を早期に発見し、経営破綻を防止するためには、1年間の経常的な教育研究活動の結果として現金が生み出せるかが重要になる。

②③④⑤ **運用資産は十分か、外部負債は返済可能な額か**
教育活動資金集収支差額が赤字の時は、過去の蓄積である運用資産を取り崩すこととなる。特に多額の外部負債がある場合には将来的に返済可能な額かが問題にある。黒字の時でも、外部負債が過大であれば同様の問題がある。また、期末の運用資産が少なすぎる場合もリスクが大きい。

⑥⑦ **経常収支差額**
経常収支差額が黒字でなければ自己資本を取り崩すことになるため正常状態とはいえない。また経常収支差額が黒字であっても、基本金組入相当の黒字が生じていなければ経常収支は均衡しないため黒字幅で2つに区分した。

⑧ **積立率**
減価償却累計額等の要積立額に対して運用資産の蓄積が十分になされているか。

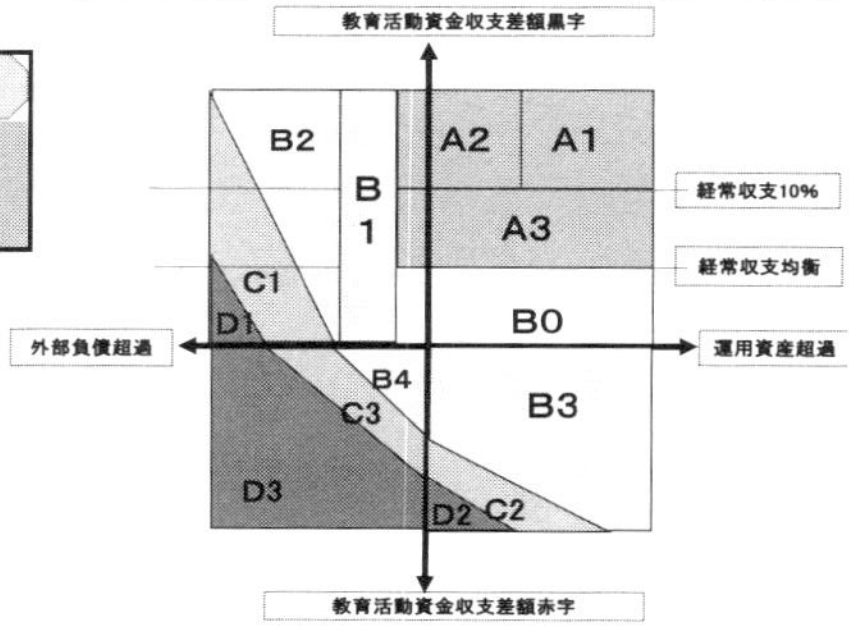


●**教育活動資金収支差額**

【教育活動資金収入】学納金収入＋手数料収入＋特別寄付金収入（施設設備除く）＋一般寄付金収入＋経常費等補助金収入（施設設備除く）＋付随事業収入＋雑収入　－　【教育活動資金支出】人件費支出＋教育研究経費支出＋管理経費支出　＋　調整勘定等

※教育活動資金収支差額および経常収支差額の「3か年」とは、一昨年度、昨年度の決算実績および今年度決算見込み3か年を指す

●外部負債 ＝ 借入金 ＋ 学校債 ＋ 未払金 ＋ 手形債務
●運用資産とは現金預金＋特定資産＋有価証券
●耐久年数とはあと何年で資金ショートするかを表わし、原則として修業年限を基準に設定（大学法人4年未満、短大法人2年未満、高校法人3年未満）
●修正前受金保有率 ＝ 運用資産 ÷ 前受金
●**経常収支差額＝経常収入（教育活動収入計＋教育活動外収入計）－経常支出（教育活動支出計＋教育活動外支出計）**
●積立率 ＝ 運用資産 ÷ 要積立額（減価償却累計額＋退職給与引当金＋2号基本金＋3号基本金）

（資料）私学事業団 HP による。

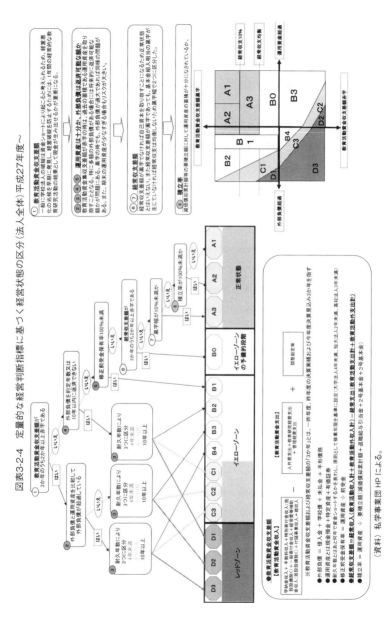

一二〇〇法人に調査を実施。二〇二〇年度までに文科省所轄全私大法人の約半数に実施予定。
⑤学校法人運営調査委員の構成
私立学校関係者、公認会計士、弁護士、マスコミ関係者等の学校法人制度に詳しい三五人に委嘱（平成二七年度より従来の三〇名から五名増員）。
⑥「経営指導対象法人」等
実地調査が行われた法人については、毎年度の学校法人運営調査委員会で概況を報告。「経営判断指標」（図表3-2-4）(44)等の悪化が見られ文科省に「経営改善計画」を提出することが必要と認められる法人等については、「経営指導法人」（現在四〇〜五〇法人）として文科省が経営指導・助言に当たる。

なおこの「経営改善計画」作成については、次に述べる私学事業団が当該法人の求めに応じこれを支援する、
⑦その他
近年の学校法人運営調査における主な指摘事項は図表3-2-5の通りである。実地調査の結果、これらの「指導・助言」事項が付された法人に対しては、その改善状況について、文科省が継続的にフォローアップを行う。指摘事項は大きく分けて、「管理運営組織」、「財務」、「教学」から構成されている。近年は文科省の監事機能重視の姿勢もあって監事に関する事項がかなりのウエイトを占めている。この図表からもある程度窺えるように、「経営改善計画の作成・実行」等経営の中核に関する指摘も一定のウエイトを占めているが、総じて規程・手続きの整備・遵守

図表 3-2-5　近年の学校法人運営調査における主な指摘事項

| 大項目 | 注項目 | 指導・助言（その他意見を含む） |
|---|---|---|
| 管理運営組織 | 監事 | 監事による教学面を含めた業務監査の充実<br>監事の監査を支援するための事務体制の整備<br>私学法の趣旨を踏まえた監事の在り方の見直し |
| | 役員報酬 | 役員退職金支給規程の整備<br>役員報酬規程の整備 |
| | 理事会/評議員会 | 評議員会における評議員の出席率の改善<br>理事会における理事の出席率の改善<br>理事会・評議員会の欠席時に意思表示を行うことができる書面にすること |
| | 理事/評議員 | 理事の欠員補充/監事の欠員補充<br>理事・評議員会の選任手続きを適切に行うこと |
| | 備え付け/届出 | 文科大臣に対する役員変更届を速やかに行うこと<br>会計年度終了後2月以内に財産目録、貸借対照表等の作成及び備え付け<br>学校法人設立時の財産目録の備え付け |
| | 規程 | 学校法人会計基準改正を踏まえた規程の見直し・改正<br>諸規程の整備（情報公開、公益通報等） |
| 財務 | 資産運用 | 資産運用に関する規程の整備<br>資産運用に関する規程の見直しを含め、適切な改善を図ること |
| | 経常経費依存率 | 経常経費依存率の向上 |
| | 収益事業 | 収益事業の在り方について検討を。 |
| | 基本金 | 基本金の組入処理は組入計画に基づき正しく行うこと |
| | 会計処理 | 予算について適切な会計処理を行うこと |
| | 経営改善計画 | 経営改善計画の作成及び着実な実施等による経営基盤の安定確保 |
| 教学 | 学生確保/定員管理 | 学生確保に向けた対応策の策定・実施<br>定員の見直しの検討<br>定員管理の適正化、定員超過の改善 |
| | 中長期計画 | 中長期計画の作成及び着実な実施 |
| | 教員補充 | 専任教員の補充 |
| | FD | 大学全体としてのFD活動の実質化 |
| | 教育体制 | 募集停止した学校（学科）での、教育に支障が無いような教育体制の維持 |
| | 留学生管理 | 留学生管理を適正に行うこと |

（資料）文科省資料を基に筆者作成

状況等に関する事項が多い。

なお、「財務」に関する事項のうち、「経営改善計画の作成及び着実な実施等により経営基盤の安定確保に努めること」とする指導・助言事項が付された法人は前出の「経営指導法人」と

44　各学校法人の経営状況を、「教育活動資金収支差額」や外部負債の状況等によってAからDまでの4区分（更にこれをA1からD3までの合計一四区分に細分化）に分類するもの。後述の私学事業団の「学校法人活性化・再生研究会」最終報告「私立学校の経営革新と経営困難への対応」（二〇〇七〈平一九〉年八月）でその原案が提案され、その後数次の改定を経て現在に至っている。

して、毎年度、学校法人運営調査委員によるヒアリングや書面提出でその後の改善状況がチェックされる（学校法人運営調査制度の問題点等は後述）。

図表 3-2-6　私学事業団の経営相談実施状況

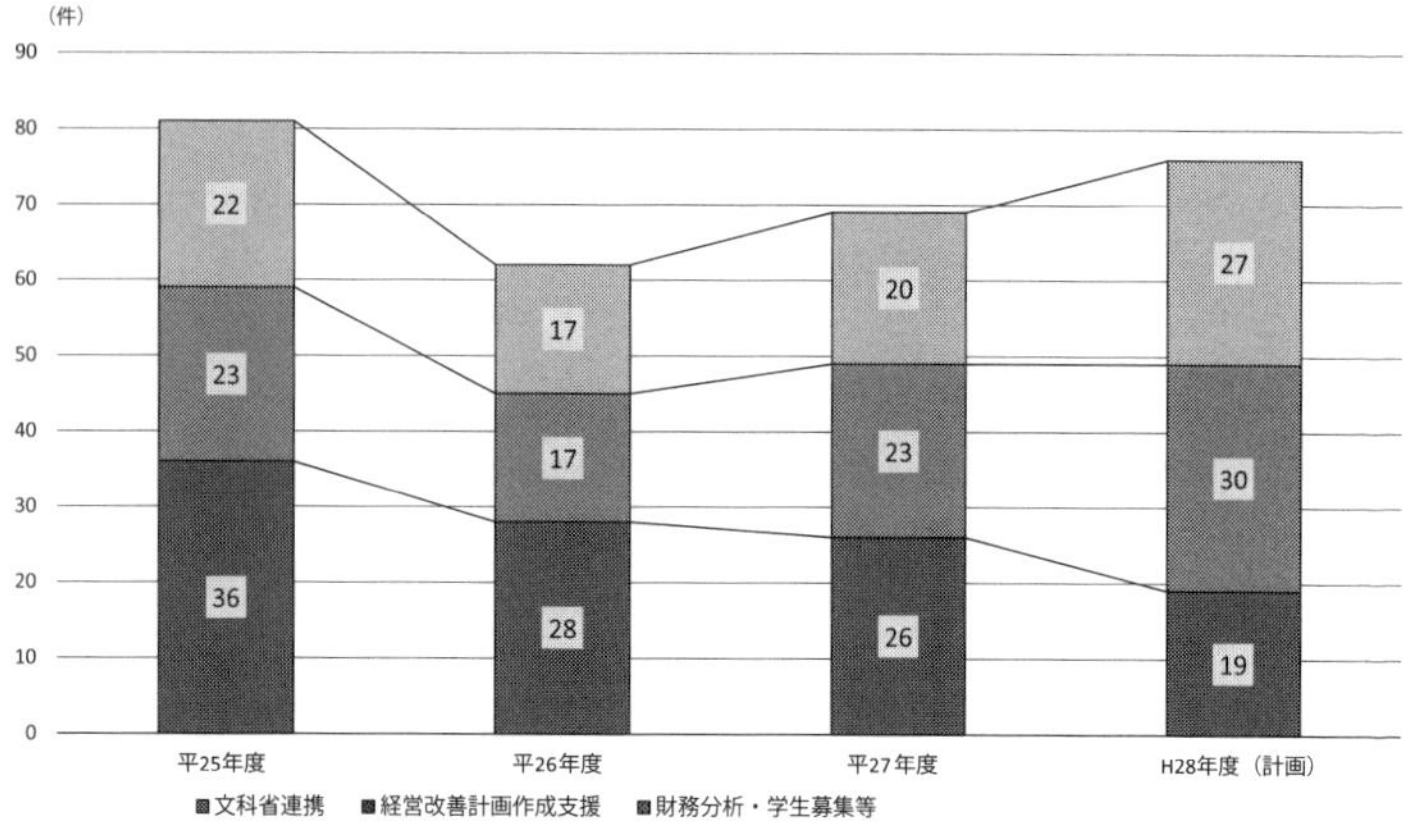


（資料）文科省資料より筆者作成

### (2) 私学事業団による相談・助言

日本私立学校振興・共済事業団（事業団）が行う「指導・助言」については事業団法第二三条第一項第五号に以下のように規定されている。

「五　私立学校の教育条件及び経営に関し、情報の収集、調査及び研究を行い、並びに関係者の依頼に応じてその成果の提供その他の指導を行うこと。」

私大法人が、自らの経営状況についてチェックを行おうとする場合、人材面等の問題もあって、自力では十分な対応が困難な場合が少なくない。また経営改善に必要な「経営改善計画」の作成・実行も中々難しい作業を必要とする。事業団はこうした場合、当該学校法人の依頼があった場合は、財務状況の分析や経営改善計画作成等の支援を行う。また事業団は既に見たように、文科省の学校法人運営調査の結果、「経営改善計画」作成等の必要が生じた学校法人に対しても同様の支援を行う。

事業団が最近受け付けた相談件数等の推移は図表3－2－6の通りである。

# 第3章　「退場口」の整備

## 1　「退場口」整備に向けた方針・方策の検討

### (1) 文科省プロジェクトチームによる「対応方針」

(ア)「対応方針」の基本的考え方

以上、文科省による私大法人の経営改善等に向けた「自助努力を促す」方策関係の概要やその実施状況を見てきた。しかし、これらの方策で「私大問題」が解決するとは当然文科省も考えていない。自助努力を重ねても撤退を余儀なくされるケース、或いは違法な経営で経営の継続が適当ではないケース等様々な要因で、「募集停止」や「経営破綻」(更には「解散」)等の形で退場せざる(させざる)を得ない私大法人が今後かなりのペースで増加する可能性が高い。こうした事態に文科省としてどう対応すべきか。これは担当官庁としては当然対策を講じておかなければならない極めて重要な事項である。文科省も予てよりこうした問題意識は持っており、そうした事態に備えた方策、即ち、「退場口」の整備についての方策をある程度は検討している。本章ではこの部分について見てみよう。

この「退場口」の整備について文科省がある程度腰を入れて検討したものとして、同省高等教育局のプロジェクトチームによる報告書がある。この報告書は「退場口」に関する文科省の基本方針をかなり明確に表明したものとして重要である。

即ち、文科省は、二〇〇二（平一四）年三月、「学校法人の経営基盤強化に向けた取組等の支援策や、学校法人が経営破綻した場合の対応策を検討・協議するため」、高等教育局長決定により「文部科学省私立大学経営支援プロジェクトチーム」を発足させた（私学部長が主査。同局高等教育企画課長、大学振興課長、学生支援課長、国立大学法人支援課長、私学行政課長、私学助成課長、私学部参事官で構成）。同プロジェクトチームは二〇〇五（平一七）年五月、「経営困難な学校法人への対応方針について—経営分析の実施と学生に対するセーフティーネットの考え方—」と題する報告書を発表した。その中の、「基本的な考え方」で強調されているのは以下の二点である。

私立学校の自主性の尊重

「私立学校教育の根幹は、何よりも私立学校の『自主性』にある。（中略）このような私立学校の基本的性格に鑑みれば、経営基盤の強化に向けた努力は、あくまでも各学校法人が自らの判断により、自らの責任において行うべきものである。所轄庁としては、私立学校の自主性を尊重しつつ、学校法人からの相談に応じ、経営分析や指導・助言等を通じ、その主体的な改善努力を促すことが基本となる。」

学生の修学機会の確保

「他方、様々な手立てを講じても経営が好転せず、最終的に学校の存続が不可能となるような事態も想定しておかねばならない。（中略）最も避けなければならないのは、学生が在学したままの状態で学校が存続できなくなることである。この場合、在学生は当該学校での就学の機会を失い、極めて大きな不利益を被ることとなる。（中略）どうしてもこれを避けることができないという万一の場合には、学業の継続を希望する学生ができる限り他の大学等に転学できるよう、関係者の協力によりこれを支援するための基本的な仕組を作っておくことが必要である。今回このような考え方に立って、その基本的な仕組（「学生転学支援プログラム」）を示すこととした。」

ここで強調されているのは、「私立学校の自主性」であり、「経営基盤強化への努力はあくまで学校法人の自主的な判断と責任において行われるべきもの」で、文科省の役割は、あくまで「学校法人からの相談に応じ、経営分析や指導・助言等を通じその主体的な改善努力を促すことに止まる」こと、そして万が一募集停止や破綻に陥った場合に最も重要視されるのは、「学生の転学支援」であって、その学校法人や教職員の救済ではない、という点である。私立大学（法人）の教職員の中には、「万が一の場合は国が何とかしてくれる」といった極めて楽観的な期待を抱く向きも少なくない。しかし、それらは全くの「幻想」であることを右の方針は色濃く打ち出していることを肝に銘ずべきである。

（イ）「対応方針」の具体的ポイント

報告書は右の二点を基本として、対応方針の「要点」として以下の六点を述べている。

①学校法人の経営基盤の強化に向けての努力は、各学校法人が自らの責任において行うべきものである。

②文部科学省は、私学事業団等の協力も得つつ、各学校法人の経営分析やその結果を踏まえた指導・助言を通じ、学校法人の自主的な経営改善努力を促す。

③改善に向けた取組への早急な着手が必要な学校法人に対しては、状況に応じ、経営改善計画の作成を求め、より詳細な分析や必要な指導・助言を行う。

④これらによってもなお改善が不十分で、更に踏み込んだ対応が必要と考えられる法人に対しては、在学生の修学機会の継続確保を最優先に、法的手段の活用も視野に入れた、より抜本的な対応策の検討を促す。

⑤仮に、近い将来、学校の存続が困難と判断されるに至った場合でも、まずは、在学生が卒業するまでの間、学校を存続し授業を継続できるよう、最大限の努力を促す。

⑥これらの様々な努力や取組にもかかわらず、最終的に、学生が在学したままの状態で学校を存続できなくなった場合には、「学生転学支援プログラム」（図表3－3－1）の仕組により、関係機関の連携の下に、主として近隣の大学の協力を求め、学業の継続を希望する在学生の他大学への転学を支援することとする。

図表 3-3-1　学生転学支援プログラム

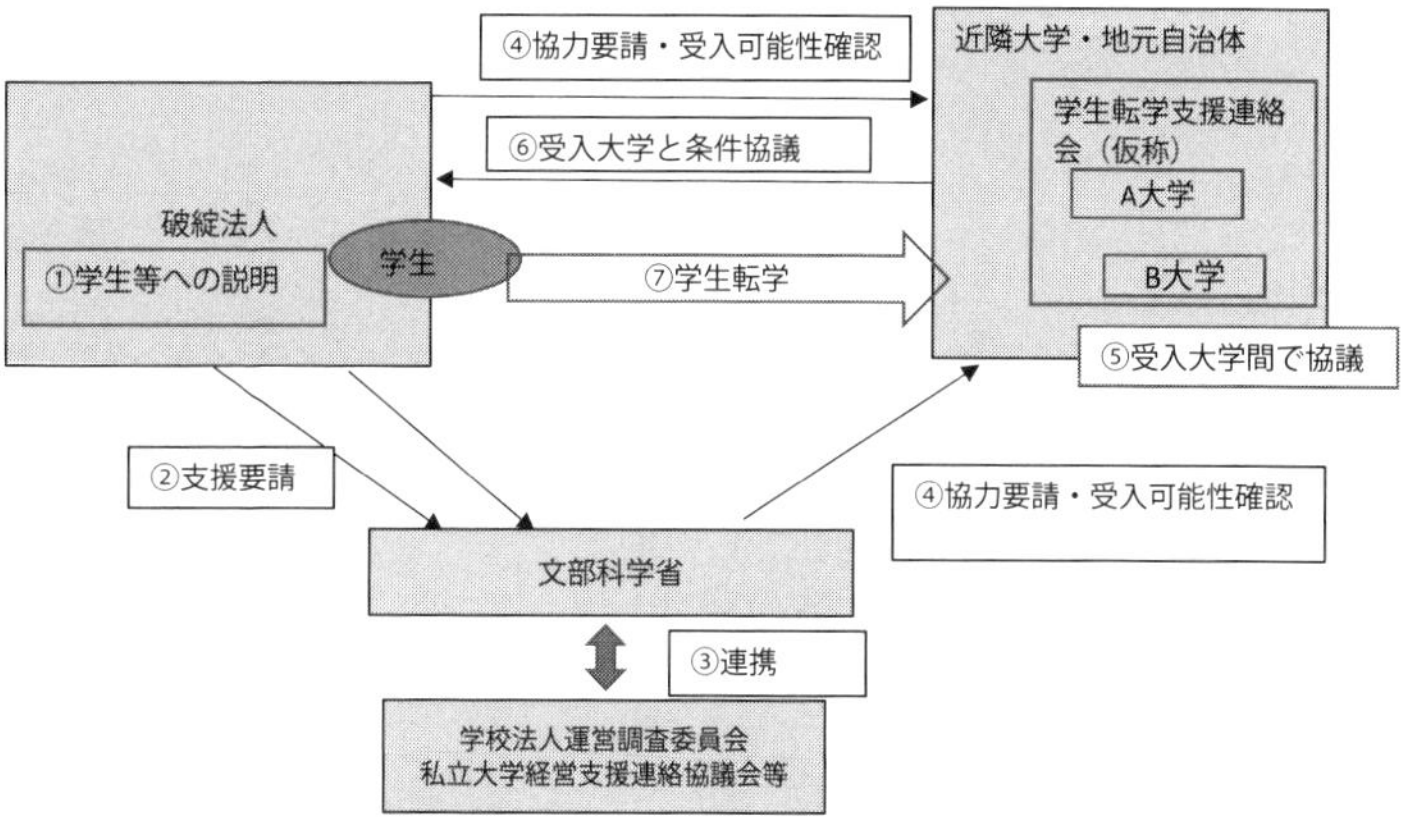


（資料）文科省資料による

なお右の④の「法的手段の活用も視野に入れたより抜本的な対応策の検討を促す」の「法的手段の活用」が何を意味するのかがやや曖昧である。これについては、文科省が経営悪化法人について直接、「解散」等の命令を発するという意味ではなく、関係者による既存の法的対応方法の利用、即ち、「事業の縮小、債権・債務者間の合意に基づく私的整理、民事再生法による再生手続、破産法に基づく清算手続」等を意味している。

また、同報告書は「経営困難法人の存続のための国費の投入」については、「現時点では国民の理解は得られないと考える」と述べており、「公的資金投入問題」に対する同省の基本的スタンスを示すものとして注目される（この点は後述）。

**(2) 事業団「学校法人活性化・再生研究会」の最終報告書**

文科省高等教育局プロジェクトチームの「対応方針」報告書を受けて、私学事業団に設けられた「学校法人活性化・再生研究会」（以下、「再生研」）が、学校法人の経営改善への方策や破綻時への対応等について更に検討し、二〇〇七（平一九）年八月、その結果を「私立学校の経営革新と経営困難への対応――最終報告――」として発表した。

その概要は図表3‐3‐2である。この中では、「経営判断指標」（前掲図表3‐2‐4参照）等によって学校法人を、「正常状態」、「イエローゾーン」（経営困難状態）、「レッドゾーン」（自力再生困難状態）、「破綻状態」に区分し、区分ごとに必要な対応策やその際の問題点を示している点が特徴である。「正常状態」以外の各区分のこれらの主要点は以下の通りである。

①「イエローゾーン」（経営困難状態）

㋐教育研究活動によるキャッシュフローが2年連続赤字か、または過大な外部負債を抱え一〇年以内に返済が不可能な状態で、経営上看過できない兆候が見られるが、学校法人自身が経営努力を行うことにより、経営改善が可能な状態。

㋑文科省は当該法人に経営改善計画策定を要請する。私学事業団はその作成を支援。

㋒経営改善に向けた努力を行ってもその学校法人の破綻が不可避の場合は、募集停止を促すことも必要。

㋓事業団は当該学校法人に経営改善に向けた積極的な働きかけを行うことも必要。事業団は学校法人の経営相談に応じているが、事業団法ではこれは学校法人からの働きかけが前提となっており、今後は学校法人への指導・助言を積極的に行えるような体制づくりが必要。

図表 3-3-2　学校法人活性化・再生研究会　最終報告（概要）

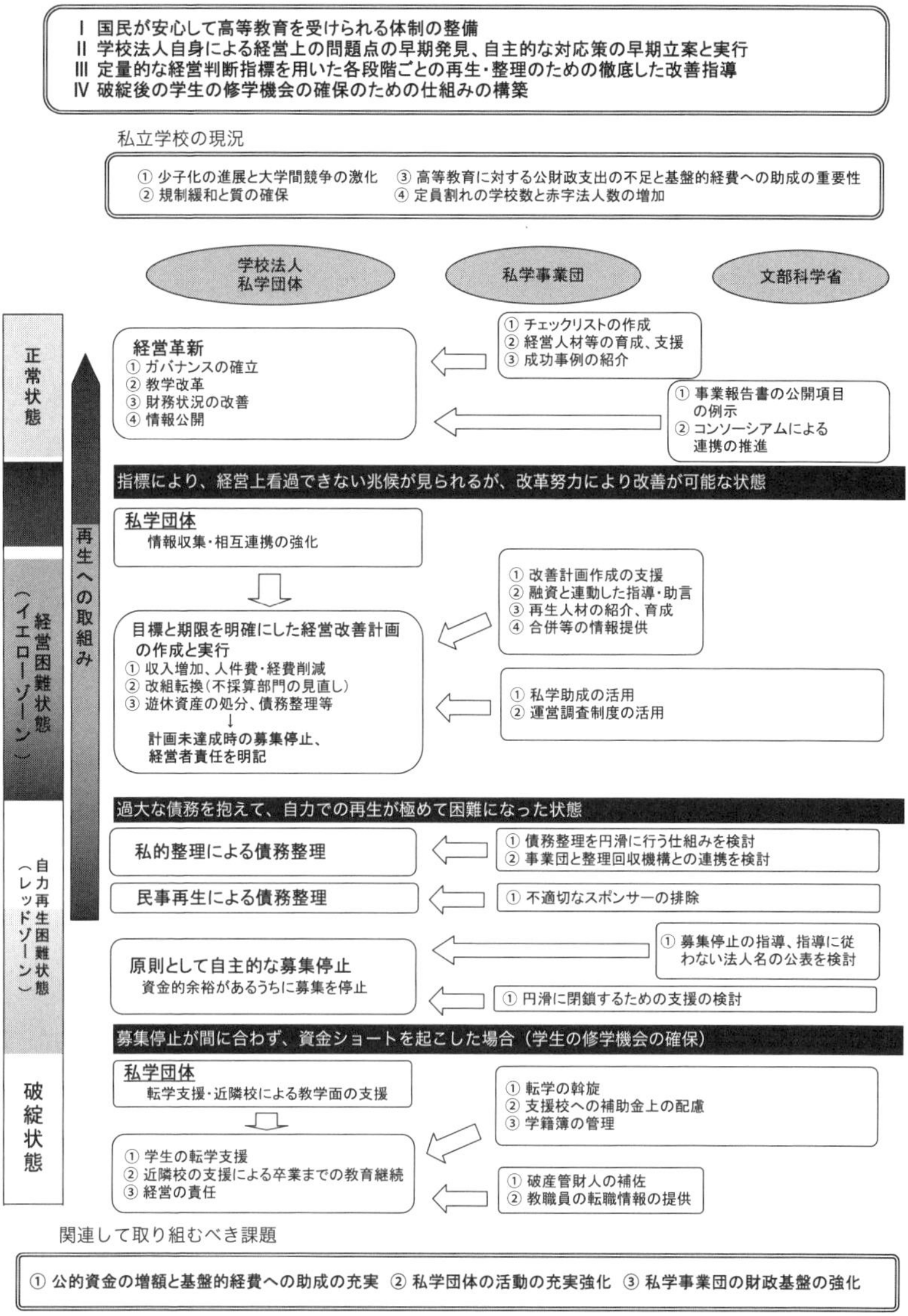


（資料）私学事業団 HP による。

㋔抜本的対策を見出すことができない場合は、早期に募集停止等勇気ある決断を行うべき。募集停止を行う場合でも、収入が無くなる期間（大学では最低三年、短大では一年）の支出相当額の資金を残した上で早期に募集停止を行う決断が必要。

②「レッドゾーン」（自力再生が極めて困難な状態）

㋐過大な債務を抱えている等の理由で自力での再生が困難となった状態。

㋑その場合の対応としては、「私的整理」或いは「民事再生による債務整理」等がある。が、前者については、債権者が多数の場合の調整の困難性が、また後者については現在の民事再生法は民間企業を前提としており改組転換等で対応する場合は時間がかかること等の問題がある。

㋒このため破綻が不可避の場合には学校法人の自主的な募集停止が原則。募集停止後在学生が卒業するまでの期間（前述㋔カッコ内）は学生生徒等納付金が減少する一方、人件費等諸経費の支出はほぼ従前通りであり、更に教職員の退職金等も必要に。従って、当該学校法人経営者には、（これらの資金や）学生を卒業させる資金的余裕があるうちの自主的な募集停止が求められる。学生の修学機会が奪われる可能性がある場合は文科省が募集停止の指導、或いは指導に従わない法人名の公表等の措置も含めて検討。

㋓また募集停止する場合の資金ショートを防ぎ円滑に閉鎖するための支援措置についても検討すべき。

③破綻後の対応

㋐「破綻状態」とは、「募集停止が間に合わず資金ショート等により金融機関等の取引停止、競売、滞納差押え等の事態が発生し、教育研究活動の継続が困難となり、学校法人の機能が停止するに至った状態」、若しくは、「民事再生手続の申立棄却、再生計画等の否決、再生計画の取り消し等による民事再生手続による再生が困難となった場合」。

㋑いずれの場合も破産手続に進むこととなるが、これは非常的対策で、自主的な募集停止が原則。

㋒破綻後は、(学生が在学している場合は)学生の転学支援(近隣大学等との事前協定等)や、残された学生を卒業まで教育する仕組みの構築、学籍簿の管理等が重要な課題。

㋓なお、学生の保護や高等教育システムの信頼性の維持という観点から、学校法人に対する保険と学生に対する保険の成立の可能性について検討した。しかし、前者については、本来は募集停止等の措置を取るべきであったにも拘らず、学校法人の経営者が果たすべき責任を全うせずに破綻したのであるため保険の成立は困難と考えられ、国民や他の学校法人の理解が得られないであろう。また後者については、学校法人の破綻は故意と偶発の区別ができないこと、破綻確率が算定できないこと、母集団が多数期待できないこと等から民間の保険としては成立が困難と考えられる。また共済制度で強制加入とする方法は、破綻の恐れは無いと考える法人の加入の同意が得られず、制度として成立しないと考える。

㋔教職員の転職支援のためには、私学事業団等が連携し私立大学の教職員の人材情報をデータベースとして取り纏め、人材を必要とする学校法人等に提供。

以上が、私学事業団「再生研」の最終報告書の概要である。同研究会は、既述の「文部科学省の『経営困難な学校法人への対応方針』に基づく学校法人の主体的な改善努力の促進方策、指導・助言の在り方をより具体的に検討するため」（同研究会要綱）、事業団内に設置されたものである。このため文科省「対応方針」の枠内―即ち、「私大問題」への対応は私大自身の判断と自己責任が前提で、文科省は指導助言等を通じその主体的な改善努力を促すことが基本―で検討が行われている。

しかし、「主体的な改善努力を促すこと」で「私大問題」への対応が本当に図れるのかは、非常に疑問と言わざるを得ない（後述）。

## 2 法制面の整備

前節では、「私大問題」に対し、文科省が如何なる方針や方策を取るべきかについて、文科省等自身が検討した結果を見た。しかし、こうした問題と並行して文科省としては極力早期に整備すべき法制面の課題があった。一つは学校教育法の問題、いま一つは私学法の問題である。これらはいずれも「私学の自主性」を前提とした両法が、先行き予想される「私大問題」深刻化等の際に取るべき措置の点で未整備であったことが徐々に露呈し始めていたことによるものである。

### (1) 二〇〇二(平一四年)学校教育法改正

第1部で見たように、私学法は私立学校の「自主性」の尊重を基本原理としている。このため、私立大学を含む「学校」全体を規律している学校教育法で規定する、法令違反状態の学校に対する監督庁の「変更命令権」(同法第一四条)についても、私立学校については私学法(第五条第二項)の規定により「適用除外」とされていた。このため、私立大学がこうした状態に陥っても行政は「変更命令」を出せない等の問題があり、私立大学が急激に増加する中、予てより関係法令の整備を求める声が強まっていた。このため、改めて学校教育法への、公私立大学に対する一連の「是正措置」の規定化がすすめられた。

即ち一九九〇年代後半から二〇〇〇年代初にかけて「規制緩和」の流れが強まる中で、教育分野についても「事前規制」から「事後チェック」へと政府の基本方針が大きく転換した。このため、「事後チェック」体制整備の一環としての関係法制の整備が求められた。例えば、二〇〇二(平一四)年八月の中教審答申(「大学の質の保証に係る新たなシステムの構築について」)ではこの面での政府の対応を強く求めている(第1部第4章6参照)。

同答申では、設置認可制の緩和、設置審査抑制方針の見直し、新たな第三者評価制度の導入等と並んで、「法令違反状態の大学に対する是正措置」の整備に関し、次のような点を述べている。法令違反状態の大学に対する文科省の対応の流れを理解する上で役立つと思われるのでやや詳しく紹介しておく。

法令違反状態の大学への是正措置

①法令違反状態に陥った大学には国としても是正措置を講じられるようにしていく必要。

②違法状態にある大学に対する国の措置は行政指導以外は、現行法令上、大学自体の閉鎖を命ずる「閉鎖命令」と、大学の法令違反の是正措置を求める「変更命令」がある。しかし、これらの発動に至る前の、大学の自主性・自律性を踏まえた緩やかな改善措置についての規定が整備されていない。特に、「変更命令」については私立大学については適用除外とされており、違法状態にある私立大学に対して是正措置を行おうとすれば、「閉鎖命令」という最終的な措置を発動するしか法的手段がない。

③このため、違法状態にある大学に対しては緩やかな措置から段階的に是正を求めるべく新たに改善勧告制度を導入するとともに、私立大学についても変更命令を可能とし、閉鎖命令に至る事前の措置を規定する。

④なお、現行の「閉鎖命令」は大学全体を対象とした措置であるため、これを学部等特定の組織のみを対象とした設置認可の取り消し等の規定を整備する。

⑤以上を整理すると、違法状態にある大学に対する是正は、原則として、改善勧告、変更命令、特定組織のみを対象とした設置認可取消、大学の閉鎖命令といった段階を踏まえながら行うものとする。

こうした点や、既にみた「総合規制改革会議」第一次答申が「事前規制から事後チェックへ」

の方針の下、「設置後の基準未充足」の場合の文部大臣の是正命令権強化等を求めていることから、関係法令改正が進められた。

具体的には、二〇〇二（平一四）年一一月の学校教育法改正（翌年四月一日施行）で、公私立大学等については、次のような形で段階的な措置が法制化された[45]。

①設備・授業等の法令等違反に対する文科大臣の是正勧告権（同法第一五条第一項）

②右の勧告によっても改善が図られない場合の文科大臣の変更命令権（同条第二項）

③右の変更命令でも改善が図られない場合の文科大臣による当該学校等への廃止命令権（同条第三項）

④右の①から③に係る当該学校に対する報告・資料提出要求権（同条第四項）

なおこれらの勧告・変更命令・廃止命令を行う場合、文科大臣はあらかじめ大学設置・学校法

45　一九四七（昭二二）年の学校教育法制定当時、同法第一四条は、「学校が、設備、授業その他の事項について、法令の規定又は監督庁の定める規程に違反したときは、監督庁は、その変更を命ずることができる」となっていた。その後、二〇〇九（平一一）年七月の地方分権推進関係法の制定に関連し、同条は「公立又は私立の大学等については、文部大臣が（中略）変更を命ずることができる」と改正されたが、同改正前及び改正後とも私学法第五条第二項（「学校教育法第一四条は私立学校には適用しない」）によって、この第一四条の規定は適用除外となっていた。二〇〇二（平一四）年の学校教育法改正では、第一四条のうち「公立又は私立の大学（等）については文部科学大臣」を削除したうえで、この「公立及び私立の大学（等）」については、新たに第一五条を設け、本文に示した文部科学大臣による変更命令権等四項目を規定した。

人審議会に諮問を行うことが定められている（同法第九五条）。

## (2) 二〇一四（平二六）年私学法改正

右に見たように、二〇〇二（平一四）年の学校教育法改正は、大学の設置以降は、当該大学が法令違反状態となっても文科省としては行政指導以外の措置は、最後の手段である「閉鎖命令」までは法定の手段が存在しないという問題に起因していた。実は私学法上も同じような問題が存在していた。即ち、図表3－2－2に示したように、学校教育法は「学校」（大学或いは「教学」）を律する法律であるが、「学校法人」を律する私学法にも同種の措置を規定する必要があった。

こうした私学法上の不備がいみじくも露呈したのが、群馬県で創造学園大学等を運営する学校法人堀越学園の問題であった。同学園は、定員未充足等で経営が悪化する中、設置認可申請書類の虚偽記載、教職員への賃金未払、税金公共料金滞納、法人理事間の対立、更には大学の授業の一時休講等異常な事態に追い込まれた。このため文科省は二〇一三（平二五）年三月、同法人に私学法第六二条第一項に基づく「解散命令」を発出した。

この堀越学園問題を処理する過程で問題となったのが、私学法の関連規定である。即ち、法令違反状態の学校法人に対しては、その違法状態を除去するよう命令する、或いはこの命令に従わない役員の解任を勧告する、そしてこれらの措置や勧告を取るのに必要な報告を求め、場合によっては直接当該法人に立ち入って検査を行う、等の手段が必要である。しかし私学法上は、第六二条第一項に基づく解散を命ずる以外に問題の解決が図れない形となっていた。このため、同年八月、この問題に関連して文科省大学設置・学校法人審議会学校法人分科会報告書で、「在学生の保護という観点から、また私学の自主性の尊重という観点から現行制度には課題がある」（同分科会報告書「解散命令等に係る課題を踏まえた今後の在り方について」）とされたのを受けて、二〇一四（平二六）年四月、私学法が改正された。

この折の私学法改正の要点は以下の通りである。

①学校法人が法令等に違反した場合等において、所轄庁が当該法人に違反の停止・運営の改善等必要な措置を取るべきことを命ずる（「措置命令」、第六〇条第一項）

②学校法人が「措置命令」に従わない場合、所轄庁は当該法人に対し役員の解任を勧告することが出来る（同条第九項）

③「措置命令」や役員解任勧告を行う場合、所轄庁はあらかじめ私立学校審議会等の意見を聴かなければならない（同条第二項及び第一〇項）

④所轄庁は学校法人に対し業務・財産の状況について報告を求め、又は学校法人の事務所等に立入り、検査することが出来る（第六三条）

⑤学校法人の理事は、法令や寄附行為を遵守し、学校法人のため忠実に職務を行わなければならない（「忠実義務」規定。第四〇条の二）

今次私学法改正の中で注目されるのは、経営不適切法人への文科省職員による「立入り検査権」[46]（前述④、改正法第六三条）が、今回、罰則付き（理事等へ二〇万円以下の「過料」。改正法第六六条第九項）という極めて厳しい形で規定化された点である。私学への「立入り検査権」については「私学の自主・自律性」とも絡むかなりデリケートな問題である。事実、第1部で見たように、一九四九（昭二四）年の私学法制定当時、私学総連がこれに強硬に反対したため、結局削除された経緯がある。今回、その「立入り検査権」が、私学側も含めて関係者から特段の反対も見られず成立したのは正に「隔世の感」がある。堀越学園のケースに限らず、経営面での適切さを欠く大学がかなり増加している現状を、多くの関係者が、漸く本格的に憂慮し始めた証左と言えるかもしれない。

　他方、今次改正に至る文科省の対応には疑問が残る。

即ち、今次改正の発端となった堀越学園のケースについて下村博文文科相（当時）は衆議院文部科学委員会で、「その運営実態が極めて不適切であったにも拘らず、現行法では任意の行政指導で改善が図られない場合は、同法六二条による当該法人への「解散命令」以外には文部科学省は何の手立ても打てなかったという問題点があった」と述べている。

　しかし、前節で述べたように、二〇〇二（平一四）年の学校教育法改正は、違法状態にある大学に対する「閉鎖命令」に先立つ措置を整備することが改正の目的であった。しかし、同様の問題を内包する私学法改正は、この学校教育法改正後、実に一〇年以上放置され、堀越学園の問題が浮上した段階で漸く法整備が進められたのである。

　既述のように、元々私学法は、私学の「自主性・自律性」への配慮から私学に対する監督権がかなり緩やかなものとなっている。この点で私学法は、いわば「性善説」に基づいた法律と言える。しかし、管理監督権が甘い中、監督すべき私大法人や大学数が急ピッチで増える状況下では、運営面で適切さを欠く私学が急増することはいわば「自明の理」であり、[47]それに備えた法整備は前もって行われるべきではなかったか。

また今回の私学法改正で追加された文科省の「措置命令」等は、あくまで「学校法人が法令等に違反し、又はその運営が著しく適正を欠くと認められる場合」を対象としている。このため、経営状況が「イエローゾーン」や「レッドゾーン」にある学校法人に対しては、文科省は有効な措置を講じることが出来ないという状況は依然放置されたままである（「法的規制の空白地帯」の問題。第4章4で後述）。

46 一九七五（昭五〇）年に施行された「私立学校振興助成法」第一二条第一号にも「検査権」の規定があるが、①助成法の「検査権」は「助成に関し必要があると認める場合」のみが対象であるのに対し、改正私学法は「この法律の施行に必要な限度」として全ての学校法人を対象としていること、②今次改正私学法では「職員による事務所等への立入り検査」を規定しているが、助成法ではこうした「立ち入り検査権」までは規定していないこと、③本文で述べたように「罰則付き」であること等の点において今次私学法は極めて厳しい内容となっている。

47 既に、文部省はそれに先立つ一九八三（昭五八）年七月、学校法人理事長等宛てに、「学校法人の管理運営の適正確保について」と題する事務次官通達を発出。その中で、「近時、私立大学の一部において私立大学等経常費補助金の不正受領、学園内での刑事事件などの不祥事」発生に関し遺憾の意を表明するとともに管理運営の適正確保を強く求めていた。

# 第4章 「私大問題」の解決に向けて

本書もいよいよ終章となった。第3部ではここまで「私大問題」に対する文科省の対応方針・取組状況等について見てきた。それでは、「私大問題」の解決に向けて我々は今後どう取り組めばよいのか。その問題を考えてみよう。

筆者が論じるべきと考える論点は図表3-4-1に示した通りである。

## 1 大学数・定員等「規模」の抑制

### (1) 韓国で進められる大規模な定員削減や統廃合

ここまで繰り返し指摘してきたように、わが国では一八歳人口が趨勢的減少過程にあるにも拘らず、大学数や定員はほぼ一貫して拡大を続けている。その結果、大学入学市場では需要(大学進学希望者数)と供給(大学数・定員)のバランスは急速に崩れつつある。その結果、大学教育の質の低下や、私大法人の経営悪化等が進行している。この事態を放置すれば、いずれ遠くない時点で中小規模大学や競争力低下の顕著な大学を中心に募集停止や破綻が相次ぐこととなり、教育の質の劣化も更に加速する。

需給バランス回復には、需要(大学進学希望者数)を増やすか、供給(大学数・定員)を減らすか、

図表 3-4-1　「私大問題」への対応を巡る主な論点

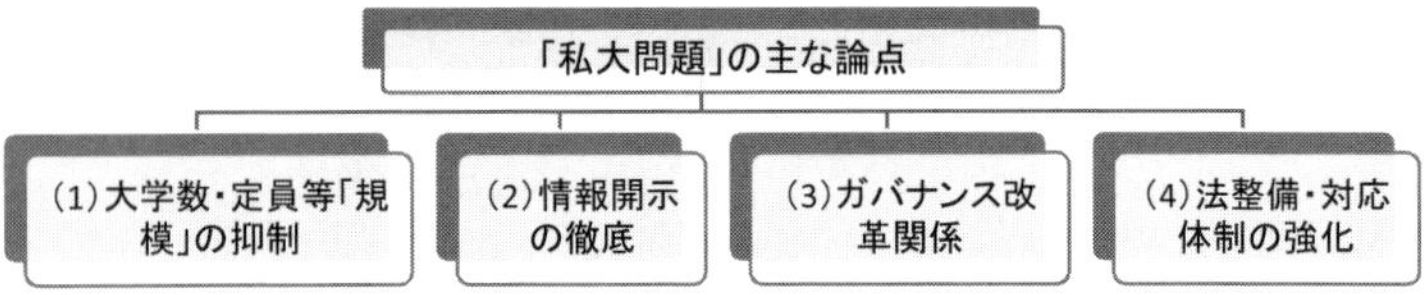
「私大問題」の主な論点
(1)大学数・定員等「規模」の抑制
(2)情報開示の徹底
(3)ガバナンス改革関係
(4)法整備・対応体制の強化

（資料）筆者作成

或いは両方を並行して進めるかのいずれかしか手段は無い。しかし、需要増については一八歳人口の趨勢的減少を食い止めることは極めて困難でまた非常に永い年限を必要とする。大学進学率については他の国々の事例等を念頭に先行きの上昇について大きな期待を抱く向きも少なくないが筆者はやや懐疑的である（経済動向及び進行しつつある大学教育の質の劣化等がその理由[48]）。また社会人や引退世代等「学び直し」需要の掘り起こしも効果は限定的である。従ってこの問題の解決には供給削減以外の方途は殆ど無いだろう。

供給削減について大きな示唆を与えるのが隣国韓国で実施中の「定員削減」等の動きである。その経緯は、馬越〔二〇一〇〕及び石川〔二〇一二〕によれば以下の通りである。

――韓国では一九七〇年代までは、「水増し入学」（定員超過率）を如何に抑え教育の質の維持確保を図るかが政府の大学政策の基本であった。しかし、一九八〇年代に入ると、朴政権時代（一九六〇～七〇年代）の高校平準化政策が高校進学率の急上昇となって表れ、国民や経済界からの高等教育機会の拡大要求が高まった。当時の政権（全斗喚、盧泰愚両大統領）が軍人出身で支持率確保に腐心していたこともあり、大学の入学定員は大幅に緩和され、更に一九九三年の金泳三氏による文民政権誕生で、大学等の新設ラッシュと入学定員拡大の流れは更に大きく拍車された。その後の政権も「需要者（国民）中心主義」の旗印の下、これを踏襲し、大学設置認可については一九九六年からは「準則主義」（ここでは認可基準を低くし、一定の条件を満たせば認可し、事後チェックを重んじる方式）を導入、大学入学定員についても大幅な規制緩和を実施した（学科別定員制廃止、大規模な編入学定員枠設定等）。これらの結果、韓国の高等教育は空前の規模に膨れ上がった（一九九〇年代の一〇年間で一般大学の数は一・五倍に、入学定員は一・六倍に急拡大した）。が、他方韓国では我が国と同様少子化が顕著となっており、二〇〇二年には高校卒業者総数を入学定員が約七万人も上回るという大幅な需給ギャップが生じた。特に地方の私立大学を中心に大幅な定員割れが発生した。

こうした状態を憂慮した政府はついに二〇〇四年一二月、「大学構造改革方案」を決定しこれを公表した。この計画は、大学の統廃合と入学定員の削減に向けて大学教育に大ナタを振るうものので国立私立全てを対象としていた。このうち、私立大学については最も重視されたのは教育の質の改善であった。特に専任教員確保率を二〇〇五〜二〇〇九年の間に約一〇％引き上げることが求められ、これが達成できない場合は入学定員の削減が実施された。併せて国からの財政支援（補助金）を受けるには二〇〇六年度から入学定員を二〇〇四年度比一〇％削減すること等が条件

48　なお筆者は第2部第5章で示したように二〇三〇年時点の既卒者を含む大学進学率は直近時（二〇一六年五二・〇％）比八％高い六〇％程度とみている。恐らくこの数字は我が国の大学進学率として想定しうる上限に近いものだろう。

となった。なお、これらと並行して、政府は各大学の入学定員充足率、借入金依存率、授業料依存率を厳しくチェックするとともに、経営危機にある大学に対しては、「集中診断チーム」(Intensive Consulting Team)を派遣することとした。これらの結果、二〇〇六年時点では、四年制大学一八八校中八六校が二〇〇六年度の入学定員を自主的に削減し、その削減数は合計一万一一四九名と過去最大規模のものとなった。更に、二〇一一年七月には、政府の任命した民間委員から構成される「大学構造改革委員会」は各大学の就職率、定員充足率、専任教員確保率、授業料引き上げ水準等八項目(専門大学では九項目)の指標を評価した結果、私立の四年制大学二八校、専門大学一五校の計四三校を「不実大学」として校名を公表した。これらの大学は次年度の政府からの財政支援や新入生への学資貸付を制限されることとなる。——

しかし、韓国政府の厳しい措置はこれで終わりではなかった。

最近の現地報道(二〇一四年一月二九日「東亜日報」)は要旨以下のように伝える。

「現在約五六万人の大学入学定員(四年制、二年制の合計)が二〇二三年までに約一六万人(約三割)削減され約四〇万人となる。教育部は二八日、学生数の急減に備えて大学を五等級に分けて定員を削減する『大学構造改革推進計画』を発表。それによれば、全ての大学は二〇一五〜一七年度に四万人、二〇一八〜二〇年度に五万人、二〇二一〜二三年度に七万人の合計一六万人を削減する。大学運営全般にわたる周期的評価(定量評価、定性評価)による絶対評価で五等級に分け、最優秀大学は自律的削減を認められるが他の大学は強制削減を行う。最優秀大学もその削減幅に応じて政府からの財政支援を調節する。三年ごとの周期的評価で二回連続して最下位等級となった大学は強制退出となる。」

さらに、ごく最近の報道は要旨次のように伝えている（二〇一六年四月一日、The Korea Herald）。

「教育部は構造改革評価結果（A～Eの五ランク）に基づいた学生定員の削減勧告及び財政支援制限措置を発表した。この評価は二〇一五年四月から五カ月をかけ、四年制大学及び二年制大学合計二九八校を対象に行われた。この二九八校のうち六六校がDまたはEランクにランクされ、今後、国の財政支援・奨学金・学生ローンの支給が削減または受給できなくなる。教育部は来年度進学予定者に対し志望大学のランクに注意するよう呼び掛けた。同年八月に発表された二〇一五年教育基本統計によると、四年制大学に在学する学生数は約二一一万人で、前年比約二万人の減少と初めて減少した。教育部は危機感を募らせており、定員削減を急務の課題としている。」

## （2）我が国に求められる措置

このように韓国の大学事情は我が国と酷似している。「準則主義」等設置基準の大幅緩和、その結果としての大学数・定員の拡大、少子化による進学希望者の減少、これらの結果としての定員割れ、教育の質の低下等々正に「一卵性双生児」の感がある。しかし、政府の対応は全く異なる。

韓国は一九九七年に念願のＯＥＣＤ加盟を果たした。しかしその直後、東アジアを襲った金融危機に巻き込まれ、経済や社会は大きく動揺した。この時、韓国政府はこれをバネに韓国経済等の建直しに注力した。その中で非常に重視されたのが優れた人材の養成であった。二〇〇〇年七月付の大統領諮問新教育共同委員会の最終報告書では、「国家の命運は人的資源の質にかかっている」と指摘している。こうした考えに基づき韓国政府は、世界水準の研究拠点形成を目的とした「頭脳韓国」（Brain Korea、「ＢＫ21」）事業や二〇〇八年以降の「世界水準の研究中心大学」（World Class University　ＷＣＵ事業）等世界最先端の研究大学構想を推進するとともに、大学全体の教育水準の底上げ等を目標として、右に見たような対策を次々と実行している。

もとより、わが国と韓国とは政治体制等異なる部分もあり、韓国の施策をそのまま導入すればよいということではない。しかし、「需給バランスの失調」という問題の基本的構造は類似している。大学数や定員をズルズルと拡大させ問題の抜本的解決に背を向ける国と、大胆な構造改革を進める国のどちらに軍配が上がるかは、いずれ遠からずして明らかとなるだろう。仮にこのまま事態を放置すれば、定員割れ拡大による経営悪化とこれと並行する教育の質の劣化は更に深刻化し取り返しのつかない事態に陥る。そうなればわが国の競争力は更に劣化し国の将来は極めて危ういものとなろう。こうした点を考えれば今必要な対策のうち、最も重要なものは概要以下の通りである。

①今後は原則として大学数や定員の増加は認めない。
②新学部等設置で定員の張付けが必要な大学は、自学内のスクラップ＆ビルドで賄う。
③二〇二五年度からは、国公私立大学全体の定員規模を削減していく。その際は各大学の定員

確保や経営に関する各種指標及び認証評価結果等を基準とする。

文科省が二〇一五年に打ち出した定員管理強化策（第2部第1章3（2）参照）は、基本的には依然定員増を容認している。このため却って需給緩和を加速させ、「私大問題」の解決を一層困難化させている。やはり需要の減少に即した供給の削減が急務である。

## 2　情報開示・公表の徹底

### （1）情報開示制度改善の経緯

我が国大学の情報開示は徐々に進みつつあるが、現状は依然として不十分と言わざるを得ない。まず大学の情報開示制度拡充に向けた最近の経緯を見ると、図表3－4－2の通りである。この問題は他の多くの問題と同様、教学系（教育研究関係）と、経営系（財務・経営関係）の制度改正が殆ど別個に進められている。

このうち前者の教育研究関係情報については、一九九九（平一一）年に、大学設置基準が改正され、大学には教育研究活動等の状況について積極的に提供する義務が課された。そしてこれが二〇〇七（平一九）年には法律（学校教育法第一一三条）で規定された。更に四年後の二〇一一（平二三）年には、同法施行規則が改正され、大学が公表すべき教育情報が具体的に示された（同規則第一七二条の二）。そこでは、「大学の教育研究上の目的」等と並んで、「入学者数、収容定員及び在

図表 3-4-2　大学の情報公開制度拡充の経緯

| 年 | 法令名等 | 内容 |
|---|---|---|
| 1999（平11） | 大学設置基準改正 | 大学における教育研究活動等の状況について積極的に提供する義務を規定（第2条） |
| 2004（平16）年 | 学校教育法改正 | 自己点検・評価の公表を義務化（第109条） |
| 2005（平17）年 | 私立学校法改正 | 財務情報等の公開義務を規定（第47条） |
| 2007（平19）年 | 学校教育法改正 | 教育研究活動の状況に関する義務について法律レベルで規定（第113条） |
| 2011（平23）年 | 学校教育法施行規則改正 | 各大学が公表すべき教育情報を具体的に明確化。情報公開への取組み状況を認証評価における評価の対象に位置付け（第172条の2） |

（注）国公立大学関係（国立大学法人法、地方独立行政法人法）を除く。なお2005（平17）年の私学法改正の公布は2004（平16）年。
（資料）文科省資料を基に筆者が加筆訂正して作成

図表 3-4-3　大学の情報公開について

| | 教育研究に関すること（国公私立大学共通） | 財務・経営に関すること（私大関係） |
|---|---|---|
| 公表事項 | ○自己点検・評価結果の公表（学教法109条）<br>○認証評価結果の公表（同110条）<br>○教育研究活動状況の公表（同113条）<br>○教育研究活動状況の公表（同法施行規則172条の2）<br>①大学の教育研究上の目的<br>②教育研究上の基本組織<br>③教員組織、教員数、各教員の学位及び業績<br>④入学者受入れ方針及び入学者の数、収容定員及び在学者数、卒業または修了者数、進学者数、就職者数その他進学及び就職等の状況<br>⑤授業科目の名称、授業の方法及び内容、年間授業計画<br>⑥学修成果の評価及び卒業・修了認定に際しての基準<br>⑦校地校舎等の施設及び設備等学生の教育研究環境<br>⑧授業料、入学料等大学が徴収する費用に関すること<br>⑨大学が行う学生の修学、進路選択及び心身の健康等に係る支援に関すること<br>・学生が修得すべき知識及び能力に関する情報（努力義務）<br>○成績評価基準等の明示（大学設置基準25条の2）<br>・授業の方法及び内容、年間授業計画の明示<br>・成績評価基準、卒業認定基準の明示 | ○利害関係人に対する閲覧（私学法47条）<br>・財産目録<br>・貸借対照表<br>・収支計算書<br>・事業報告書<br>・監査報告書 |

（資料）文科省資料を基に筆者作成

学者数、卒業または修了者数、進学者数、就職者数等」等計九項目が列挙されている（図表3－4－3）。

また後者の財務・経営関係情報については、既に見たように、二〇〇四（平一六）年の私学法改正（施行は翌年）で財務情報の公開が義務付けられた。具体的には、㋐学校法人は、毎会計年度終了後二月以内に、財産目録、貸借対照表及び収支計算書のほか、事業報告書を作成しなければならない（第四七条第一項）、㋑学校法人はこれらの書類及び監事の作成する監査報告書を各事務所に備えて置き、在学者その他の利害関係人から請求があった場合には、正当な理由がある場合を除いて、これを閲覧に供しなければならない（第四七条第二項）、の二点である。

## （2）情報開示状況と法制面の問題

しかし、実際の開示・公表状況はかなり不十分なものに止まっている。教育研究関係で学校教育法施行規則が公表を求めている九項目ごとの公表状況については具体的なデータは必ずしも明らかではないが、別途文科省が集計・公表している各私大法人の「事業報告書」（右の私学法第四七条に基づくもの）記載内容からある程度状況が把握できる（図表3－4－4）。これによれば、「設置する学校・学科等」やそれぞれの「在籍者数」等は、私大法人の九七～九八％が事業報告書に記載している。一方、「入学者数」については七五％程度に止まり、更に「入学試験結果関係」、「授業料等費用関係」、「修学支援」、「卒業者数・就職、進学状況」等については、二〇％～五〇％程度に止まっている。

図表 3-4-4　私学法第 47 条に基づき作成する「事業報告書」の記載内容

| | 項目 | | 大学法人 | |
|---|---|---|---|---|
| 全法人数 | 平成27年度 | | 556 | 比率(%) |
| | 平成26年度 | | 554 | |
| 法人の概要 | 設置する学校・学科等について | | 548 | 98.6% |
| | | | 544 | 98.2% |
| | 設置する学校・学部・学科等の入学定員について | | 512 | 92.1% |
| | | | 510 | 92.1% |
| | 設置する学校・学部・学科等の収容定員について | | 491 | 88.3% |
| | | | 490 | 88.4% |
| | 設置する学校・学部・学科等の入学者数について | | 418 | 75.2% |
| | | | 412 | 74.4% |
| | 設置する学校・学部・学科等の在籍者数について | | 538 | 96.8% |
| | | | 536 | 96.8% |
| | 理事・監事について | | 518 | 93.2% |
| | | うち名簿を記載 | 376 | 67.6% |
| | | うち概要を記載 | 142 | 25.5% |
| | 教職員について | | 535 | 96.2% |
| | | | 537 | 96.9% |
| 事業の概要 | 当該年度の事業の概要、主な事業の目的・計画・進捗状況等について | | 550 | 98.9% |
| | | | 545 | 98.4% |
| | 入学志願者数、受験者数、合格者数等の入学試験に関する状況について | | 305 | 54.9% |
| | | | 301 | 54.3% |
| | 授業料、入学料その他の大学が徴収する費用に関することについて | | 132 | 23.7% |
| | | | 140 | 25.3% |
| | 大学が行う学生の修学、進路選択及び心身の健康等に係る支援に関すること | | 246 | 44.2% |
| | | | 247 | 44.6% |
| | 卒業者数、修了者数、学位授与数等の状況について | | 241 | 43.3% |
| | | | 237 | 42.8% |
| | 卒業・修了後の状況(就職・進学等)について | | 301 | 54.1% |
| | | | 304 | 54.9% |
| 財務の概要 | 財務の概要を経年比較した内容について | | 459 | 82.6% |
| | | | 458 | 82.7% |
| | 当該年度の決算の概要について | | 496 | 89.2% |
| | | | 491 | 88.6% |
| | 主な財務比率について | | 434 | 78.1% |
| | | | 426 | 76.9% |

(注)斜線部分は90%未満の項目。
(資料)文科省資料を基に筆者作成

また財務関係の情報開示についても同様の状況が読み取れる。即ち、例えば、事業報告書の中で、第三者が当該法人の状況を把握するうえで不可欠の「財務の概要を経年比較した内容」や「主な財務比率」を掲載している私大法人は八割程度に止まっている。

もとよりこれらの数字はあくまで「事業報告書」の記載内容に関するものであり、別な形でこれらを公表している可能性は残る。しかし、「事業報告書」は、外部者が当該私大法人の状況を把握するうえでアプローチもし易く、また最も包括的なもので注目度も比較的高い。特に、「入学者数・定員充足率」は、志願者の最も関心が高い情報である。これらの事項の記載率が低位に止まっているのは、（「これらは教学系の事項で法人の所掌ではない」という言い訳は論外として）私大法人側の情報開示に対する消極的な姿勢を表している。

こうした消極的姿勢は、法制面の不備も関係している。

例えば、学校教育法第一一三条は「教育研究活動状況の公表を義務付けた」とされているが、当該情報が公表されていない場合でも特段の罰則は規定されていない。また私学法第四七条の「財産目録等の備え付け及び閲覧」に関しては、同法第六六条第四号に罰則（二十万円以下の過料）があるが、それが適用されるのはあくまで財産目録等の「備え付けを怠り、又はそれに記載すべき事項を記載せず、若しくは虚偽記載」の場合のみである。

また私学法第四七条による情報開示（閲覧）の対象は、あくまで「利害関係人」である。この場合の「利害関係人」とは、「在学者のほか、学校法人との間で法律上の権利義務関係を有する者を指すものであり、具体的には当該学校法人の設置学校の学生生徒や保護者、雇用契約関係にある者、債権者、抵当権者」等が該当し、「近隣に居住する者ということのみでは該当せず、入学希望者についても入学の意思が明確に確認できると判断した者」に限定されている（二〇〇四〈平一六〉年七月文科省高等教育局私学部長通知）。これは確かに「閲覧」ではあるが、「公表」とは言い難い。

なお、私学法第四七条の「貸借対照表、収支計算書」については「学校法人会計基準」に依拠することは特段求められていない。同会計基準の依拠が求められるのは、既述のように私学振興助成法第一四条第一項に定める「補助金の交付を受ける学校法人」に限られる。また同条第三項に定める「公認会計士又は監査法人の監査報告書の添付」も、補助金の交付を受ける学校法人に限られている。「補助金不要」の学校法人のこれら財務書類の正確性は担保されていないと言わざるを得ない。この点は改善を要する事項である。

### （3）「大学ポートレート」と他国の事例

一方、こうした大学ごとの情報開示と並行して、「データベースを用いた大学の教育情報の活用・公表のための共通的な仕組み」（「大学ポートレート」）構築が進められている。

即ち、既述の二〇一一（平二三）年四月の学校教育法施行規則改正で各大学が公表すべき教育情報が明確化されたことを受けて、同年八月、「大学における教育情報の活用支援と公表の促進に関する協力者会議」（同年四月文科省内に設置）は、「中間とりまとめ」を公表、「データベースを用いた大学の教育情報の活用・公表のための共通的な仕組みの構築」について提言を行った。この提言を基に「大学ポートレート（仮称）準備委員会」が設置され、二〇一二（平二四）年一一月、同準備委員会の「ワーキンググループ」が「検討経過報告」を報告した。その骨子は、以下の通りである。

①基本的考え方……参加・不参加は各大学の任意。公表・活用の主眼は教育情報。情報収集に当たり大学の作業負担を増加させないよう工夫を行う。平成二六年度の本格稼働開始後も継続して改善・改良を加える。

②公表の目的……大学教育を取り巻くステークホルダー、中でも大学進学希望者とその保護者等に分かり易いものとなるよう構築する。

③公表する情報……学校教育法施行規則等で公表が義務付けられた情報。外部評価（認証評価、国立大学法人評価等）の結果。大学進学希望者や保護者等の関心の高い情報。大学等の特色がわかる情報。

その後、二〇一四（平二六）年七月、「独立行政法人大学評価・学位授与機構」に「大学ポートレート運営会議」及び同センターが設置され、二〇一五（平二七）年三月、国公私立大学・短期大学全体で教育情報の提供が開始された。

このように、「大学ポートレート」は関係者の努力によってスタートした。しかし、問題点も残されている。筆者は以下の二点を指摘したい。

第一は、参加校数の問題である。二〇一六（平二八）年三月一日現在の参加校数（短大を除く）は、国立は八六校中八六校（参加率一〇〇％）、公立は八六校中七〇校（同八一・四％）、私立は六〇〇校中五七四校（同九五・七％）である。公私立大学では合計四〇校以上が不参加となっている点が目を引く。右に見たワーキンググループの「検討経過報告書」にある「参加・不参加は各大学の任意」とされていることが影響している。既述の個別大学ごとの情報開示と同様、「できれば開示・公表したくない」という大学の消極的姿勢が如実に表れている。不参加大学のかなり多くは、学生確保等で苦戦をしている大学等とみられるが、受験生等が最も知りたいこうした情報がポートレートで確認できない現状は、「大学ポートレート」制度の存在意義を大きく減殺していると言わざるを得ない。

第二は「分かり易さ」という点である。

即ち、「検討経過報告」が謳う「大学教育を取り巻くステークホルダー、中でも大学進学希望者とその保護者等に分かり易いものとなるよう」という観点から見ると現状の「大学ポートレート」の「分かり易さ」にはかなり疑問符が付く。例えば、受験生の立場からは、幾つかの大学の情報を並列させて比較検討したいというニーズがある。しかし、例えば「入学定員倍率」を調べようとすると、その数字は各大学のホームページにリンクされているケースが多くこの場合、各大学の当該計数は、「大学の作業負担を増加させないよう」（前掲「検討経過報告」）ということもあってその公表形式はバラバラのため、結局目的が達成できない等のケースも少なくないと見られる。このケースも含め受験生等は実際の使用についてはかなりフラストレーションが溜まっているのではないか。

我が国の「大学ポートレート」に比べると、米英や韓国の大学情報共通公開システムはかなり進んでいる。米韓について見ると概要は以下の通り。

まず米国には〝College Navigator〟と〝College Portraits〟がある。文科省資料によれば前者は一二の共通項目（一般的な情報、学費・生活費等、経済的支援、入学状況、中退・卒業率、分野ごとの学位取得状況、運動部活動、第三者評価の結果、キャンパスの安全、学費の支払い状況等）を一覧表形式で見ることができる。また後者は二〇〇七年に開始され、州立大学協議会、州立大学・土地贈与大学協議会に加盟する二九七大学が参加。学生の特徴、学士課程における就学状況、経費と経済的支援、キャンパスライフ、入学に関する状況、取得学位、学問分野、卒業後のプラン、学生の学習成果等が各大学ごとにグラフ等を用いて表示される。複数大学の比較が一覧表で表示される。

韓国もこの面ではかなり進んでいる。即ち、馬越〔二〇一〇〕や日本総研〔二〇一二〕によれば、同国では二〇〇七年五月制定の「教育関連機関の情報公開に関する特例法」によって、全ての学校の主要情報の公開が義務付けられた。高等教育機関については一三領域五五項目（定員充足率等入学関係、中途退学者数、卒業後の進路状況、教員対学生の比率等、是正命令違反状況、決算、奨学金等）についてウェッブサイトを通じて公開すること及び政府のポータルサイト「全国大学情報」への提供が義務付けられた。「全国大学情報」（Higher Education in Korea、www.academyinfo.go.kr）では、これらの情報が共通形式でグラフ等を交えて極めて分かり易く表示されている。

もとより、これらの国々でも現行制度が十分なものではなく問題点も指摘されているが[49]、大学側の事情よりもユーザー本位で情報開示が行われている点は範とすべきだろう。

（4） 必要な方策

情報の開示・公開は「説明責任」の履行の点から極めて重要である。

既述のように、私大法人や私立大学は高い公共性を持っている。即ち、多くの学生・保護者から授業料等を徴収するとともに、国等から税金を原資とする補助金の交付を受けている。また、多くの学生を一定期間預かり、彼らを「人財」として社会に送り出す責務を負っている。これらを背景として、私大法人等はその教育・経営等の状況を外部に明確に説明する「説明責任」を負っている。

こうした「組織」（この場合は大学）とそれを取り巻く利害関係者（受験生・学生や保護者、国等）との間には、情報の経済学が教えるように「委託者」（「プリンシパル」）と、「受託者（代理人）」（「エージェント」）との間の「情報の非対称性」が絶えず存在する。大学の場合、学生や保護者等（委託者）は、授業料等を対価に、大学（受託者）に対し教育サービスの提供を委託する。この場合、大学は自らの状態について最も良く知っている一方、学生や保護者等者がその大学について持っている情報は限定的である。こうした「情報の非対称性」が存在する場合、受験生は大学の実情が良く分からないのでどうしても「知名度」や「ブランド」で大学を選ぶということになる。

また「組織」は時として自らの利益を最優先とした行動（過大な報酬、乱脈経営等）を取ることもある。こうした事態を防ぐ一つの方法が「情報開示・公表」である。情報開示・公表を進めることによって、委託者は受託者の状況を絶えず監視（モニタリング）することができ、受験生の場合は大学の選択を変える、また在学生等の場合は、大学の不正・不適切な状況に対して是正を求めることが可能となる。また、こうした情報開示やモニタリングは、その組織の行動を絶えず規律づける機能を果たす。

情報開示・公表強化は、今後、在学生等の「自己責任」との問題とも関連して来る。

嘗てバブル崩壊後の我が国の金融不安の際、銀行等が破綻した場合の預金者の「自己責任」という問題がクローズアップされた。預金した先の銀行が破綻し、預金が返還されなくとも、それはその預金者を選んだ預金者自身の責任という問題である。今後、私大法人等の経営が更に悪化し経営破綻等に陥る先も増加してくることが見込まれる中では、同様の問題が生じる。経営破綻した大学の在学生が既に納入した授業料等が返還されない事態も生じてくるからである。その場合は、最終的にはその大学を選んだ学生・保護者自身の責任ということになる可能性が大きい。こうした面からも、情報開示・公表は一層強く求められていくだろう。

以上の点から、情報開示・公表については以下の措置が求められる。

①情報開示・公表の義務付け強化

具体的には、法令を改正し、教育及び財務・経営情報の開示・公表義務について「罰則」付き

49　例えば韓国については、大学側の作業負担増等の問題が指摘されている（金〔二〇一四〕）。

のものとする。[50] なお私学法第四七条に基づく、貸借対照表等の「閲覧」については、対象者を現行の「利害関係人」から「公衆の縦覧」に拡大する。また、同条の貸借対照表等については補助金交付の有無を問わず全学校法人に「学校法人会計基準」準拠と、公認会計士等の監査報告書添付を義務付ける。
②開示・公表フォームの定式化
主要な教育及び財務・経営情報について五か年程度の経年比較や主要比率を明らかにする形でのフォームを文科省が制定し、この使用を義務付ける。この違反にも罰則を科す。
③「大学ポートレート」への参加義務付け
現状「参加は任意」となっていることを改め、全校の参加を義務付ける。また教育事項のほか、財務・経営事項も含むこととし、いずれも共通フォームでの掲載とし、併せて複数校の比較が可能な作りに改める。

50 因みに銀行等については、銀行法第二一条で、「銀行は業務及び財産状況に関する説明書類を公衆の縦覧に供しなければならない」とし、更に同法第六三条では第二一条違反に対し罰則を規定している。

## 3　ガバナンス改革

### (1)「大学の自主性」と学長選任方法

次にガバナンス改革についても触れておこう。

既述のように教育の質の維持向上や経営基盤強化の必要性が高まる中、これらに対応するための大学のガバナンス強化に向けた改革が求められている。政府の審議会や民間団体等でもこれを巡る議論が活発化し、法制面では既述のように幾つかの改正が行われた。

私学についてのこの問題の難しさは、ガバナンス改革の必要性は私大関係者自身も含めて多くの人々に認識されている一方、これを具体的に進める場合には、「私学の自主性・自律性」との兼ね合いが非常に難しいという点である。換言すれば、私学法第一条にいう「私立学校の特性に鑑み、その自主性を重んじ、公共性を高めることによって私立学校の健全な発達を図る」の「公共性」と「自主性」との権衡の問題である。

具体例を挙げれば、学長の選任方法の問題がある。これについて経済同友会の提言(既出)では、「(比較的多くの大学で行われている)学内選挙で選出された学長では、教員の意に沿わない改革(人事評価制度導入、学部改廃等)は行い難い」として、「学長選挙を廃止し私学法で、『理事会は学長を選考し任命する』旨規定すべし」と主張している。

学長の選任方法については実は筆者自身の考え方もこれに近いが[51]、「学長」を如何なる方法で選ぶか(より明確に言えば「学長を自分達自身で決める」という考え)は「大学の自治」の根幹(本丸)と考える教員が多数を占める大学は少なくないだろう。私学の自主性とは、大学ごとの「多様性」を認めるということでもある。学長の選任方法を私学法で一律に規定することは残念ながらかなり難しいと言わざるを得ない。

## (2) 監事機能の強化

既出の、筆者による「ガバナンス」の定義の中で筆者が比較的重要と考えているのは、「チェック機能」(牽制機能)である。巷間の「ガバナンス強化」論の多くは意思決定の迅速さや果断さに焦点を置いてこれを主張しているが、より重要なのはその決定や実行の妥当性であろう。私大法人の中には嘗て違法行為や乱脈経営を行ったケースもあった。またどんなに優秀な決定権限者や意思決定機関であっても、時として誤った判断や決定を行うことがある。こうした点からも、「チェック機能」(牽制機能)強化が重要であり、この点からも監事機能強化の必要性が理解されよう。

しかし、現状では監事が十分機能していると言える私大は必ずしも多くないように窺われる。その理由は幾つかあるが、筆者が文科省の学校法人運営調査委員として多くの私大法人を訪問・調査した経験を基にすると、①監事の役割や機能が本人や当該大学内で十分理解されていないケースが少なくないこと、②監事機能を十分果たせる人材が比較的少ないこと等が主因と思われる。

①の関係では、特に「教学」関係事項にどこまで踏み込むか(踏み込むべきか)という問題がある。教育の質の維持向上という大きな命題に関連して文科省は、監事に対し教学事項についても監査

機能の発揮を求めている。この点に関し私学法第三七条第三項では監事の職務について、「学校法人の業務の監査」（第一号）、「学校法人の財産の状況の監査」（第二号）、「監査報告書の作成、提出」（第三号）等を規定している。この第一号の「学校法人の業務」について文科省は従来から「教学事項も含む」と説明しているが、現場の監事や理事長・学長更には教職員にはこれが今一つ浸透していない印象を受ける。[52] 従って、当該条文（及び同法第三六条の理事会の権能を規定した「学校法人の業務を決し」との文言）に「教学事項を含む」旨を明記することが必要であろう。

また②の人材確保の問題も悩ましい。現在の各私大法人の監事の大多数は非常勤である。[53] この

51　具体的には、「学長は理事会が選出・任命し、理事会は大学部門を含む学校法人全体の基本方針・計画や予算等の策定を所掌する一方、実際の大学部門の運営は学長に委任する。その上で理事会は絶えず学長の実績を評価し、不十分と判断した場合は、解任権を行使する」という方法（米国の大学で比較的多く採用されているShared Governance〈シェアドガバナンス、「共同統治」〉と呼ばれるものである。ただこの場合、（どこまでの権限を付与するかでも異なるが）学長は経営についてもある程度の知識・経験が求められる。このためそれに適う人材が学内外にどれだけ存在するのかという問題がある。米国では学長候補の「市場」が発達し、優秀な人材はかなりの高給で学長に就くと言われている。残念ながらこの面では我が国の人材市場は未発達である。

52　私学事業団「学校法人の経営改善方策に関するアンケート調査」（平成二七年三月）によれば、監事の「業務監査の内容」としては、「予算編成や中長期計画の策定のチェック」や「監査における指摘事項のチェック」等は七〜九割前後の監事が「行っている」と回答。他方、「教育研究活動の実績等」や「教育研究活動の企画立案・実施過程」等教学関係ではその比率は三〜四割に止まっている。

53　私学経営研究会「学校法人役員・評議員の構成と報酬に関するアンケート調査結果」（平成二六年四月調査）によれば、回答した二三七大学・短大法人のうち「常勤監事」を置くと回答した法人は三六法人（一五・二％）に止まっている。

ため俸給等はかなり低額（かなり多くの私大法人では精々年間二〇～三〇万円止まり）で、法人によっては「無給」というケースも少くない。こうした待遇条件下で、責任ある監査（①で触れた「教学事項」という、本人にとってはやや不慣れな領域についても）を行える人材の確保は、よほどボランティア精神が旺盛な人を除けば、かなり困難と言わざるを得ない。

従って監事については私学法を改正し、「監事のうち一名は常勤とする」旨の規定を設けるべきである。従来この規定化を妨げてきた主な理由としては、「組織規模」や「人件費負担増」等であったが、既述のように牽制機能強化は極めて重要であり早急にこれを実施すべきである。

なお、監事の職務を定めた私学法第三七条のうち第五項の「前号の報告（筆者注：監査の結果、不正や法令違反等を発見した場合の理事会及び評議員会への報告）を行うために必要があるときは、（監事は）理事長に対し評議員会の招集を請求すること」については、監事に「評議員会の招集請求権」に加えて「理事会の招集請求権」も加えるべきである。不正や違法について監事が報告を行う理事会の場の確保が現行規定では必ずしも明確ではないためである。なお理事については既に、「理事会招集請求権」が（「寄付行為の定めるところにより」との条件はあるが）認められている（同法第三六条第三項）。

### （3）評議員会関係

最近、評議員会の機能強化に関する議論が活発化している。例えば、既出の経済同友会提言でも「評議員会の役割の明確化」として「評議員会は、教職員以外の比率を高める」と主張している。また、最近（二〇一六〈平二八〉年三月）文科省が設置した「私立大学等の振興に関する検討会議」

でも、「評議員会の外部性を高めていく」或いは「評議員会の議決機関化」等について議論されている模様である。これらの主張の根底には、学校法人は公共性を持ち、その公共性は外部者等から構成される組織（評議員会等）の充実で担保されるとの考えがあると見られる。[54]

こうした考えもある程度理解できなくはない。特に教育の質の維持向上や、経営改善を求める社会の声が強まっているにも拘らず大学自身の教育・経営改革は遅々として進まず、中には乱脈経営に陥る法人も見られる。このため、社会やステークホルダーの声を学校法人運営に極力反映させようという主張は一定の合理性を持つ。

しかし、他方で右に見た主張等は問題も孕んでいる。

特に、「評議員会の議決機関化」は問題が大きい。既にみたように、現在の私学法では、既に幾つかの事項について、「寄附行為をもって評議員会の議決を要するものとすることができる」（同法第四二条第二項）旨規定している。[55] この場合、「評議員会の議決を要する事項」について、評議員会が理事会とは異なる議決を行った場合が問題となる。

54　例えば、小松（二〇一二）では、「（学校法人は）元来、教学関係者を始め、精神的・社会的な見地からの賛同・支援者等の多角的な志向の反映が求められ、理事者には全体に目配りした微妙な配慮や粘り強い説得力が求められるが、（中略）それは社会共同体性を持つ私学の本来の目的たる公共性に沿う社会的能率の上で欠くべからざる要請であり、（中略）ここに学校法人における理事会と評議員会との重層構造が実質的な意味を持つ」としている。

55　この規定が設けられたのは、私学法制定に先立つ戦前に設立された早稲田・慶應義塾大学等では評議員会が強力な権限を既に有しておりこうした実態と私学法第四二条第一項との調和を図るためと言われている。

この点に関して二〇〇四（平一六）年の私学法改正時の文科省次官通知は、既述のように「（評議員会については）諮問機関としての位置づけを原則としつつ寄付行為の定めにより重要事項の決定について評議員会の議決を要することとできる現行制度について今回変更するものではない」としたうえで、「議決を要するとしている場合についても、理事会が業務の決定を行うに当たり、評議員会の意思を確認する方法として同意の議決を必要としているという性質のものであり、学校法人の運営についての最終的な責任は理事会が負うものである点に留意されたい」（「次官通知」、傍線部筆者）としている。

しかし、この文章の含意は必ずしも明確ではない。この文章は全体としては、学校法人としての最終的意思決定権限者は理事会であり、評議員会の議決は、単に評議員会の意思を確認するためだけのもので、「両者が異なる議決を行った場合は、理事会の議決が優先される」と読むことが可能である。こうした理解は、私学法第三六条第二項で、「理事会は、学校法人の業務を決し」として、法人の最終的な意思決定機関は理事会としていることともある程度平仄が合う。

しかし、他方で、私学法第四二条第二項で評議員会を「議決機関化」した場合においては、評議員会が理事会と異なる議決を行った場合、理事（会）は評議員会の議決に拘束されるとの解釈も見られる。因みに、松坂〔二〇一〇〕は次のように述べる（傍線部筆者）。

「評議員会につき、（法第四二条）第一項の規定を受けて諮問機関とした場合には、理事は、評議員会の意見に拘束されることはないが、その意見を尊重すべきことはいうまでもない。なお、評第二項の規定により議決機関化した場合には、理事は、評議員会の意見に拘束されることとなる。」

このように、現行法は評議員会の議決機関化を容認する一方で、評議員会と理事会との議決が異なった場合の優越関係や意見の調整方法は規定していない。評議員会は、卒業生等学校法人の「ステークホルダー」（利害関係者）で組織される。その組織が理事会と異なる議決を行った場合、その「議決」は評議員会の「意見」と比べると遥かに大きな意味を持つ。このため両機関が異なる議決を行った場合は当該私大法人の経営は大きく混乱する可能性が高い。現行法は、同一法人に二つの議決機関を設けることを容認しているが、「理事会と評議員会の議決が対立した場合、予算等が成立せず、学校法人の運営がそこで頓挫するという事態も起こりかねない」（俵〔二〇一五〕）という指摘は的を射ている。

なお、こうした問題に関連して前述の文科省の「検討会議」では、「評議員会を議決機関化し、社会福祉法人と同様に評議員会に理事の選任解任権等を付与してはどうか」との議論があると伝えられている。しかし、評議員会はステークホルダー等から構成されているとは言え、評議員は理事とはその位置づけや権限・責任が大きく異なる。例えば、理事は学校法人の「役員」であり、「寄附行為の定めるところにより、学校法人を代表し、理事長を補佐して、学校法人の業務を掌理し、理事長に事故があるときはその職務を代理し、理事長が欠けたときはその職務を行う」（私学法第三七条）とされているほか、同法第四〇条の二は、理事の「忠実義務」を規定している。これらの規定は評議員には皆無である。また評議員は非常勤であり、評議員会の開催頻度も年に数回というケースが多い。このため評議員が持つ情報の量や質はかなり限定的であるほか、教育や法人の実情に詳しくない者もいる。そうしたメンバーで構成される評議員会がどこまで学校法人の経営に責任が持てるのかは非常に疑問である。

また、「検討会議」では、「私学の公共性を高める」等の観点から、「評議員会における外部評議員の比率について一定水準以上に引き上げる」等の議論が行われている。しかし、外部の意見を私学経営により強く反映させるということであれば、むしろ理事会における外部理事の人数（私学法第三八条第五項で実質的に一名以上と規定）の引き上げ（例えば、「理事定数の四分の一以上」）を行うべきだろう。右で述べたように評議員は勤務体制や情報量等の点から大きな責任を負うことには限界があるためである。

## 4　経営困難校等への対応のための法整備と体制強化の必要性

### （1）現状の問題点（「法的規制の空白地帯」）

経営面等で問題や課題を抱える私大法人に対する文科省等の対応の仕組みについては第2章で概観したが、その最大の特徴は、（違法状態にある法人等を除けば）基本的には「指導・助言」に限られるという点である。即ち、まず「学校法人運営調査委員制度」は、「学校法人の経営について特に指定された事項に関する調査、指導及び助言に当たる」（文科省組織規則第四五条、既出）こととされている。同様に私学事業団の関連業務についても、「私立学校の教育条件及び経営に関し、情報の収集、調査及び研究を行い、並びに関係者の依頼に応じてその成果の提供その他の指導を行うこと」（事業団法第二三条第一項第五号、既出）とされている。事業団による「（調査等の）成果の提供その他の指導」はあくまで「関係者の依頼」があって初めて行いうるものであるという点で文科省の「指導・助言」よりも更に控えめのものである。

こうした文科省や事業団の〝moderate（或いはmodest）〟ともいうべき対応は、既述の事業団「再生研」の最終報告書にも共通している。例えば、「イエローゾーン」の法人には、「文科省は当該法人に経営改善計画策定を要請する」、「破綻が不可避の場合は、募集停止を促す」（傍線部筆者）等ほぼ同様のトーンとなっている。

こうしたスタンスの根底には私立学校制度は、「私学の自主性への信頼を基礎に行政の関与を極力抑制する制度」（二〇一三〈平二五〉年八月、文科省大学設置・学校法人審議会学校法人分科会報告書「解散命令等に係る課題を踏まえた今後の対応の在り方について」、既出）であり、このため、「経営基盤の強化に向けた努力は、あくまでも各学校法人が自らの判断により、自らの責任において行うべきもので、所轄庁としては私立学校の自主性を尊重しつつ、学校法人からの相談に応じ、経営分析や指導・助言等を通じ、その主体的な改善努力を促すことが基本となる。」（文科省高等教育局プロジェクトチーム報告書、既出）とされているからである。

しかし、「指導・助言」は、あくまで「行政指導」に過ぎず法的拘束力はない。ここで「行政指導」とは、行政手続法第二条第六号に「行政機関がその任務又は所掌事務の範囲内において一定の行政目的を実現するため特定の者に一定の作為又は不作為を求める指導、勧告、助言その他の行為であって処分に該当しないもの」と規定されているもので、「行政庁の処分その他公権力の行使に当たる行為」（同条第二号）である「処分」以外のものである。このため、「行政指導は法的拘束力を持つ行政行為ではない」（櫻井・橋本〔二〇一五〕）とされている。更に同法第三二条第一項は、行政指導の一般原則として、「行政指導にあっては、行政指導に携わる者は、（中略）行政指導の内容があくまでも相手方の任意の協力によってのみ実現されるものであることに留意しなければならない」（傍線部筆者）とし、行政指導に従うか否かはあくまで受け手の任意であることを明定している。

従って仮に所轄官庁からの「指導」に従った結果却って不利益を被っても、それはあくまで「指導」に従った者自身の責任ということになり、当該官庁を被告に損害賠償請求訴訟を起こしても請求が認められる可能性は乏しい。これらを勘案すれば学校法人が所轄庁の指導を拒絶するケースが出てくる可能性がある。「指導・助言」とは、そうした性格のものである。

なお、これに関連し、事業団「再生研」の最終報告書では、「レッドゾーン」校への対応として、「学生の修学機会が奪われる可能性がある場合は文科省が募集停止の指導、或いは指導に従わない法人名の公表等強い措置も含めて検討」とされている。しかし、行政手続法第三二条第二項は、「行政指導に携わる者は、その相手方が行政指導に従わなかったことを理由として、不利益な取り扱いをしてはならない」（傍線部筆者）としている。「学校法人名の公表」はそれによる志願者減少等不利益を当該法人に及ぼす可能性が大きいため、名前を公表された法人が国を相手に提訴すれば同法違反と判示される可能性がある。

このように、違法状態ではないが経営が「イエローゾーン」や「レッドゾーン」にある法人に対しては現行法制のままでは、中々有効な措置は取り難い。

この点に関しては既述のように二〇一四（平二六）年の私学法改正前は、重大な問題のある学校法人に対する所轄庁の法的措置は事実上「解散命令」に限られていた。このため同年私学法を改正し新たに、①違反の停止・運営の改善等必要な措置の命令権（「措置命令」、第六〇条第一項）、②「措置命令」に従わない場合の当該法人の役員の解任勧告権（同条第九項）、③業務・財産の状況についての報告要求・立入検査権（第六三条）等が規定された。しかし、この条項が適用されるのは、あくまで「学校法人が法令の規定、法令の規定に基づく所轄庁の処分若しくは寄附行為に違反し、又はその運営が著しく適正を欠くと認められるとき」に限られる。如何なる場合がこれに該当するかについて改正時に発出された事務次官通知では、「学校の運営に必要な資産の不足による教育研究活動の支障」、「学校法人所有の土地建物が競売で売却され必要な土地校舎が保有されていない」、「教職員の賃金未払が生じ、必要な教職員が確保されていない」等を挙げ、また第六三条の「報告要求・立ち入り検査権」も、「これら措置命令や解散命令等の対象となり得るような事態に立ち入っている場合、それらの命令を行うために必要な事実を確認するために行われることを想定している」とされている。

これらの点から見ても同条項は、入学者数減少等によって「イエローゾーン」や「レッドゾーン」に陥っただけのケースについては、適用は想定されていないと考えるのが自然だろう（同省も同様の見解の模様）。しかし、これらのゾーンにある私大法人であっても、今後経営が更に悪化し、

図表 3-4-5 「早期是正措置」の概要

| 区　分 | 措置の内容（例） |
|---|---|
| 第1区分（正常状態） | 無し |
| 第2区分（要注意状態） | 経営改善計画策定・実施 |
| 第3区分（準危険状態1） | 業務改善勧告（人件費削減等） |
| 第4区分（準危険状態2） | 大幅な業務の縮小命令 |
| 第5区分（危険状態） | 一部または全部の業務停止命令 |

（注）「区分」分けは、経営判断指標、定員充足率等幾つかの指標を組合せて作成する。
（資料）筆者作成。

募集停止や破綻に追い込まれ、これを放置すると在学生の修学機会が失われることがほぼ確実といったケースが多発することも十分あり得よう。しかしこうした場合であっても、現行法では「指導・助言」以外に文科省としては何らの手立ても無いのである（こうした点については学校法人運営調査委員の間でも危惧する声が出ている）。現行法には大きな「空白地帯」が残っているのである。

### (2)「早期是正措置」制度導入の必要性

ではどうすべきか。筆者は、「早期是正措置」制度の導入を提案したい。ここで「早期是正措置」とは、学校法人の経営・財務等の状況について、事業団の「経営判断指標」や定員充足率等の指標を組合わせた区分基準を設け、ある法人の状況が是正を必要とする区分に該当することとなった場合、所轄庁は私立学校審議会等の意見を聴いたうえで当該法人に必要な対応を求める「是正措置」を発動するというものである[56]（具体的イメージは図表3-4-5参照）。

こうした制度を設ける意義は以下の通りである。

①学校法人の経営・財務等の状況を客観的な基準で捉え、適時に是正措

置を講じることによって、学生の修学機会の確保、学校法人経営の健全性確保や経営破綻の未然防止を図ることが可能となること。

②是正措置の発動ルールを明確にすることで、行政の透明性確保に資すること。

③結果として、学校法人が破綻した場合の社会的不利益軽減にも繋がること。

実は事業団の「経営判断指標」も、「定量的な経営判断指標による破綻予防スキーム」構築を狙いとして作成が開始された（「再生研」最終報告書が提言）。しかし、「経営判断指標」を作成し学校法人をランク付けしても、問題を抱える学校法人への文科省等の対応は、既述のように依然「指導・助言」に止まり、この結果実効ある改善が進まないという問題がある。こうした実情からも改善に向けた、より具体的な行動を求める「早期是正措置」を設ける意義は大きい。

### （3）専門機関設置の必要性

こうした法制面の整備と並んで必要なのは、経営悪化校等に対応する「専門機関」の設置である。既にみたように、現在こうした問題に主として対応しているのは、文科省及び学校法人運営調査委員会、私学事業団である。しかし、これらは既に見た、権限に関する法制面の限界に加え、

56　「早期是正措置」は、銀行等に対しては、業務改善命令、業務停止命令（銀行法第二六条第一項等）の一つの形態として、自己資本の充実状況に応じて必要があると認められる場合に発動されるものとして定められている。

人員・組織等体制面でも問題を内包している。
例えば、文科省で所轄学校法人の経営状況調査や指導等を担当しているのは高等教育局私学部参事官に所属する十数名の職員であり、運営調査実施担当者は関連課等からの応援を入れても合計二〇名程度とみられる。また「学校法人運営調査委員制度」については既述のように、現在三五名の委員が年間約五〇法人に対して実地調査等を行っている（委員二名、事務官二名で一チームを構成）。しかし、調査日程は一法人当たり僅かに一日である。また、委員は全員非常勤であり、私学経営に精通しているとは言い難いケースも含まれている。また事業団についても人員は限られているほか、同事業団が学校法人の民事再生を主導する場合の問題も指摘されている。[57]
では、似たような機能を持つ他の機関の調査指導体制はどうか。例えば、日本銀行は銀行、信用金庫等の金融機関に対し、その経営状況等を把握するために定期的に「考査」を実施している（金融機関と日本銀行との「考査契約」に基づくもの）。二〇一五（平二七）年度の考査実施状況は、国内銀行三〇、信用金庫三六、外国銀行等一二の計七八金融機関で、文科省の「学校法人運営調査」と大差はない。しかし大きく異なるのは各考査の期間と投入人員数である。実地調査（考査）期間は各回約二週間、調査チームは信用金庫では三～四名程度であるが、銀行については六～八名程度で、メガバンクでは考査期間は一カ月以上、人員は二〇名を超える。[58]こうした体制を取るため、日本銀行では担当局である金融機構局に一〇〇名余りの人員を配置し、更に必要に応じ他局から担当者が加わることもある。なお、日本銀行考査の対象金融機関は、銀行が一二六、信用金庫二五五等合計五三三であり（二〇一七年一月末同行公表資料による）、文科省所轄の私大法人数（約六〇〇校）

とほぼ同じである（なお、銀行等に対しては金融庁の検査局等がほぼ同様の体制で検査を行う）。

なお、問題を抱える金融機関や企業の処理については、法律によって「整理回収機構」や「産業再生機構」（二〇〇三〈平一五〉年四月～二〇〇七〈平一九〉年三月まで）等の専門機関が新たに設けられ、いずれも有効に機能してきた。

以上の諸点に鑑み、私学関係についても新たに専門機関を設置する必要性は高いと言えよう。当該専門機関の主な業務は、①全学校法人（都道府県所轄法人も含む）の経営財務状況の調査・検査、②経営悪化法人に対する指導、③前述の「早期是正措置」に係る各種の法的措置の具体的実施、③学校法人の合併・統合等に関する情報収集や当事者間の調整、④私的整理、民事再生、破産等各種の整理の主導等とし、これらを可能とするよう設置法等法的整備を行うべきである。

## （4）公的資金投入等をどう考えるか

経営困難校等への対応・処理に関して、「公的資金等の投入を図るべし」という議論がしばし

57　事業団再生研「最終報告書」が、「事業団は信用リスクを管理する債権者として経営改善に向けた指導助言を行うことができる」としている点に関し、高橋〔二〇一一〕は、「私学事業団が債権者である場合、その関与の下で作成・遂行する『経営改善計画』の公平性に疑義が生じ、民事再生手続きや破産手続きの障害にもなりかねない」との懸念を示している。

58　考査については実地調査に先立って毎回二～三週間（メガバンクは一カ月以上）をかけてチーム内の打合せ等を行う。文科省学校法人運営調査では委員も参加する形での事前打合せは通常、調査当日朝一回約一時間のみである。

ば聞かれる。例えば、学校法人の経営が大きく悪化しこれを放置すると経営破綻に陥る恐れがある場合の資金的支援や、「募集停止」決定後最後の在学生が卒業するまでの間の資金繰り支援等が念頭に置かれている。その場合の資金支援の方法としては、①税金を原資とする「公的資金」の投入、②保険制度の創設（公的保険或いは民間保険）、③支援基金制度の創設（官民出資或いは私学からのみの出捐）等が議論されている。

これらについての筆者の結論を予め示せば、「いずれも実現の可能性はかなり低い」ということである。以下その理由を示す。

まず①の「税金を原資とする公的資金の投入」については、国民の理解を得ることが困難という点が最大の理由である。

嘗ての我が国の一九九〇年代以降の金融不安の際は、住宅金融専門会社（「住専」）問題処理や、金融機関の不良債権処理問題等に関連して巨額の公的資金投入が行われた。しかし、これらの投入目的は、住専や銀行等の救済を目的とするものではなく、「預金者保護」や「システミック・リスク回避」等を目的とするものであった。即ち、銀行等から構成される金融システムは多数の金融機関が相互に資金供給や決済等を行う形で「網の目」のように絡み合っている。このため、仮にある金融機関が資金決済不能に陥ったり破綻した場合、それが直ちに他の金融機関に波及する形で決済不能や破綻が連鎖する（こうしたリスクを「システミック・リスク」という）。また銀行等が破綻した場合、他の銀行の預金者も自分の銀行に預金払戻しを求めて窓口に殺到する（「取り付け」）。このためその銀行も払戻し資金が枯渇し破綻に追い込まれる。こうした形で破綻が連鎖していく。

これらの場合、個々の預金者等はもとより、わが国の経済・金融、社会システム全体が大混乱に陥る。公的資金投入はこうした事態の回避のために行われるのである。

私立大学等の破綻は確かに当該大学等に在学する学生や教職員にとっては重大問題であり、また我が国教育システムへの信頼性も何がしか毀損する。しかし私学制度は、金融システムのような「網の目」の連関構造にはなっておらず、「システミック・リスク」等に陥る可能性は殆ど皆無である。その意味において私立学校の破綻は、一般の私企業の破産と大きく変わるところはない。こうしたことから「税金を原資とする公的資金投入」は国民の理解や支持は得られないだろう。[59]

なお、「公的資金投入」を行おうとする場合は、既述（第1部第3章補論）でみた憲法第八九条（「公の支配」に属しない教育への公金の支出）の問題を再び惹起する可能性がある。「公的資金投入」を行うためには、予め国からのより強力な規制を私学に強制する必要があり、この点からも公的資金投入は殆ど不可能ではないか。

②の「保険制度の導入」も困難だろう。

まず政府等が保険者となる「公的保険制度」については、最終的な損失負担者は国民ということになり、①と同様の理由から理解は得られないだろう。

59　既述のように、二〇〇五（平一七）年五月の文科省高等教育局プロジェクトチーム報告でも「経営が悪化し再建の見込みがないと判断される学校法人に対し、国費の投入によりその存続を図ることについては、現時点では国民の理解は得られないと考える」としている。

また「私的保険」即ち、民間保険業者が私大法人（或いは学生等と）と保険契約を締結することについては、「再生研」の最終報告書も言うように、母集団が多数期待できず破綻確率が算定困難であること等から成立は困難だろう。また、私大法人対象の私的保険については、「情報の非対称性」の問題がある。即ち、自学の経営が安定している法人は保険加入の必要性が乏しいため加入せず、保険加入は経営内容に不安を抱える法人のみとなってしまう（「情報の経済学」上の「逆選択」が発生）。また、経営内容の悪い法人は万が一破綻しても損失が保険から補填されるため経営改善努力を行わず、場合によっては過度のリスクを負ってしまう（「モラルハザード」の発生）。

③の「支援基金制度の創設」も難しいだろう。

この制度は、将来の経営破綻校増加に備えるため、私学が予め資金を出し合って一種の「基金」のようなものを作っておこうという考えである。例えば、二〇一三（平二五）年八月の「大学設置・学校法人審議会学校法人分科会答申」では、「今後更なる検討を深める事項」の一つとして、「在学生が転学等を終えるまでの間、教育の提供を可能とする観点から当該学校法人に当面の資金を供給するため、一定の金額を予め蓄積しておく制度を設ける」としている。しかし、ここでも②でみたような「逆選択」の問題が生じる。経営内容の優良な先は設立に反対し、経営に問題を抱える先が設立に賛成するという「逆選択」が生じる可能性が高いからである。

なお事業団「再生研」最終報告書では、「経営難法人が募集停止を行う場合、収入がなくなる期間（大学では最低三年間）の支出相当額の資金を残した上で早期に募集停止を決断する必要がある」としている。しかし、「除く医歯系法人」（五〇七法人）で見た場合、平成二六年度の人件費・教育研究経費・管理経費合計支出額は一法人当たり六七・三億円で、運用資産残高は一法人当たり一三六・五億円と僅かに二・〇年分に過ぎない（「今日の私学財政」より算出）。支払準備資金を三年分も持つ法人は資金繰りが潤沢ないわば「優良法人」であり、そうした法人が募集停止を迫られることは考えにくい。この指摘はかなり非現実的と言えよう。

以上、「私大問題」解決への処方箋を示した。
これらの実行には多くの障壁が待ち構えているだろう。
しかし残念ながら現在の文科省にはそれを乗り越えるエネルギーや気力は乏しい。
特に最近社会の耳目を集める同省の「天下り問題」は、更に暗い影を投げかけている。
こうした状況では、「私大問題」の解決はさらに遠のく。
が、その間、少子化と大学の規模間格差等、事態は一層深刻化していく。
現在、ある程度健全な経営を維持している私大法人でも先行きの保障はない。
既に経営悪化が進行している法人では尚更である。
しかし既に見たように、文科省等による救済や支援は殆ど期待できない。
あとはそれぞれの大学の役員、教職員がどこまで自学の状況を正しく認識できるか。
そして一致団結して抜本的な打開策を実行出来るか。
それでその大学の「生死」が決まる。
真の意味で、私学の「自主・自律性」が問われているのである。

# 参考文献

赤塚和俊〔二〇〇一〕『学校法人の決算書の読み方』（ぎょうせい）
天城勲・慶伊富長編〔一九七七〕『大学設置基準の研究』（東京大学出版会）
天野郁夫〔一九八〇〕『変革期の大学像――日本の高等教育の未来』（日本リクルートセンター）
――〔二〇一三〕『大学改革を問い直す』（慶應義塾大学出版会）
――〔二〇一六〕『新制大学の誕生（下）』（名古屋大学出版会）
荒井英治郎〔二〇〇七〕「憲法第八九条をめぐる政府解釈と私学助成」（『教育行政学論叢』第二六号）
池野千白〔二〇一四〕「投資取引における大学の適合性原則」『札幌学院法学三〇巻二号』
石川裕之〔二〇一二〕「韓国における高等教育の質保証システムと学習成果アセスメントのインパクト」『学習成果アセスメントのインパクトに関する総合的研究』（国立教育政策研究所平成二三年度プロジェクト研究成果報告書第七章）
猪俣歳之〔二〇〇六〕「日本における高等教育関連施策の展開――高等教育機関の地方立地に関する政策を中心に」『東北大学大学院教育学研究科研究年報第五四集第二号』
馬越徹〔二〇一〇〕『韓国大学改革のダイナミズム―ワールドクラスへの挑戦』（東信堂）
小野元之〔一九九八〕『私立学校法講座（平成一〇年改訂版）』（学校法人経理研究会）
――〔二〇〇九〕同右（平成二一年改訂版）（同）
大崎仁〔一九九九〕『大学改革　1945 ～ 1999 ―新制大学一元化から「二一世紀の大学像」へ』（有斐閣選書）
梶間栄一〔二〇一二〕『よくわかる　学校法人会計の仕組みと決算書の見方』（ぎょうせい）
――〔二〇一四〕『よくわかる　学校法人会計の仕組みと決算書の見方　改正会計基準完全対応版』（ぎょうせい）
片山英治・神山哲也〔二〇〇一〕「米国の大学における資産運用の実態について」『資本市場クォータリー二〇〇一年春号』（野村資本市場研究所）
川崎成一〔二〇一〇〕「私立大学の資産運用とリスク管理」（国立大学財務・経営センター『大学財務経営研究』第七号、

二〇一〇年一二月発行）
川地宏行〔二〇〇六―二〇一二〕「デリバティブ取引における説明義務と損害賠償責任（3）」『専修法学論集』
喜多村和之〔一九七七〕「戦後の学制改革と設置認可行政」『大学設置基準の研究』第二部第三章（天城勲・慶伊富長編）（東京大学出版会）
――〔二〇〇一〕『現代大学の変革と政策―歴史的・比較的考察』（玉川大学出版部）
清成忠男〔二〇一〇〕『現代日本の大学革新‐教学改革と法人経営』（法政大学出版局）
金美蘭〔二〇一四〕「韓国の情報公開」『情報公開と大学広報』（IDE現代の高等教育二〇一四年八〜九月号、No.五六三号／IDE大学協会）
経済産業省〔二〇一六〕『通商白書二〇一六』
黒田壽二〔二〇一三〕「設置認可緩和の見直し」『設置認可と認証評価』（IDE現代の高等教育二〇一三年六月号No.五五一号／IDE大学協会）
黒羽亮一〔一九七七〕「大学設置基準と高等教育政策」『大学設置基準の研究』第三部（天城勲・慶伊富長編）（東京大学出版会）
――〔一九九三〕『戦後大学政策の展開』（玉川大学出版部）
――〔二〇〇一〕『戦後大学政策の展開』（新版）（玉川大学出版部）
――〔二〇〇二〕『大学政策　改革への軌跡』（玉川大学出版部）
小林雅之〔一九九六〕「高等教育抑制政策への転換」『学習社会におけるマス高等教育の構造と機能に関する研究』（放送大学研究報告91）
――〔二〇〇三〕「高等教育機会と高等教育政策」『国立大学の財政・財務に関する総合的研究』（国立学校財務センター研究部編、国立学校財務センター研究報告第八号）
小松親次郎〔二〇一二〕「私立学校法に見るガバナンス像―評議員会と理事会との関係を中心に―」『大学ガバナンス再考』（IDE現代の高等教育二〇一二年一一月号、No.五四五号／IDE大学協会）

小室昌志〔二〇一二〕「我が国における高等教育政策の歴史的変遷に関する一考察―規模政策・設置認可政策を中心に」(同志社大学社会学会編)……
https://doors.doshisha.ac.jp/duar/repository/ir/15383/031000990004.pdf
櫻井敬子・橋本博之『行政法(第四版)』(弘文堂)
白井俊〔二〇一三〕「大学設置認可の歴史的経緯」『設置認可と認証評価』(IDE現代の高等教育二〇一三年六月号No.五五一号/IDE大学協会)
白川優治〔二〇〇七〕「工場等制限法における大学に対する規制の変遷――一九六〇年代の法改正を中心に」『都市と大学の連携・評価に関する政策研究――地方分権・規制緩和の時代を背景として』(平成一七‐一八年度科学研究費補助金基盤研究(C) http://ir.library.tohoku.ac.jp/re/bitstream/10097/40144/1/Yonezawa-Akiyoshi-09-09-0005.pdf)
――〔二〇〇七〕「都市部における大学立地制限の制度化と大学――工業等制限法と工場等制限法に関する検討」(日本教育社会学会大会発表要旨)
鈴木勲〔二〇〇九〕『逐条学校教育法第七次改訂版』(学陽書房)
高橋司〔二〇一一〕「学校法人の民事再生の法律問題」『学校の再編と再建』(商事法務)
瀧澤博三〔二〇一六〕『高等教育政策と私学』(悠光堂)
中央教育審議会〔二〇〇九〕「大学設置認可に関する基礎資料」(中央教育審議会大学分科会質保証システム部会第三回会合資料4) http://www.mext.go.jp/b_menu/shingi/chukyo/chukyo4/gijiroku/__icsFiles/afieldfile/2015/11/02/1214834_001.pdf
俵正市〔二〇一五〕『解説私立学校法(新訂三版)』(公益社団法人私学経営研究会)
日本私立学校振興・共済事業団編〔各年度版〕『今日の私学財政 大学・短期大学編』(学校経理研究会)
――〔各年度版〕『私立大学・短期大学等入学志願動向』
日本総研〔二〇一一〕「第一部 大学における情報公開の現状とあり方」『情報公開時代における大学経営の攻めと守り』(日本総研)
野中郁江・山口不二夫・梅田守彦〔二〇〇一〕『私立大学の財務分析ができる本』(大月書店)

橋本鉱市〔一九九六〕「高等教育政策と私立大学の拡大行動――池正勧告を中心として」『学習社会におけるマス高等教育の構造と機能に関する研究』（放送大学研究報告91）
馬場浩也〔二〇一二〕「戦後日本の男子大学進学率の分析―供給側の制約の影響を中心に」『日本経済研究67』（日本経済研究センター）
福田繁・安嶋彌〔一九五〇〕『私立学校法詳説』（玉川大学出版部）（松坂〔二〇一〇〕の巻末転載版による）
福留東土〔二〇一三〕「米国における大学経営人材―理事と学長に着目して―」『教職協働時代の大学経営人材養成方策に関する研究』（広島大学高等教育研究開発センター高等教育研究草書一二三号）
細田哲〔一九八五〕「学校法人会計基準の問題点について（―特に消費収支計算および基本金組入れについて）」（城西経済学会誌二〇／三）
前田重行〔二〇一四〕「金融機関の投資勧誘における適合性原則および説明義務について」『金融商品の販売における金融機関の説明義務等』（全国銀行協会　金融法務研究会報告書第二四号）
前田徹生〔二〇〇六〕「憲法八九条後段「公の支配」の意味」（『桃山法学第八号』）
松坂浩史〔二〇一〇〕『逐条解説私立学校法』（学校経理研究会）
三和義武〔二〇〇九〕「戦後における教育政策の歴史的背景と展開――私立高等教育に関する量的拡大の視点から」
http://aska-.aasa.ac.jp/dspace/bitstream/10638/998/1/0027-004-200903-075-089.pdf
両角亜希子〔二〇一〇〕『私立大学の経営と拡大・再編―一九八〇年代後半以降の動態』（東信堂）
文部省私学法令研究会編著〔一九七〇〕『私立学校法逐条解説』（第一法規）
山田剛志〔二〇〇九〕「金融機関による説明義務・適合性の原則と金融商品販売法」『金融商品取引法研究会研究記録第二七号』（財団法人日本証券経済研究所金融商品取引法研究会）
有限責任あずさ監査法人編〔二〇一一〕『学校法人会計の実務ガイド（第五版）』（中央経済社）
有限責任監査法人トーマツ編〔二〇一五〕『やさしくわかる学校法人の経営分析』（同文館出版）
読売新聞教育取材班編〔二〇〇九〕『教育ルネッサンス　大学の実力』（中央公論新社）

若松澄夫〔一九九七〕「転換期の高等教育政策―課題と展望～競争的な環境への移行、将来構想の実現方策～」『新・高等教育のデザインと政策展開』（地域科学研究会高等教育情報センター編）
Carmen M. Reinhart & Kenneth S.Rogoff〔二〇〇九〕*THIS TIME IS DIFFERRENT*『国家は破綻する』、村井章子訳、二〇一一年、日経 BP 社）
John Kenneth Galbraith〔一九九〇〕*A Short History Of Financial Euphoria*（『新版 バブルの物語』、鈴木哲太郎訳、二〇〇八年、ダイヤモンド社）
NACUBO〔二〇一五〕*NACUBO-COMMONFUND STUDY OF ENDOWMENT (NCSE) RESULTS*

# あとがき

筆者は今から一八年程前、縁あってある国立大学経済学部の教員となり、その二年半後、今度は首都圏のある中堅私大の教員に転じた。当時筆者は五〇歳であり、定年までの二〇年間、のんびり学究生活を送る積りでいた。

しかし、それは許されなかった。この大学に奉職した四年後、学部選出の評議員等を経て、その大学法人の常務理事に就くこととなったのである。以来約一一年余り。この間、常務理事から副理事長、そして最後の七年余りは理事長の職にあった。経営の中枢を担って分かったのは、私大経営が如何に多くの難しい課題を抱えているか、そしてそれらの多くが殆ど手付かずの状態で放置されているかということだった。

筆者は大学の教員になる前は日本銀行で金融機関の破綻処理等を現場の指揮官として担当していた。当時の銀行等の経営破綻は、バブル崩壊後の資産価格下落による不良債権問題を背景としていた。しかし実は私立大学も第二次ベビーブームに伴う志願者数の急増という「バブル」が次第に崩壊しているにも関わらず解決が先送りされているという点で同様の構造にあった。これは多くの私大に共通する問題であり、かなり抜本的な改革を行わない限りは短期的にはともかくも二〇～三〇年先の「生き残り」は困難な状況となっていた。

このため筆者は理事長就任後、八〇年に及ぶ学園史上初となる「中長期計画」策定を皮切りに幾つかの大きな改革、特にキャンパス移転及びこれと並行する全学部を対象とした大規模な学部再編等に着手した。それらの提案については、その都度、全教職員を対象に繰り返し説明会を開催し、筆者自身が説明と質疑応答の殆んど全てに当たった。夕方五時に始まった説明会が夜一〇時を過ぎても終わらないということもあった。

しかし、既得権維持を目的とした「反対のための反対」が繰り返された。総論は賛成されても、具体的な各論に入ると急に反対に回る教職員もいた。危機意識が乏しく、ひたすら自己主張のみを展開する教職員の前では、理事長一人の力は余りに無力で、学園の将来に希望を持つことは最早不可能であった。

今回、こうした実情に鑑み自ら理事長の職を退くこととした。しかし、私学に対する想いは今なお変わらない。教員時代の、ゼミ生達との真剣な討論、そしてゼミ合宿での愉快な語らい、更には卒業生との交流……。

大学の存在意義は現場でこれらを実感した者だけが真に理解できるのではないか。学生達の元気な姿を見ていると、彼らの未来が少しでも明るく、そして希望を持てるものであって欲しいと願う。そうした面で、わが国の学生の七割の教育を受持つ私大の責任は大きく、存在意義は殆ど無限である。今回、本書を上梓しようと思ったのも、こうした想いと私立大学の将来に対する衷心からの「憂慮」とによるものである。

本書が私立大学の将来を確固たるものとする上で、少しでも役に立てば、望外の慶びである。

本書は昨年五月末、理事長職を自ら辞した後、執筆を開始した。以前から私大の実情について、「将来いずれかの時点で執筆を」と思っていたが、その時機が予想外に早く到来した。このため関係資料入手や事実確認に必ずしも十分な時間を割くことが出来なかった。もし正確を欠く部分があるとすれば、その場合の責任は全て筆者にある。

本書を刊行するに当たっては、出版元の青土社の方々、特に篠原一平氏には一方ならずご支援を頂いた。同氏の慧眼と真摯な協力が無ければ本書の刊行も危うかったかもしれない。

また、筆者を支えてくれた家族にも心から感謝をしたい。妻壽子には、筆者の突然の辞任等で心配をかけた。この一年間、連日の執筆集中でともすれば神経質になりがちな筆者を明るい笑顔で和ませてくれた。更に、長男龍介やその家族にも支えられた。時折、孫達の元気な成長ぶりを見るのが、何よりの息抜きだった。

今日、筆者が生を永らえているのは、ひとえに彼らのお陰である。

二〇一七年五月

渡辺　孝

【著者】

渡辺　孝（わたなべ　たかし）

金融論、日本経済論、私学経営論。

1950年生まれ。1974年東京大学教養学部教養学科卒業（国際関係論専攻）。同年日本銀行入行。同行で政策企画、金融機関指導、内外経済金融調査等を担当。この間、通商産業省産業政策局事務官、日本銀行パリ駐在等を歴任。1997年日本銀行考査役。

1998年山口大学経済学部教授。2001年文教大学国際学部教授。2005年学校法人文教大学学園理事。その後、常務理事、副理事長を歴任。2009年同学園理事長。2013年再任。2016年5月退任。文部科学省学校法人運営調査委員（2010年～現在）。

2017年5月株式会社私学創研代表取締役。

著書に『不良債権はなぜ消えない』（2001年日経BP社）がある。

私立大学はなぜ危ういのか

2017年5月26日　第一刷印刷
2017年5月31日　第一刷発行

著　者　渡辺 孝

発行者　清水一人
発行所　青土社

〒101-0051　東京都千代田区神田神保町1-29　市瀬ビル
［電話］03-3291-9831（編集）　03-3294-7829（営業）
［振替］00190-7-192955

印刷・製本　シナノ印刷
装丁　岡 孝治
カバー・表紙写真　Stephanus Le Roux ／ Shutterstock.com

ISBN978-4-7917-6992-6　Printed in Japan